AF558292

Bernhard Ott

Tänzer und Stolperer

Die Deutsche Bibliothek verzeichnet diese Publikation in der Deutschen Nationalbibliografie; detaillierte bibliografische Daten sind im Internet über www.d-nb.de abrufbar

Lektorat: Dr. Thomas Baumann
Umschlaggestaltung: spoon design, Olaf Johannson
Umschlagabbildungen: Kyle Cottrell, Andre Hunter/unsplash.com
Satz: Neufeld Verlag
Herstellung: CPI – Clausen & Bosse, Birkstraße 10, 25917 Leck

2. Auflage 2021

ISBN 978-3-86256-156-8, Bestell-Nummer 590 156

www.neufeld-verlag.de

Bleiben Sie auf dem Laufenden:
newsletter.neufeld-verlag.de
www.**facebook**.com/NeufeldVerlag
www.neufeld-verlag.de/**blog**

NEUFELD VERLAG

n

Bernhard Ott

Tänzer und Stolperer

Wenn die Bergpredigt unseren Charakter formt

NEUFELD VERLAG

INHALT

TEIL 3: KONSEQUENZEN

PROLOG

Stellen wir uns die Welt als eine Bühne vor, auf der wir das Leben wie ein Drama inszenieren. Als christlicher Theologe sehe ich in der biblischen Erzählung so etwas wie das Drehbuch, das uns unser Schöpfer in die Hand gegeben hat. Es geht also ganz konkret darum, wie wir unser Leben gestalten – persönlich, in unserem sozialen Umfeld, aber auch als Gesellschaft. Bühne – Drehbuch – Inszenierung; das sind Metaphern, die uns durch dieses Buch begleiten werden.

Als Prolog führt uns eine kleine Geschichte mitten ins Thema des Dramas hinein:

Es war einmal ein kleiner Bub.

Ein pfiffiger Kerl. Und quicklebendig. Sein Vater saß in der gleichen Stube und wollte Zeitung lesen. Unmöglich. Zu viel Lärm. Da kam dem Strapazierten urplötzlich ein rettender Gedanke: Papi greift aus dem nahen Gestell ein altes Buch. Schlägt es auf und reißt ein Blatt mit der Abbildung einer Weltkarte heraus. Er zerstückelt es und ruft dem Buben zu: »Hej, Timi, ich habe ein interessantes Spiel für dich! Setz die Fetzen dieser Weltkarte richtig zusammen, da hast du Klebstreifen. Wenn's dir gelingt, bekommst du einen Euro.«

Und schon sitzt Timi in einer Ecke und arbeitet still. Der Vater freut sich über die Ruhe. Sie wird lange dauern bei der schwierigen Aufgabe.

So denkt er.

Weit gefehlt! In wenigen Minuten hält der kleine Pfiffikus dem erstaunten Vater die fehlerlose Arbeit unter die Nase. Kopfschüttelnd fragt dieser immer wieder: »Wie konntest du nur … und in dieser kurzen Zeit … und eine Karte der Welt, die du gar nicht kennst?«

»Ganz einfach, schau da!« Und Timi zeigt dem Vater die andere Seite des Blattes, wo groß ein Menschenantlitz abgebildet ist. »Ich habe einfach das Menschenbild zusammengesetzt und dann stimmte es auf der anderen Seite auch mit der Welt!«

Der Vater schweigt. Lange. Dann sagt er nachdenklich immer wieder vor sich hin: Ja wirklich, so ist's: Stimmt's mit dem Menschen, dann stimmt's auch mit der Welt.[1]

Johannes Niederers Geschichte bringt eine große Frage auf den Tisch: Was muss geschehen, damit es mit dieser Welt »wieder stimmt«? Und er lässt die Frage auch gleich durch den kleinen Timi beantworten: Es muss mit dem Menschen wieder stimmen, wenn es mit der Welt wieder stimmen soll. Wenn seine These stimmt – und ich gehe in diesem Buch davon aus –, dann müssen wir beim Menschen ansetzen. Das heißt aber auch, dass wir bei uns persönlich beginnen müssen.

Mit einer Liedstrophe von Kurt Rommel formuliere ich das am Anfang dieses Buches als Gebet:

Lass uns in deinem Namen, Herr, die nötigen Schritte tun.
Gib uns den Mut, voll Glauben, Herr, mit dir zu Menschen zu werden.

Ich bin in der schönen Lebensphase, in der ich als Großvater meine Enkel aufwachsen sehen darf. Vom ersten Tag an sind sie ganz Menschen und gleichzeitig beginnt die Reise der Menschwerdung. Sie lernen an der »Erfahrung mit den Dingen« (Jean-Jacques Rousseau),[2] im Raum der Familie und in der Begegnung mit Fremden. Sie gehen zur Schule, erlernen Berufe und studieren. Hoffentlich werden sie Menschen auf dieser Reise.

Das ist für mich aber auch die Lebensphase, in der ich auf meine Lebensreise zurückschaue. Was ist aus mir geworden? Bin ich ein Mensch geworden? Da geht es nicht nur darum, was ich weiß, was ich kann, was ich geleistet habe oder was ich besitze, sondern vielmehr darum, wer ich geworden bin. Das ist das Thema dieses Buches. Es geht um Persönlichkeit, um Identität und um Charakter.

Ein erster Überblick

In *Teil 1* befassen wir uns mit der Bühne. Ich werde die Ausgangslage skizzieren. Die These, dass mit dieser Welt etwas nicht stimmt, soll entfaltet und begründet werden. Das ist ein eher düsteres Bild.

Ich bin mir eines gewissen Risikos sehr wohl bewusst. Es gibt eine fromme Untugend, die man immer wieder von christlichen Kanzeln hört, die darin besteht, zuerst diese Welt übertrieben schlecht zu reden, um dann den christlichen Glauben als einzige Lösung aller Probleme anzubieten. Oder etwas pointierter gesagt: Dem Patienten »Mensch« wird eine Diagnose gestellt, die so nicht stimmt, um ihm dann eine Medizin zu verschreiben, die er nicht braucht.

Dieses Klischee will ich tunlichst vermeiden. Ich habe für meinen Einstieg drei Zeugen aufgeboten: Christoph Stückelberger, Dietrich Bonhoeffer und Martin Buber. Sie helfen mir, verantwortungsvoll zu skizzieren, was die These »es stimmt nicht mit der Welt« konkret bedeutet und weshalb wir bei der Menschenbildung, konkret bei der Charakterbildung, ansetzen müssen.

In *Teil 2* widmen wir uns der biblischen Erzählung. Sie ist in der christlichen Tradition das normative Drehbuch. Dabei geht es nicht darum, zu *kopieren*, was die Menschen damals geglaubt und getan haben, sondern zu *kapieren*, worum es Gott eigentlich geht.

Nach einem Anmarschweg durch den ersten Teil der Bibel, den wir gewöhnlich Altes Testament nennen, werde ich von der Bergpredigt her zeigen, wie sich Jesus die Erneuerung des Menschen und der Gesellschaft vorstellt.

In *Teil 3* gehen wir zurück auf die Bühne. Zuerst kommen Martin Buber und Dietrich Bonhoeffer noch einmal zur Sprache. Wir werden ihnen ja schon im ersten Teil begegnen. Beide haben in Krisenzeiten mit großer Klarheit gesehen, was mit der Welt nicht stimmt. Und beide haben in der Charakterbildung einen wesentlichen Beitrag zur Lösung des Problems gesehen.

Was ich in diesem Buch schreibe, formuliere ich nicht im luftleeren Raum. Meine Überlegungen, Argumente und Thesen sind Teil ganz verschiedener Gespräche. In einem Bild ausgedrückt: Ich habe mich in den vergangenen Jahren an viele Tische der Theologie, der Pädagogik, der Philosophie und der Psychologie gesetzt, zugehört und mitdiskutiert. An vielen Stellen dieses Buches würde ich gerne in einen Fachdialog mit entsprechenden Experten eintreten. Das ist aber dem Stil dieses Buches nicht angemessen und interessiert auch nicht alle. Manche Hinweise finden Interessierte in den Endnoten. Einige Themen werde ich jedoch im Schlusskapitel konkret aufgreifen. Ich möchte zeigen, in welcher Weise die These, die ich hier vortrage (dass Menschenbildung als Charakterbildung ein wesentlicher Beitrag des christlichen Glaubens zu einer heilvollen Gestaltung der Welt ist), zu gegenwärtigen theologischen und kirchlichen Fragestellungen spricht. Da geht es unter anderem um folgende Themen und Fragen: Was verstehen wir unter dem Evangelium? Was ist Mission? Was ist Wesen und Auftrag der Kirche? Worum geht es im christlichen Gottesdienst? Was ist Ziel und Zweck theologischer Bildung?

Was verstehen wir unter Tugenden und Charakter?

Ich werde in diesem Buch immer wieder von Tugenden und Charakter sprechen. Es ist deshalb wichtig, dass ich gleich zu Beginn sage, was ich darunter (nicht) verstehe. Der Begriff *Charakter* ist mehrdeutig. Mindestens drei Bedeutungen können unterschieden werden:[3]

1. *Charakter* kann im Sinne von Persönlichkeitsstruktur verwendet werden. Wir sprechen dann von verschiedenen *Charaktertypen*. Schon die Griechen haben Charaktertypologien gekannt und in neuerer Zeit ist eine eigentliche Charakterkunde entstanden. Bekannt ist etwa die Einteilung von Fritz Riemann in die zwei Polaritäten Distanz- und Nähetyp sowie Ordnungs- und Freiheitstyp. In diesem Sinn wird *Charakter* als eine mehr oder weniger gegebene Persönlichkeitsstruktur gesehen, die nur sehr eingeschränkt verändert werden kann. Solche Charaktertypen werden nicht moralisch-ethisch bewertet. Es muss sich niemand für seine Persönlichkeitsstruktur entschuldigen. In diesem Buch gebrauche ich den Begriff Charakter *nicht* in diesem Sinn.

2. Manchmal bezeichnen wir eine Person als *markanten Charakter*. Wir sagen dann: Das ist aber ein besonderer Charakter. Damit meinen wir ein herausstechendes, auffälliges Profil, sei es durch das Aussehen (ein Charakterkopf), durch das Auftreten (Sein, Reden und Handeln) oder durch die besondere Leistung, die diese Person vollbracht hat. In diesem Sinn verweist der Begriff *Charakter* auf Menschen, die in irgendeiner Weise besonders herausragen – auf Helden. So gebrauche ich den Begriff Charakter hier auch *nicht*.

3. In diesem Buch reden wir von Charakter als einem Bündel von Tugenden (und Untugenden), die sich ein Mensch, mehr unbewusst als bewusst, angeeignet hat.[4] Tugenden werden als innere Dispositionen verstanden, die ein Mensch so verinnerlicht hat, dass sie sein Wesen und Tun beständig prägen. So verstandener Charakter wird geformt. Der Charakter ist so etwas wie der Autopilot in meinem Leben. Es sind die inneren Werte und Haltungen (Tugenden), die mich dazu bringen, gewisse Dinge zu tun oder nicht zu tun, ohne jedes Mal darüber nachzudenken, was ich jetzt tun soll. In diesem Sinn ist der Charakter eine Art innerer Steuerungsmechanismus. In den Worten von N. T. Wright:[5]

> Die »Tugenden« sind die verschiedenen Charakterstärken, die zusammen dazu beitragen, dass jemand zu einem voll aufblühenden Menschen wird.

In diesem Sinn ist *Charakter* nicht Schicksal, sondern Charakterbildung liegt in der Verantwortung des Menschen. Charakter kann kultiviert, gestaltet, gebildet werden. Das Thema Charakterbildung hat eine lange Geschichte. Die Griechen sind hier grundlegend, besonders Aristoteles. Die Frage nach der Charakterbildung hat in der Diskussion um Ethik und Pädagogik in den letzten Jahrzehnten neu an Interesse und Bedeutung gewonnen. Die Beiträge von Stanley Hauerwas und Alasdair MacIntyre bis zu N. T. Wright sind dabei wegweisend.[6]

In diesem Buch möchte ich auf die Dringlichkeit der Charakterbildung aus christlicher Sicht aufmerksam machen, und zwar in allgemeinverständlicher Sprache für Menschen, die nach dem Sinn des Lebens fragen und denen die Entwicklungen in dieser Welt am Herzen liegen.

The longer we live, the more we owe.

Stanley Hauerwas

»Je länger wir leben, umso mehr verdanken wir anderen.« Mit diesem Satz beginnt Stanley Hauerwas das Vorwort zur zweiten Auflage seiner Buches *Character and the Christian Life.*[7] Diesem Satz kann ich nur zustimmen. Das, was ich in den folgenden Kapiteln schreibe, wäre nicht denkbar ohne die vielen Impulse von den Menschen, mit denen ich in den vergangenen mehr als 40 Jahren unterwegs war, nicht zu sprechen von all den Anregungen, die ich aus der Literatur empfangen habe. Ich lege hier keine neuen Erkenntnisse vor. Ich möchte lediglich noch einmal tun, was ich in den vergangen Jahren immer wieder versucht habe zu tun, nämlich *die alte Botschaft in die neue Zeit hinein zu sagen, so dass es die alte Botschaft bleibt, aber die neue Zeit betrifft.* Mit der »alten Botschaft« meine ich natürlich die Botschaft der Bibel, und die neue Zeit bezieht sich auf die Herausforderungen, in denen wir uns gegenwärtig befinden.

So will ich es nicht unterlassen, all denen zu danken, die mit mir durch die vergangenen Jahre gegangen sind.

TEIL 1

WAHRNEHMUNGEN

AUF DER SUCHE NACH MENSCHEN MIT CHARAKTER

Sind wir noch brauchbar? Nicht Genies, nicht Zyniker, nicht Menschenverächter, nicht raffinierte Taktiker, sondern schlichte, einfache, gerade Menschen werden wir brauchen. Wird unsere innere Widerstandskraft gegen das uns Aufgezwungene stark genug und unsere Aufrichtigkeit gegen uns selbst schonungslos genug geblieben sein, dass wir den Weg zur Schlichtheit und Geradheit wiederfinden?[8]

Dietrich Bonhoeffer

In diesem ersten Teil geht es um eine Art Bühnenbesichtigung dieser Welt. Dabei lassen wir uns das Leitmotiv von Johannes Niederers kleiner Geschichte geben und fragen: Was stimmt denn mit dieser Welt und den Menschen nicht? Dieser Frage will ich nachgehen. Ich lasse dazu drei Stimmen zu Wort kommen. Alle drei haben in ganz besonderen Krisenzeiten den Finger auf einen kritischen Punkt gelegt.

Christoph Stückelberger: »Integrität – die Tugend der Tugenden«

Am 11. Dezember 2015 wurde Christoph Stückelberger von der Protestantischen Universität im Kongo (Université Protestante au Congo, UPC) für sein langjähriges Engagement für ethische Standards in Wirtschaft, Politik und Bildung weltweit mit dem Ehrendoktortitel gewürdigt. In seiner Vorlesung sprach er zum Thema »Integrität: Eine aktuelle und globale Tugend«.[9] Ein knappes Jahr später, am 2. November 2016, gab er im Rahmen seiner Emeritierung an der Theologischen Fakultät der Universität Basel seine Abschiedsvorlesung zum selben Thema, diesmal unter dem Titel »Integrität: Die Tugend der Tugenden. Der christliche Beitrag zu einer globalen Tugend für Wirtschaft und Politik«.[10]

Warum sind diese akademischen Aktivitäten eines älter werdenden Professors für unser Thema relevant? Kaum jemand hat sich so engagiert für ethisch verantwortliches Handeln weltweit eingesetzt wie Christoph Stückelberger. Schier rastlos hat er während Jahrzehnten internationale Unternehmen, Non-Profit-Organisationen, Regierungen und Hochschulen beraten und angeleitet, ethische Standards in ihren Verfassungen, Leitbildern und Regelwerken zu verankern und deren Einhaltung einzufordern.

Weltweit lehrt er bis heute an Universitäten Ethik. Er ist der Gründer und Leiter der Internetplattform *GlobEthics*, einer elektronischen Bibliothek mit Tausenden von Texten zu Themen der Ethik in Wirtschaft, Politik und Forschung in einer globalisierten Welt, die von Zehntausenden von eingeschriebenen Nutzern besucht wird.

Was Stückelbergers Vorlesungen in Kinshasa und Basel besonders bemerkenswert macht, ist eine neue Betonung der Tugend. In der Vorbemerkung zu seiner Basler Vorlesung beschreibt er noch einmal die Grundüberzeugung, die ihn zu seinem immensen Schaffen angeregt hat:

> *Angewandte* Ethik war deshalb immer mein Schwerpunkt, besonders Wirtschaftsethik, politische Ethik und Umweltethik. Dabei war mir seit meinem Studium die *Strukturenethik* besonders wichtig, also die Frage, wie man nicht nur ethische Orientierung für das Handeln des Einzelnen (Individualethik) und die direkten zwischenmenschlichen Beziehungen (inter-personelle oder Personalethik) erarbeiten kann, sondern wie Gesetze und Standards so gestaltet werden können, dass sie christlichen ethischen Werten entsprechen und so Handlungshilfen darstellen, gleichsam Krücken zum Gehen oder Leitplanken auf einer Straße. Die meisten, wenn nicht alle, Menschen sind ethisch überfordert, wenn sie nicht einen rechtlichen und gesellschaftlichen Orientierungsrahmen haben.

Vor diesem Hintergrund gesteht er dann, dass ihn sogenannte Tugendethik, die sich vornehmlich mit den Haltungen und dem Verhalten des Einzelnen befasst, nie sonderlich interessiert habe. Sie erschien ihm zu sehr als moralischer Appell an den Einzelnen, der zu kurz greife.

Nun aber, an der Schwelle zum Ruhestand, fügt er hinzu:

> In den letzten Jahren habe ich aber die Bedeutung und den Wert der Tugendethik vermehrt betont. Dies aus der praktischen Erfahrung, dass die Vielzahl von Regelungen, Standards, internationalen Konventionen und nationalen Gesetzen zwar sehr notwendig sind, aber nicht greifen, wenn sie nicht von inneren Überzeugungen der Bevölkerung und besonders der Führungskräfte in allen Bereichen der Gesellschaft getragen sind.

Stückelberger beobachtet, was uns ja wohl auch gelegentlich beunruhigt, nämlich »dass scheinbar selbstverständliche Tugenden wie Ehrlichkeit und Wahrhaftigkeit stark abzubröckeln scheinen«. Ja er spricht angesichts des amerikanischen Wahlkampfs vom Herbst 2016 geradezu von einer »Verluderung des Politikstils«. Für Stückelberger ist es deshalb notwendig, dass wir »in der Ethik also ›back to basics‹ gehen […], gleichsam Grundregeln des Anstandes wieder buchstabieren«.

Stückelberger kommt zur Einsicht, dass Ehrenkodizes, Best-Practice-Richtlinien und schärfere Verordnungen nicht automatisch ehrliche, dienende und integre Menschen hervorbringen. Werte können zwar verbindlich festgelegt werden, aber erst die Tugenden der handelnden Individuen sichern ihre Umsetzung. Stückelberger betont, dass man »nicht von tugendhaften Institutionen, sondern nur von tugendhaften Menschen sprechen« könne. Er kommt deshalb zu folgendem Schluss:

Menschen und Institutionen treffen Entscheidungen basierend auf Faktoren wie Machtstreben, Opportunitäten, Emotionen, Glaube und anderen. Entscheidungen, basierend auf Ethik, orientieren sich an Werten und Tugenden. Werte sind Orientierungspunkte und ethische Prinzipien, aufgrund derer Entscheidungen gefällt werden. Tugenden sind Haltungen und Verhaltensweisen von Individuen. Während Institutionen oder Staaten einen Wertekodex haben, wie zum Beispiel in einem Leitbild oder der Präambel der Staatsverfassung, kann man nicht von tugendhaften Institutionen, sondern nur von tugendhaften Personen sprechen.

Damit bin ich bei der Frage, die mich umtreibt: Wie können wir Menschen wirklich Menschen werden? Menschen, die fähig sind, aufrecht und mit innerer Stärke, respektvoll im Umgang miteinander, verantwortungsvoll mit den uns anvertrauten Gütern dieser Welt, in Gerechtigkeit und Frieden zu leben? Und was kann und soll der christliche Glaube dazu beitragen? Was ist die Mission der christlichen Kirche in diesem Zusammenhang? Trägt das Evangelium von Jesus Christus dazu etwas bei? Ich meine: Ja!

Ich weiß, es ist eine alte Diskussion, ob wir bei den Strukturen beginnen sollen oder beim Einzelnen. Es braucht wohl beides. Es ist unheimlich schwer, in ungerechten Strukturen ein guter Mensch zu sein. Und es ist – so Stückelberger – scheinbar auch nur begrenzt möglich, mit »schlechten« Menschen eine gute Gesellschaft zu gestalten.

Vor Jahren hat das der Schweizer Philosoph Theophil Spoerri so auf den Punkt gebracht: »Die Welt ist so, wie sie ist, weil wir so sind, wie wir sind«, und er fährt fort:[11]

> Die Quelle allen Unheils ist, dass wir durch unser Profitdenken, unseren Konsumhunger, unsere Geltungsgier und unseren unheimlichen Hang zur Gewalt die Welt und alle Substanzen des Lebens verwüsten. Wir wollten die Welt gewinnen und verloren dabei unsere Seele. In der Zeit des Wohlstands haben wir uns gewöhnt, nur an uns selber zu denken, nur für uns selber zu sorgen. Wir meinen, ohne den anderen auskommen zu können. Wir haben verlernt, miteinander zu reden, miteinander zu leben.

Und seine Schlussfolgerung klingt dann so:

> Wenn die Welt so ist, wie sie ist, weil wir so sind, wie wir sind, dann kann sie dadurch geändert werden, dass wir uns ändern. Der Weg zur neuen Welt, den wir alle suchen, ob wir von rechts oder links sind, ob wir vom Westen oder Osten, vom Norden oder Süden kommen, fängt bei jedem einzelnen unter uns an. Der Weg zur neuen Welt ist nichts anderes als der Weg zum neuen Menschen.

Zurück zu Stückelberger. Er macht noch eine weitere, bemerkenswerte Beobachtung. Er stellt zuerst fest:

> Zur Förderung von Integrität ist ein rechtlicher und wirtschaftlicher Rahmen sehr wichtig. Gesetze und Regulierungen sowie deren Implementierungsmechanismen sind entscheidend, um Individuen zur Integrität zu führen. Zahlreiche Instrumente zur Förderung von finanzieller Transparenz im Bankenwesen, öffentlichen Beschaffungswesen, transparenten Wahl- und Abstimmungsverfahren inkl. Universitätsverwaltungen und Berufungsverfahren sind in den letzten Jahren geschaffen worden. Sie sind wichtige Stützen und gleichsam Krücken (Gehhilfen) für die Integrität.

Stückelberger glaubt an die positive Wirkung von guten Strukturen und verbindlichen ethischen Standards. Dafür hat er ja fast seine ganze berufliche Laufbahn investiert. Aber er stellt – etwas ernüchtert? – auch fest:

> Gleichzeitig beobachte ich nun vermehrt eine Delegation von Werten und Tugenden an rechtliche Autoritäten. Am deutlichsten ist dies im Finanzsektor. Banker und besonders Privatbankiers waren früher hoch geschätzte Persönlichkeiten mit Integrität. Als Folge der zahlreichen Missbräuche und Skandale im Bankensektor und dem dramatischen Verlust des Vertrauens in Banker, wurden die Kontrollmechanismen so verschärft, dass heute die Compliance Manager, also jene, die die Einhaltung der Regeln überwachen, gleichsam die modernen Inquisitionsinstanzen, die Macht in der Finanzwelt darstellen, wie ich in der Ethikberatung von Firmen und Banken immer wieder feststelle. Damit werden Werte und Tugenden an die Aufsichtsbehörden delegiert, die extrinsische Motivation ersetzt die intrinsische.

Hier wird nun eine Kernfrage angesprochen, die uns weiter beschäftigen wird: Ist mein ehrliches und gerechtes Handeln lediglich von außen motiviert (extrinsisch), weil Gesetze und Verordnungen es verlangen und weil Bestrafung droht? Oder bin ich von innen heraus (intrinsisch) so umgestaltet, dass ich ehrlich und gerecht handle? Und was trägt der christliche Glaube dazu bei? Was heißt das für Kirchen und theologische Bildungseinrichtungen?

Der evangelische Theologe Christoph Stückelberger greift bei seiner Suche nach dem tugendhaften Menschen auf die Bibel zurück. Er sieht in Psalm 15 einen klassischen Text alttestamentlicher Tugendlehre:[12]

> Herr, wer darf deine Hütte betreten?
> Wen lässt du wohnen auf deinem heiligen Berg?
> Wer ohne Tadel einhergeht
> und recht tut und redet die Wahrheit von Herzen;
> wer mit seiner Zunge nicht verleumdet
> seinem Nächsten kein Arges tut ...
> und seinen Nächsten nicht schmäht;
> wer tut, was er geschworen hat,
> selbst dann, wenn es ihm Nachteil bringt;
> wer sein Geld nicht auf Wucher gibt
> und sich nicht dazu bestechen lässt,
> schuldlose Menschen um ihr Recht zu bringen.
> Wer sich an diese Regel hält,
> der steht für immer auf sicherem Grund.

In diesem Text sieht Stückelberger »eine eindrückliche Beschreibung einer Person mit Integrität, mit elf Charakteristika: *Geradlinig, ehrlich, wahrhaftig, in der Sprache kontrolliert, fair, gewaltfrei, mutig, an der Wahrhaftigkeit orientiert, Versprechen einhaltend, korruptionsfrei, standfest*«.

Im Blick auf das Neue Testament fügt Stückelberger dann hinzu:[13]

> Das Neue Testament geht aber entscheidend über das Alte bezüglich Integrität hinaus, indem die Integrität nicht primär in der Befolgung des Gesetzes und der vielen Ordnungen besteht, sondern im Praktizieren der Liebe im Sinne der Bergpredigt.

Stückelberger weist uns also zur Bergpredigt, wenn es darum geht, Menschen mit Charakter zu werden.[14]

Er schließt seine Vorlesung mit dem wegweisenden Statement:[15]

Der spezifisch christliche Beitrag liegt dabei nicht so sehr im Inhalt dieser Tugend als in der Befähigung der Glaubenden, Integrität zu leben

aus der befreienden Zusage des **Segens Gottes**,

aus dem Mut und der inneren Unabhängigkeit, die aus der **Christusbeziehung** entsteht,

und mit der Energie und Gewissheit des **Heiligen Geistes**.

Das ist ein Steilpass für unsere weiteren Überlegungen zum Thema in den folgenden Kapiteln. Doch zuerst rufe ich noch zwei weitere markante Zeugen aus dem 20. Jahrhundert auf: Martin Buber und Dietrich Bonhoeffer.

Martin Buber: »Über Charaktererziehung«

Wir drehen das Rad der Zeit 100 Jahre zurück. Der Jude Martin Buber fragt: Was braucht es, damit eine blühende Gesellschaft entsteht? Wie können Menschen herangebildet werden, die in der Lage sind, eine gesunde Nation aufzubauen? Wie kann das Zusammenleben der Menschen in Gesellschaften und Staaten gelingen? Diese Fragen stellten sich viele Juden an der Wende vom 19. zum 20. Jahrhundert, als sie begannen, sich unter der Führung von Theodor Herzl den alten Traum eines jüdischen Nationalstaates auf dem Terrain des historischen Israel zu verwirklichen. 1898 schloss sich auch der damals 20-jährige jüdische Student Martin Buber der zionistischen Bewegung an.[16] Buber wurde allerdings gegenüber den eher politischen und zunehmend nationalistischer werdenden Strömungen im Zionismus immer skeptischer. Er war überzeugt, dass eine »Renaissance« des Judentums mehr als Land, Nation und Politik brauchen würde. Ohne eine »jüdisch-geistige Renaissance«, ohne geistliche Identität und Charakterbildung gab er dem zionistischen Projekt keine Chance. Schon bald nach der Jahrhundertwende distanzierte sich Buber zunehmend von Herzls zionistischer Bewegung. Die Vision einer Renaissance des jüdischen Volkes blieb ihm aber ein Herzensanliegen.

Buber war davon überzeugt, dass eine nachhaltig tragfähige jüdische Identität nur in der Wiederentdeckung der religiösen Wurzeln des Judentums gefunden werden könne. Er sprach von einem »hebräischen Humanismus«, manchmal auch von einem »biblischen Humanismus«, der in der hebräischen Bibel verwurzelt ist. Er war auch davon überzeugt, dass diese geistig-geistlichen Quellen im Judentum nur durch eine gezielte Bildungsarbeit fruchtbar werden könnten. In den folgenden Jahrzehnten investierte Buber deshalb einen Großteil seiner Energie in die Volksbildung – bis 1938 noch in Deutschland, dann unter den jüdischen Einwanderern in Palästina.

Bubers Beitrag zur Pädagogik ist durch viele Vorträge und Aufsätze dokumentiert.[17] Drei herausragende Vorträge sind in einem kleinen Bändchen mit dem Titel *Reden über Erziehung* veröffentlicht.[18] Die drei Vorträge spitzen sich gewissermaßen auf den dritten hin zu, der den Titel trägt »Über Charaktererziehung«. Diese Rede stammt von einer Tagung jüdischer Lehrer in Tel Aviv im Jahr 1939. Der Vortrag beginnt mit dem Satz:

> Erziehung, die diesen Namen verdient, ist wesentlich Charaktererziehung. Denn der echte Erzieher hat nicht bloß einzelne Funktionen seines Zöglings im Auge, wie der, der ihm lediglich bestimmte Kenntnisse oder Fertigkeiten beizubringen beabsichtigt, sondern es ist ihm jedesmal um den ganzen Menschen zu tun.

Buber ist davon überzeugt, dass es zum Aufbau einer Gesellschaft nicht reicht, lediglich Kenntnisse (Wissen) zu vermitteln oder Fertigkeiten einzuüben. Es braucht vielmehr die Charakterbildung des Menschen. Nicht, was Menschen wissen oder können, wird letztlich den tragfähigen Grund der Gesellschaft bilden, sondern, was sie sind. Da geht es um Haltungen, Werte und Tugenden – zusammengenommen um den Charakter. Mit anderen Worten: Kopf und Hand reichen nicht, es braucht das Herz – die Mitte des Menschen.

Menschen mit Charakter sind für Buber Menschen, die sich nicht in der Masse mittreiben lassen, sondern bereit sind, persönlich »Verantwortung für Leben und Welt« zu übernehmen.[19] Lehrende sollen deshalb in den Lernenden »den Mut wecken, das Leben wieder auf die eigenen Schultern zu nehmen.«[20] Menschen mit Charakter reifen über den Individualismus (jeder schaut nur vor sich) und den

Kollektivismus (mitlaufen in der Masse) hinaus zu einem verbindlichen Miteinander freier, aber verantwortlicher Personen.[21]

Dazu ist es für Buber wichtig, Freiheit richtig zu verstehen. Den Visionen der sogenannten Reformpädagogik jener Zeit hält Buber in einem Vortrag von 1926 in Heidelberg entgegen, dass diese zu einseitig lediglich auf Befreiung und Freiheit und auf die »Entfaltung der schöpferischen Kräfte im Kind« vertraue.[22] In diesem Vortrag formulierte er seine berühmt gewordenen Sätze über eine falsch verstandene Freiheit. Befreiung von falschen Zwängen ist nötig – etwa vom kollektiven Zwang der Vermassung –, aber das darf nicht in eine beziehungslose und unverbindliche Freiheit führen: »Der Gegenpol von Zwang ist nicht Freiheit, sondern Verbundenheit« (Buber 2005:26). Ja, es ist wichtig, dass sich der Mensch aus der Vermassung befreit, aber das kann und darf nicht zu einem verantwortungslosen Individualismus führen. So sagt Buber über die Freiheit: »Ich bin ihr zugetan, ich bin allzeit bereit, um sie mitzukämpfen.« Aber dann auch: »Ich liebe die Freiheit, aber ich glaube nicht an sie« (Buber 2005:27). Befreiung und Unabhängigkeit sind wichtig, aber nicht das Ziel. Sie sind ein Steg, sagt Buber, aber kein Wohnraum. Der Lebensraum ist für Buber im *Verbundensein*, in der Verbindlichkeit, in Gemeinschaft. Charakterbildung führt deshalb über den Steg der Freiheit in den Lebensraum verbindlicher Gemeinschaft.

Menschen mit Charakter sind für Buber Menschen, die nicht nur in Träumen, Ideen und Theorien leben, sondern der Wirklichkeit ins Auge schauen und das Leben gemäß dem ihnen vom Schöpfer verliehenen Potenzial verwirklichen. In einem Vortrag zum Thema »Bildung und Weltanschauung«, den er 1935 im jüdischen Lehrhaus in Frankfurt hielt, macht er deutlich, dass er von Weltanschauungen, die lediglich in der Ideenwelt herumspekulieren, nicht viel hält. Im Angesicht des wachsenden Nationalsozialismus sagt er:[23]

> Es kommt, beim Lehrenden wie beim Lernenden, darauf an, ob seine Weltanschauung sein lebensmäßiges Verhältnis zu der »angeschauten« Welt fördert oder ihm diese verstellt. Die Tatsachen sind; es kommt darauf an, ob ich sie so treu zu erfassen strebe, wie ich vermag. Meine Weltanschauung

> kann mir darin helfen; wenn sie nämlich meine Liebe zu dieser »Welt« so wach und stark hält, dass ich nicht müde werde wahrzunehmen, was wahrzunehmen ist.

Im Klartext heißt das: Menschen mit Charakter machen die Augen auf und sehen, was in dieser Welt eigentlich abläuft. Sie verschließen ihre Augen nicht und ziehen sich nicht in die sicheren Gefilde von Idealen und Theorien zurück.

Dabei ist Bubers Horizont nie auf die empirisch wahrnehmbaren Wirklichkeiten dieser Welt begrenzt. Von seinem hebräischen Glauben her »liest« er die Welt aus der Perspektive dessen, der sich in der hebräischen Bibel offenbart.

Entscheidend ist aber letztlich die Frage: »Was fängst du mit deiner Weltanschauung an?«[24] Am Ende zählt, »ob einer seine Weltanschauung nur verficht und ›durchsetzt‹ oder sie lebt und bewährt«.[25] Für Buber gilt: »Die Wahrheit einer Weltanschauung wird nicht in den Wolken erwiesen, sondern im gelebten Leben: wahr ist, was bewährt wird.«[26]

Charakterbildung, so Buber, weckt Menschen auf, die Wirklichkeit zu sehen – in seinem Kontext die wachsende Manipulation der Massen durch den Nationalsozialismus – und verantwortlich zu handeln. Der manipulativen Massenverblendung (er spricht von »Ungebildetheit«) hält er eine »zeitwahre, zeitgerechte Bildung« entgegen, »die den Menschen hinführt zum gelebten Zusammenhang mit seiner Welt und ihn aufsteigen lässt zu Treue, zu Erprobung, zu Bewährung, zu Entscheidung, zu Verwirklichung.«[27]

So kann er am Schluss seines Vortrags über Weltanschauung pointiert zusammenfassen:

> Die Bildungsarbeit, die ich meine, ist Führung zu Wirklichkeit und Verwirklichung. Der Mensch ist zu bilden, der zwischen Schein und Wirklichkeit, zwischen Scheinverwirklichung und echter Verwirklichung zu scheiden weiß, der den Schein verwirft und die Wirklichkeit wählt und ergreift, gleichviel welche Weltanschauung er erwähle.

Verantwortung ist in Bubers Denken in diesem Zusammenhang ein weiterer Schlüsselbegriff, der nähere Betrachtung verdient.[28] Verantwortung hat – wie das deutsche Wort schon sagt – mit antworten zu tun. Buber kann deshalb sagen: »Echte Verantwortung gibt es nur, wo es wirkliches Antworten gibt«. Und er fragt gleich: »Antworten worauf?« Antwort: »Auf das, was einem widerfährt, was man zu sehen, zu hören, zu spüren bekommt.«[29]

Der verantwortliche Mensch ist deshalb für Buber *aufmerksam*. Ein hörender, ein sehender, ein wahrnehmender Mensch. Er lässt sich ansprechen, um dann auch zu *antworten* – und um so *Verantwortung* zu übernehmen.

Von seinem hebräischen Humanismus, das heißt, von seinem biblischen Glauben her, versteht Buber den Menschen nicht als isoliertes Individuum. Der Mensch ist vielmehr in seinem tiefsten Wesen und immer Mensch-in-Beziehung. Das Wort *Ich* kann deshalb für Buber auch gar nicht für sich alleine stehen. Es ist immer schon in Verbindung mit einem *Es* oder mit einem *Du*.[30] Manche von Bubers Formulierungen sind zu gerne zitierten Redewendungen und Weisheitsworten geworden:

> Am Anfang ist die Beziehung (S. 22).
>
> Alles wirkliche Leben ist Begegnung (S. 15).
>
> Der Mensch wird am Du zum Ich (S. 32).
>
> Es gibt kein Ich an sich, sondern nur das Ich des Grundwortes Ich-Du und das Ich des Grundworts Ich-Es (S. 8).

Ich-Es und *Ich-Du* sind denn auch die beiden Grundworte (eigentlich Wortpaare) in Bubers Verständnis vom Menschen. *Ich-Es* steht für Beziehungen, in denen ich das aktive, betrachtende Subjekt bin, gegenüber einem passiven Objekt, sei es ein Mensch oder ein Gegenstand. *Ich-Es*-Beziehungen führen zu Sacherkenntnissen, zu Sachwissen. Das ist die Beziehung, die die Wissenschaft zu ihren Erkenntnissen führt, und das ist deshalb auch die Art von Beziehung, die wir zum Fachwissen haben, das wir in Schule und Studium erwerben. *Ich-Es*-Beziehungen und *Ich-Es* Erkenntnisse haben ihren wichtigen Platz im Leben, aber es gibt mehr: *Ich-Du*-Beziehungen.

In einer *Ich-Du*-Beziehung bin ich nicht länger das alleine aktive Subjekt, das einen passiven Gegenstand (Objekt) analytisch betrachtet und erfasst, ich werde vielmehr in eine wechselseitige Beziehung von zwei Subjekten hineingenommen, in eine dialogische Beziehung.

> Stehe ich einem Menschen als meinem Du gegenüber, spreche ich das Grundwort Ich-Du zu ihm, ist er kein Ding unter Dingen und nicht aus Dingen bestehend (2012:12).

Der ganze (heile) Mensch, wie Buber ihn von der hebräischen Bibel her sieht, findet in der Ich-Du-Beziehung seine Bestimmung – letztlich in der Ich-Du-Beziehung zu seinem Schöpfer. Seine Rede »Über Charaktererziehung« schließt er denn auch mit dem Satz:[31]

> Der Erzieher, der dazu hilft, den Menschen wieder zur eigenen Einheit zu bringen, hilft dazu, ihn wieder vor das Angesicht Gottes zu stellen.

Wir können von Buber her also sagen: Menschen mit Charakter sind Menschen, die von Kollektivzwängen befreit sind. Sie sind eigenständige Persönlichkeiten, jedoch verbunden und verantwortlich. Sie sehen die Wirklichkeit unverstellt. Sie können Schein von Sein unterscheiden und übernehmen in der Welt Verantwortung. Es sind Menschen, die nicht bei beobachtender und betrachtender Analyse stehen bleiben, sondern sich von der Wirklichkeit ansprechen, berühren und bewegen lassen. Sie gehen über sachliche Ich-Es-Beziehungen hinaus und machen sich verletzlich in Ich-Du-Beziehungen. Sie fliehen nicht in eine Welt der Träume und Ideen, sie realisieren vielmehr das Leben verantwortlich in dieser Welt. In diesem Sinne schultern sie das Leben.

Die Frage, die uns hier nun beschäftigen wird, lautet: Wie können wir solche Menschen werden?

Ich werde in Teil 2 von der Bibel, insbesondere von Jesus und von der Bergpredigt her, versuchen eine Antwort zu geben. Anschließend (Teil 3) werden wir zu Martin Buber zurückkommen und nachfragen, wie er die Frage beantwortet.

Doch nun zuerst noch zu Dietrich Bonhoeffer.

Dietrich Bonhoeffer: »Sind wir noch brauchbar?«

Wir sind in derselben Phase der Weltgeschichte, aber gewissermaßen in einem anderen Film. Dietrich Bonhoeffer, der 28 Jahre jünger als Martin Buber war, legte einen akademischen Blitzstart hin.[32] Mit 17 Jahren beginnt er sein Theologiestudium. Es folgt die Promotion 1927 (mit 21 Jahren) und Habilitation 1930 (mit 24 Jahren). Er reist viel im Ausland und vernetzt sich international. Obwohl er von der akademischen Qualität der theologischen Arbeit in Amerika enttäuscht ist, prägen ihn das Leben in der Studentengemeinschaft, die Begegnung mit der Spiritualität der »schwarzen« Kirchen, ja überhaupt die soziale Situation der »Schwarzen« (er sprach noch von der »Negerfrage«) nachhaltig. Doch aus der akademischen Laufbahn wird nichts. Am deutschen Himmel ziehen die düsteren Wolken des Nationalsozialismus auf. Von seiner Theologie und von seinem Glauben her kann und will Bonhoeffer mit der Richtung der meisten damaligen Christen in Deutschland nicht mitgehen. Er beginnt, gegen den Strom zu schwimmen.

1933 übernimmt die nationalsozialistische Partei die Macht in Deutschland. Jetzt muss man Farbe bekennen. Auch Bonhoeffer. Er sieht, wie sich die evangelische Kirche und viele ihrer Pfarrer und Theologen dem Kurs Hitlers anschließen. Bonhoeffer geht in der eigenen Kirche in die Opposition. Er beginnt, eine alternative Pfarrerausbildung aufzubauen. Diese wird 1937 vom Staat geschlossen. Schon 1936 wird ihm die Lehrbefugnis an der Universität entzogen. Bonhoeffer schließt sich zunehmend dem politischen Widerstand gegen Hitler an. Er organisiert Rettungsaktionen für Juden. Er riskiert Kopf und Kragen. Im April 1943 wird er verhaftet, am 7. Februar 1945 hingerichtet. Soweit die Skizze eines dramatischen Lebens.

In einem Berliner Gefängnis zieht Bonhoeffer zum Jahreswechsel 1942/43 Bilanz.[33] Der Text ist mit dem Titel »Rechenschaft an der Wende zum Jahr 1943: Nach 10 Jahren« überschrieben und bezieht sich damit auf die Machtübernahme durch Hitler 1933. Bonhoeffer will »gewonnene Ergebnisse auf dem Gebiet des Menschlichen« reflektieren. Er fragt »Wer hält stand?« in einer Zeit, in der die Menschen, wie kaum jemals zuvor, den Boden unter den Füßen verloren haben: »Ob es jemals in der Geschichte Menschen gegeben hat, die in der Gegenwart so wenig Boden unter den Füßen hatten [...]?«

Die Vernünftigen, argumentiert Bonhoeffer, haben versagt. Die Fanatiker sind gescheitert. Diejenigen, die sich nur auf das eigene Gewissen berufen, sind überfordert. Wer sich einfach nur auf die Pflichterfüllung beruft, ist in die Irre geleitet worden. Und wer in die persönliche Tugendhaftigkeit flieht, drückt sich vor der Verantwortung. Selbst wer in kühner Freiheit »seinen Mann« steht und in das Schlimme willigt, um Schlimmeres zu verhüten, kann zu Fall kommen.[34] Bonhoeffer fragt noch einmal: »Wer hält stand?«– und antwortet:

> Allein der, dem nicht seine Vernunft, sein Prinzip, sein Gewissen, seine Freiheit, seine Tugend der letzte Maßstab ist, sondern der dies alles zu opfern bereit ist, wenn er im Glauben und in alleiniger Bindung an Gott zu gehorsamer und verantwortlicher Tat gerufen ist, der Verantwortliche, dessen Leben nichts sein will als eine Antwort auf Gottes Frage und Ruf. Wo sind diese Verantwortlichen?

Bonhoeffer sucht Menschen mit *Charakter*. Nur sie werden in der schweren und schwierigen Zeit bestehen können.

Bonhoeffer sucht Menschen mit *Zivilcourage*, die sich nicht unkritisch den Machthabern unterordnen, sondern »in der freien Verantwortung des freien Mannes« handeln.

Dazu ist die Überwindung der Dummheit nötig. Die ist für Bonhoeffer »nicht wesentlich ein intellektueller, sondern ein menschlicher Defekt«. Daraus ergibt sich für Bonhoeffer, »dass nicht ein Akt der Belehrung, sondern allein ein Akt der Befreiung die Dummheit überwinden könnte« und fügt hinzu: »Das Wort der Bibel, dass die Furcht Gottes der Anfang der Weisheit sei (Psalm 111,10), sagt, dass die innere Befreiung des Menschen zum verantwortlichen Leben vor Gott die einzige wirkliche Überwindung der Dummheit ist.«

Einher mit der Dummheit geht die *Menschenverachtung*. Als Menschen mit Charakter, so Bonhoeffer, »widerstehen wir der Gefahr, uns in Menschenverachtung hineintreiben zu lassen«.

Menschen mit Charakter, wie Bonhoeffer sie sucht, sind in der Krise getragen von Grundüberzeugungen, die ihnen Boden unter den Füßen geben. Dazu gehört für Bonhoeffer die Überzeugung, dass es eine *»immanente Gerechtigkeit«* gibt, eine Gerechtigkeit in der Geschichte. Das Böse und Dumme ist letztlich nicht lebensfähig.

Darüber hinaus vertrauen laut Bonhoeffer Menschen mit Charakter auf das *Walten Gottes in der Geschichte.*

Eine andere Herausforderung der Krisensituation beschreibt Bonhoeffer mit folgenden Worten: »So ist die Luft, in der wir leben, durch Misstrauen verpestet, dass wir fast daran zugrunde gehen.« Bonhoeffer setzt dagegen. Er will sich nicht von dieser verpesteten Luft alle Beziehungen zerstören lassen und ruft zum *Vertrauen* auf: »Wir wissen, dass es zu dem Verwerflichsten gehört, Misstrauen zu säen und zu begünstigen, dass vielmehr Vertrauen, wo es nur möglich ist, gestärkt und gefördert werden soll.«

In der *Vermassung* sieht Bonhoeffer eine andere Seuche der Zeit, der er sich entschieden entgegenstellt. Er spricht von einer »Verpöbelung in allen Gesellschaftsschichten«. Menschen mit Charakter lassen sich nicht von der Masse und Maßlosigkeit, von Hast und Zerstreuung, von Sensation und Vornehmtuerei (Snobismus) mitreißen. Solchen Vermassungstendenzen stellt Bonhoeffer *Qualität* entgegen. Sie ist durch Muße, Stille, Sammlung, Besinnung, Kunst, Bescheidenheit und Maßhalten gekennzeichnet.

Ebenso muss *das tatenlose Abwarten und stumpfe Zuschauen* überwunden werden. An seine Stelle muss die *Bereitschaft zum Handeln und zum Leiden* treten.

Schließlich braucht es Menschen, die, *inmitten der Hoffnungslosigkeit, die Hoffnung nicht wegwerfen.* Er spricht von einem *Optimismus als Wille zur Zukunft.* Damit meint er explizit nicht einen »dummen und feigen« Optimismus, sondern einen Optimismus, der in der christlichen Hoffnung gegründet ist.

Für Bonhoeffer wird »nach 10 Jahren« immer deutlicher: Der Weg, den er geht – in Verantwortung vor Gott und den kommenden Generationen gehen muss –, kann tödlich enden. Er staunt darüber, mit welcher Selbstverständlichkeit man in Kriegszeiten vom Tod spricht. Ja, es kann sogar der Gedanke aufkommen, dass etwas Gutes, etwas Erlösendes im Tod liegt. Auf der anderen Seite bekennt er: »... wir möchten gern noch etwas vom Sinn unseres zerfahrenen Lebens zu sehen bekommen.« In dieser Zerrissenheit zwischen dem Akzeptieren des Todes und der Sehnsucht nach dem Leben lotet er einen Weg aus, den er so beschreibt:

> Noch lieben wir das Leben, aber ich glaube, der Tod kann uns nicht mehr sehr überraschen. Unseren Wunsch, er möchte uns nicht zufällig, jäh, abseits vom Wesentlichen, sondern in der Fülle des Lebens und in der Ganzheit des Einsatzes treffen, wagen wir uns seit den Erfahrungen des Krieges kaum mehr einzugestehen. Nicht die äußeren Umstände, sondern wir selbst werden es sein, die unseren Tod zu dem machen, was er sein kann, zum Tod in freiwilliger Einwilligung.

Noch einmal fragt Bonhoeffer am Schluss des Textes eindringlich: »Sind wir noch brauchbar?« Und er fasst seine Überlegungen so zusammen:

> Wir sind stumme Zeugen böser Taten gewesen, wir sind mit vielen Wassern gewaschen, wir haben die Künste der Verstellung und der mehrdeutigen Rede gelernt, wir sind durch Erfahrung misstrauisch gegen die Menschen geworden und mussten ihnen die Wahrheit und das freie Wort oft schuldig bleiben, wir sind durch unerträgliche Konflikte mürbe oder vielleicht sogar zynisch geworden – sind wir noch brauchbar? Nicht Genies, nicht Zyniker, nicht Menschenverächter, nicht raffinierte Taktiker, sondern schlichte, einfache, gerade Menschen werden wir brauchen. Wird unsere innere Widerstandskraft gegen das uns Aufgezwungene stark genug und unsere Aufrichtigkeit gegen uns selbst schonungslos genug geblieben sein, dass wir den Weg zur Schlichtheit und Geradheit wiederfinden?

In einem späteren Text zur Zukunft der Kirche vernehmen wir eine weitere Liste von Tugenden, die dringend gebraucht werden. Dabei wird auch klar, dass für Bonhoeffer eine Transformation der gesellschaftlichen und politischen Verhältnisse in der Kirche beginnen muss:[35]

> Die Kirche ist nur Kirche, wenn sie für andere da ist. Um einen Anfang zu machen, muss sie alles Eigentum den Notleidenden schenken. Die Pfarrer müssen ausschließlich von den freiwilligen Gaben der Gemeinden leben,

> evtl. einen weltlichen Beruf ausüben. Sie muss an den weltlichen Aufgaben des menschlichen Gemeinschaftslebens teilnehmen, nicht herrschend, sondern helfend und dienend. Sie muss den Menschen aller Berufe sagen, was ein Leben mit Christus ist, was es heißt, »für andere dazu sein«.
>
> Speziell wird unsere Kirche den Lastern der Hybris, der Anbetung der Kraft und des Neides und des Illusionismus als den Wurzeln allen Übels entgegentreten müssen. Sie wird von Maß, Echtheit, Vertrauen, Treue, Stetigkeit, Geduld, Zucht, Demut, Genügsamkeit, Bescheidenheit sprechen müssen. Sie wird die Bedeutung des menschlichen »Vorbildes« (das in der Menschheit Jesu seinen Ursprung hat und bei Paulus so wichtig ist!) nicht unterschätzen dürfen; nicht durch Begriffe, sondern durch »Vorbild« bekommt ihr Wort Nachdruck und Kraft.

Noch einmal begegnen wir einer Liste von Wesenszügen des Charakters, um die es Bonhoeffer geht: Maß, Echtheit, Vertrauen, Treue, Stetigkeit, Geduld, Zucht, Demut, Genügsamkeit, Bescheidenheit.

Wenn man diese Texte von Bonhoeffer liest, steigt unweigerlich die Frage auf: Aber wie? Wie können wir solche Menschen werden? Wie wird Charakter geformt? Dietrich Bonhoeffer hat diese Frage nirgends ausdrücklich und systematisch beantwortet. Wenn wir durch seine Briefe, Bücher und Textfragmente lesen, hören wir jedoch, wie er diese Charakterschulung selber erfahren hat. Dabei fällt eines auf: Wie ein roter Faden zieht sich der Hinweis auf die Bibel, und da insbesondere die Bergpredigt durch sein Werk.

Hier ein paar Beispiele: In einem Brief an Elisabeth Zinn[36] schreibt er 1936.[37]

> … Ich stürzte mich in die Arbeit in sehr unchristlicher und undemütiger Weise. Ein wahnsinniger Ehrgeiz, den manche an mir gemerkt haben, machte mir das Leben schwer und entzog mir die Liebe und das Vertrauen meiner Mitmenschen. Damals war ich furchtbar allein und mir selbst überlassen. Das war sehr schlimm. Dann kam etwas anderes, etwas, was mein Leben bis heute verändert hat und umgeworfen hat. Ich kam zum ersten Mal zur Bibel. Das ist auch wieder sehr schlimm zu sagen. Ich hatte schon oft gepredigt, ich hatte schon viel von der Kirche gesehen, darüber geredet

und geschrieben – und ich war noch kein Christ geworden, sondern ganz wild und ungebändigt mein eigener Herr. Ich weiß, ich habe damals aus der Sache Jesu Christi einen Vorteil für mich selbst, für eine wahnsinnige Eitelkeit gemacht. Ich bitte Gott, dass das nie wieder so kommt. Ich hatte auch nie, oder doch sehr wenig gebetet. Ich war bei aller Verlassenheit ganz froh an mir selbst. Daraus hat mich die Bibel befreit und insbesondere die Bergpredigt. Seitdem ist alles anders geworden. Das habe ich deutlich gespürt und sogar andere Menschen um mich herum. Das war eine große Befreiung. Da wurde es mir klar, dass das Leben eines Dieners Jesu Christi der Kirche gehören muss, und Schritt für Schritt wurde es deutlicher, wie weit das so sein muss.

Im selben Jahr schreibt er seinem Schwager Rüdiger Schleicher:[38]

Ich will da zunächst ganz einfach bekennen: ich glaube, dass die Bibel allein die Antwort auf alle unsere Fragen ist, und dass wir nur anhaltend und etwas demütig zu fragen brauchen, um die Antwort von ihr zu bekommen. Die Bibel kann man nicht einfach lesen wie andere Bücher, man muss bereit sein, sie wirklich zu fragen. Nur so erschließt sie sich. Nur wenn wir letzte Antworten von ihr erwarten, gibt sie sie uns. Das liegt eben daran, dass in der Bibel Gott zu uns redet.

[...]

Ist es Dir nun von dort aus irgendwie verständlich, wenn ich die Bibel [...] an keinem Punkt preisgeben will, dass ich vielmehr mit allen Kräften danach frage, was Gott hier zu uns sagen will. Jeder andere Ort außer der Bibel ist mir zu ungewiss geworden. Ich fürchte dort nur auf einen göttlichen Doppelgänger von mir selbst zu stoßen [...]

Und ich will Dir nun auch noch ganz persönlich sagen: Seit ich gelernt habe die Bibel so zu lesen – und das ist noch gar nicht so lange her –, wird sie mir täglich wunderbarer. Ich lese morgens und abends darin, oft auch noch über Tag, und jeden Tag nehme ich mir einen Text, den ich für die ganze Woche habe, vor und versuche mich ganz in ihn zu versenken, um ihn wirklich zu hören. Ich weiß, dass ich ohne das nicht mehr richtig leben könnte. Auch erst recht nicht glauben.

[...]

> Es bleibt also nichts als Entscheidung, ob wir dem Wort der Bibel trauen wollen oder nicht, ob wir uns von ihm halten lassen wollen, wie von keinem andern Wort im Leben und im Sterben. Und ich glaube, wir werden erst dann recht froh und ruhig werden können, wenn wir diese Entscheidung getroffen haben.

In kaum einem anderen Text hat Bonhoeffer so persönlich über seine Erfahrung im Umgang mit der Bibel geschrieben. Dabei spielt für ihn offensichtlich die Bergpredigt bzw. Bergrede von Jesus eine herausragende Rolle. Wie sehr sie ihm in den ganzen Auseinandersetzungen nach 1933 Halt gab, vernimmt man auch in einem Brief, den er bereits im Januar 1935 an seinen Bruder Karl-Friedrich schreibt:

> Ich glaube zu wissen, dass ich eigentlich erst innerlich klar und wirklich aufrichtig sein würde, wenn ich mit der Bergpredigt wirklich anfinge, Ernst zu machen. Hier sitzt die einzige Kraftquelle, die den ganzen Zauber und Spuk einmal in die Luft sprengen kann, bis von dem Feuerwerk nur ein paar abgebrannte Reste übrig bleiben.

Bonhoeffer weist uns zur Bergpredigt. Sie wird uns in den folgenden Kapiteln beschäftigen.

Wir haben auf drei Zeugen gehört. Zwei davon aus dem Umfeld von Nationalsozialismus und Zweitem Weltkrieg. Einer im Kontext heutiger globaler Entwicklungen. Sie haben alle bestätigt, was der kleine Bub in Niederers Geschichte sagt: »Wenn es mit den Menschen nicht stimmt, dann stimmt es auch mit der Welt nicht.« Sie haben alle ein und dieselbe Frage gestellt: Wo sind Menschen mit Charakter, wie sie unsere Welt so dringend braucht? Sie haben uns auch ein Bild des Menschen mit Charakter vor Augen gemalt. Wir haben auch bereits Hinweise auf die Charakterbildung erhalten, die uns weiter beschäftigen werden. Sie haben uns alle in der Suche nach Antworten an die Bibel verwiesen. Bei Buber ist es die hebräische Bibel, bei Stückelberger und Bonhoeffer spielt die Bergpredigt eine zentrale Rolle. Da will ich in den folgenden Kapiteln hin.

Ich schließe dieses einleitende Kapitel mit dem eingangs erwähnten Liedtext von Kurt Rommel:

Lass uns in deinem Namen, Herr, die nötigen Schritte tun.
Gib uns den Mut, voll Glauben, Herr, heute und morgen zu handeln.

Lass uns in deinem Namen, Herr, die nötigen Schritte tun.
Gib uns den Mut, voll Liebe, Herr, heute die Wahrheit zu leben.

Lass uns in deinem Namen, Herr, die nötigen Schritte tun.
Gib uns den Mut, voll Hoffnung, Herr, heute von vorn zu beginnen.

Lass uns in deinem Namen, Herr, die nötigen Schritte tun.
Gib uns den Mut, voll Glauben, Herr, mit dir zu Menschen zu werden.

Kurt Rommel (1964)

TEIL 2

KLÄRUNGEN

REICH GOTTES, BERGPREDIGT UND CHARAKTERBILDUNG

Hoffnung heißt, die Musik der Zukunft hören.
Glaube heißt, in der Gegenwart danach zu tanzen.[39]
Peter Kuzmic

Stimmt's mit dem Menschen, dann stimmt's auch mit der Welt.« Der Satz klingt noch in uns nach. Wir haben in Teil 1 die These begründet, dass mit dieser Welt vieles nicht stimmt, weil mit uns Menschen vieles nicht stimmt. Im zweiten Teil dieses Buches nehmen wir nun etwas Abstand von der Besichtigung der Bühne der Welt und fragen nach dem Drehbuch. Wir spitzen die Frage folgendermaßen zu: Warum stimmt denn mit dieser Welt und mit dem Menschen vieles nicht, und was müsste geschehen, damit es wieder stimmt?

Auf diese Fragen suchen wir Antworten – theologische Klärung. Martin Buber hat von einem »hebräischen Humanismus« gesprochen – von einem Zurückgehen zu den Quellen der hebräischen Bibel. Damit ist treffend gesagt, worum es auch mir geht. Das führt uns zur Dramaturgie der biblischen Erzählung. Die britische Krimiautorin Dorothy Sayers hat die Story, die uns in der biblischen Erzählung vor Augen geführt wird, »Das größte Drama aller Zeiten« genannt.[40] Wir können uns also auf einiges gefasst machen.

Das Ziel der Reise von Teil 2 ist die Bergpredigt. Diese steht allerdings nicht am Anfang der biblischen Erzählung, sondern im hinteren Viertel. Mit anderen Worten: Die Bergpredigt ist nicht ein geschichtsloses Einzelstück, das zusammenhanglos an einem zufälligen Platz in der Bibel steht, es ist vielmehr so etwas wie Szene sieben aus dem 251. Akt des Dramas. Wir können diese Szene ohne Vorgeschichte kaum richtig verstehen. Vor allem müssen wir das große, übergreifende Thema wahrnehmen. Als große Überschrift über das Drama der biblischen Erzählung sind viele Titel vorgeschlagen worden. Ich habe selber an anderer Stelle vom »Schalom-Projekt Gottes« gesprochen.[41] Das halte ich immer noch für eine treffende Überschrift. Hier möchte ich aber die Story unter der Überschrift »Reich Gottes« oder »Königsherrschaft Gottes« erzählen.[42]

Die Vorstellung eines als König herrschenden Gottes ist allerdings auf der Bühne der Gegenwart nicht einfach zu interpretieren. Wie geht es dir mit den Königsliedern, die in christlichen Gottesdiensten Sonntag für Sonntag gesungen werden? Ich meine alte Choräle, wie diesen hier aus dem 18. Jahrhundert:

Jesus Christus herrscht als König,
alles wird ihm untertänig,
alles legt ihm Gott zu Fuß.
Aller Zunge soll bekennen,
Jesus sei der Herr zu nennen,
dem man Ehre geben muss.

Oder diesen hier aus dem 20. Jahrhundert:

König ist der Herr.
Völker gebt ihm Ehr.
Um ihn steht und wacht
seiner Engel Macht,
und vor ihm erbebt
alles, was da lebt.
Refrain: Preiset seinen Namen:
Er ist heilig. Amen.

Oder neuere Worship-Songs wie:

> Jesus, Du bist König in unserer Mitte.
> Du regierst durch Deinen Geist.
> Du hast Deine Feinde überwunden.
> nun sitzt Du auf Deinem Thron.
> Du bist König, König aller Ewigkeit,
> Du bist König, von ganzem Herzen beten wir Dich an.

Ich muss eingestehen, dass mir solche Liedtexte oft im Halse stecken bleiben. Ich finde mich in den Worten von Lesslie Newbigin wieder, der sein Büchlein zum Thema Reich Gottes mit den Worten beginnt:[43]

> Königtum ist nicht gerade ein gebräuchliches Konzept in unserer Welt. Die antike Welt dagegen war voller Könige und Königinnen; bei uns gibt es nur wenige und – wenn wir sie auch in Ehren halten – wir haben ihre Macht strikt begrenzt. Für die antike Idee von Königtum als Ausübung uneingeschränkter Herrschaft eines Einzelnen ist kaum Platz in unserer Welt.

Die Idee eines König-Gottes, der, ohne jemanden fragen zu müssen und mit absoluter Gewalt ausgestattet, tun und lassen kann, was er will, das ist ein Konzept, das in einer aufgeklärten, freiheitlich-demokratischen Gesellschaft kaum zu vermitteln ist. Man kann im Umgang mit diesen biblischen Texten vieles falsch machen. Mindestens zwei Versuchungen sollte man auf jeden Fall widerstehen. Man sollte erstens nicht von den biblischen Begrifflichkeiten wie Königtum, Macht, Herrschaft und Gewalt ungebrochen auf weltliche Herrschaft, Gewaltanwendung oder gar religiös motivierte Gewalt schließen. Und man sollte auch nicht von menschlichen Herrschafts- und Gewaltvorstellungen auf Gottes Wesen und Charakter schließen. Zweitens sollte man jedoch auch nicht so tun, als ob es in der Bibel diese Begrifflichkeiten gar nicht gäbe. Vielmehr sollten wir genau hinhören, wie diese Begriffe von der Bibel selbst gefüllt werden.

Ich möchte den Zugang zu diesem anspruchsvollen Thema der Königsherrschaft Gottes mit Hilfe der Metapher vom Tanzen versuchen – einer Metapher, die ich schon in der Einleitung kurz vorgestellt habe. Das klingt dann so: Gottes Herrschaft bedeutet, dass er die Musik macht, und sein Reich realisiert sich in dem

Maße, wie wir Menschen nach dieser Musik tanzen. Oder in den Worten des kroatischen Theologen Peter Kuzmic:

> Hoffnung heißt, die Musik der Zukunft hören.
> Glaube heißt, in der Gegenwart danach zu tanzen.

So lade ich nun zu einer Reise ein, auf der wir uns die Landschaft der biblischen Erzählung durch die Brille dieser Metapher anschauen. Die Reise wird uns ab der fünften Station dann zu Jesus und zur Bergpredigt führen.

DER MENSCH ALS GOTTESTÄNZER

Dann sprach Gott: Lasst uns Menschen machen als unser Bild, uns ähnlich! Sie sollen walten über die Fische des Meeres, über die Vögel des Himmels, über das Vieh, über die ganze Erde und über alle Kriechtiere, die auf der Erde kriechen. Gott erschuf den Menschen als sein Bild, als Bild Gottes erschuf er ihn. Männlich und weiblich erschuf er sie.

Gott segnete sie und Gott sprach zu ihnen: Seid fruchtbar und mehrt euch, füllt die Erde und unterwerft sie und waltet über die Fische des Meeres, über die Vögel des Himmels und über alle Tiere, die auf der Erde kriechen!

Dann sprach Gott: Siehe, ich gebe euch alles Gewächs, das Samen bildet auf der ganzen Erde, und alle Bäume, die Früchte tragen mit Samen darin. Euch sollen sie zur Nahrung dienen. Allen Tieren der Erde, allen Vögeln des Himmels und allem, was auf der Erde kriecht, das Lebensatem in sich hat, gebe ich alles grüne Gewächs zur Nahrung. Und so geschah es.

Gott sah alles an, was er gemacht hatte: Und siehe, es war sehr gut.

Genesis 1,26–30 (Einheitsübersetzung)

Eine kleine rabbinische Geschichte mit dem Titel »Wie der Mensch erschaffen wurde« soll das Eingangstor zu unserer Reise sein:[44]

Rabbi Israel, der Baal Schem Tow, sagte:

»An der Stelle der Schrift, die von der Erschaffung des Menschen berichtet, heißt es: ›Und der Herr sprach: Lasst uns den Menschen machen!‹ (1. Mose 1,26) – Mit wem sprach Gott, als er sagte: ›Lasst uns Menschen machen‹?

Er sprach«, so erklärte Rabbi Israel, der Baal Schem Tow, »er sprach schon mit dem Menschen selbst: Komm, du und ich gemeinsam, wir wollen uns den Menschen erschaffen! Denn wenn du mir nicht helfen willst, kann auch ich dich niemals zu einem richtigen Menschen machen.«

Ich vermute, dass Fachleute alttestamentlicher Exegese den Kopf schütteln. Nein, das ist nicht, was der Text sagen will. Ich halte dagegen: Aber es ist eine sehr weise Deutung des Textes.[45] Im Lichte der nachfolgenden Erzählungen wird doch deutlich: Der Schöpfer lässt sich mit seinem Geschöpf auf ein partnerschaftliches Abenteuer ein.

Ganz ohne exegetische Grundlage ist die rabbinische Deutung allerdings nicht. Das Miteinander von Schöpfer und Geschöpf ist in der Erzählung des ersten Kapitels der Bibel kurz und knapp so beschrieben: *Dann sprach Gott: Lasst uns Menschen machen als unser Bild (zelem), uns ähnlich (demut)!*[46] Oder, wie auch manchmal übersetzt wird: »Wir wollen Menschen machen nach unserem Bild, uns ähnlich!«[47]

Was diese Ähnlichkeit oder *Gottesebenbildlichkeit* genau bedeutet, ist allerdings in der Geschichte Israels und der Kirche in vielfacher Weise gedeutet worden. Muss man sich den Menschen als eine Art Kopie Gottes vorstellen? Aber in welchem Sinn? Sagt die Ebenbildlichkeit etwas über sein Wesen aus? Ist am Menschen gar etwas Göttliches? Oder geht es mehr um die Beziehung: Der Mensch als Gegenüber, als Partner Gottes? Oder zielt die Formulierung »Abbild« eher auf seine Funktion, auf seine Rolle als Gottes »Statthalter« in der Schöpfung? Es treffen wohl mehrere Dimensionen zu.

Ich bin nicht der erste, der dieses Miteinander von Schöpfer und Geschöpf als Tanz beschreibt. In seinem Buch *War and Peace from Genesis to Revelation* verwendet Vernard Eller das Bild eines Balletttänzer-Paares, um die Gottesebenbildlichkeit des Menschen zu beschreiben.[48] Wie das so ist bei Bildern, sie vermögen nicht alles auszusagen – das schreibt auch Eller. Aber das Bild lässt vor unseren Augen einen Film ablaufen und ermöglicht es, uns die Geschichte Gottes mit den Menschen vor Augen zu führen.

Eller führt sein Bild aus:[49]

> Der männliche Tänzer und seine weibliche Partnerin sind einander zugewandt. Er hebt den Arm; sie ahmt die Bewegung nach, indem sie ihren entsprechenden Arm hebt. Er hebt seinen anderen Arm; sie hebt ihren entsprechend. Er streckt sein Bein seitwärts; sie tut dasselbe. Er zieht das andere Bein nach; das tut sie auch. Und so tanzen sie über die Tanzfläche, sich in perfektem Einklang bewegend, indem sie seine Winke aufnimmt und in steter Erwiderung ihm gehorcht – sie tanzt *in seinem Bild.*

Eller gesteht ein, dass er kein Tänzer, sondern ein Theologe sei und dass seine Analogie deshalb wohl nur eine etwas dürftige Beschreibung sei. Aber sie kann uns etwas vor Augen führen: Das Geschöpf ist dazu geschaffen, sich am Schöpfer zu orientieren, in seiner Lebensgestaltung den Rhythmus des Schöpfers aufzunehmen. Und so malt uns die Bibel in den ersten zwei Kapiteln das Bild eines Gottestänzers vor Augen, der seinen Blick auf seinen Schöpfer gerichtet hat, den Takt des Schöpfers aufnimmt und sein Leben entsprechend gestaltet.

Nun gehen wir aber noch einen Schritt weiter: Auf diese Art und Weise nimmt Gott seine Herrschaft über seine Schöpfung wahr. Schon in der ganzen Schöpfungserzählung wird deutlich, dass der Schöpfer souverän am Werk ist. Er hat alles aus nichts erschaffen. Er vermag aus Unordnung Ordnung herzustellen. Er kann aus dem Tohuwabohu Gutes entstehen lassen. Er lässt in der Finsternis Licht erscheinen. Die Gestirne am Himmel sind keine Götter, sondern Geschöpfe des einen Gottes. Die Ungeheuer des Meeres sind keine Dämonen, sondern ein Werk der Kreativität Gottes. Und dann der Mensch: Ihm ist die Rolle als Gottes Statthalter in der Schöpfung zugedacht. Das ist das Vokabular von Gen 1,26.[50] So wie ein Großkönig sein Standbild in den Regionen platziert, um seinen Herrschaftsanspruch zu dokumentieren, so platziert der Schöpfer den Menschen in seiner Schöpfung. Der Schöpfer konkretisiert seine Schöpfersouveränität durch seinen Statthalter, den Menschen. Er soll »herrschen«, indem er ordnet, benennt, bebaut, bewahrt, sich mehrt und die Erde erfüllt. Er ist sozusagen »Weltverwalter.«[51]

Nicht zu Unrecht haben G. K. Beale und M. Kim diese ersten Erzählungen der Bibel mit dem Slogan »Expanding Eden to the Ends of the Earth« (Eden bis ans Ende der Erde ausweiten) überschrieben.[52] Das starke Wort »herrschen« darf dabei nicht als ausbeuterische Unterdrückung gelesen werden. Man muss vielmehr die Bilder Hirte (Tiere) und Gärtner (Pflanzen) vor Augen haben.[53]

Die ersten Kapitel der Bibel lassen auch keinen Zweifel darüber aufkommen, dass das alles zum Wohl des Menschen und der ganzen Schöpfung so konzipiert ist. Der *Cantus firmus* der ganzen Schöpfungserzählung lautet: So ist es gut. So wird es gut. So gelingt das Leben – nicht nur das Leben des Einzelnen, sondern das Leben in Gemeinschaft und mit der ganzen Schöpfung. Denn das ist auch von Anfang an klar: Der Mensch ist nicht als isoliertes Individuum gedacht und gemacht, sondern von Anfang an als »Menschen«, als Gemeinschaft, und das eingebettet in die Schöpfung mit all ihrem Segen und ihren Herausforderungen.

Das Gelingen dieses Projekts ist allerdings an eine Bedingung geknüpft: Gott macht die Musik und der Mensch tanzt nach der Musik Gottes. Der Schöpferkönig gibt den Rhythmus vor und der Statthalter bewegt sich in diesem Rhythmus.

Wenn der Gottestänzer in diesem Sinne »nahe bei Gott« ist, dann ist der Tanz mit Gott ein Tanz ins Glück. Das weiß auch der Beter von Psalm 73, der sich mitten in einer tiefen Lebenskrise auf die Grundaussage der Schöpfung zurückbesinnt: Wenn ich nach der Musik Gottes tanze, dann wird es gut – oder, wie uns der Satz wohl geläufiger ist: »Nahe bei Gott zu sein, ist mein Glück« (Psalm 73,28).[54] Man beachte, dass hier dasselbe Wort für »gut« verwendet wird wie in der Schöpfungsgeschichte!

Man kann die Vision vom Menschen, »wie es von Anfang an gedacht war«, kaum schöner zum Ausdruck bringen als im poetischen Loblied, das wir in Psalm 8 finden (Neue Genfer Übersetzung):

> Herr, unser Herrscher, wie berühmt ist dein Name in aller Welt!
>
> Ja, auch am Himmel zeigst du deine Größe und Herrlichkeit.
> Schon Säuglingen und kleinen Kindern hast du dein Lob in den Mund gelegt,
> damit sie deine Macht bezeugen.
>
> Das hast du so bestimmt, um deine Gegner zu beschämen,
> um jeden Feind und Rachsüchtigen zum Schweigen zu bringen.
> Wenn ich den Himmel sehe, das Werk deiner Hände,
> den Mond und die Sterne, die du erschaffen und an ihren Ort gesetzt hast,
> dann staune ich:
>
> Was ist der Mensch, dass du an ihn denkst?
> Wer ist er schon, dass du dich um ihn kümmerst!
> Du hast ihn nur wenig geringer gemacht als Gott,
> mit Ehre und Würde hast du ihn gekrönt.
> Du hast ihn zum Herrn eingesetzt über deine Geschöpfe,

die aus deinen Händen hervorgingen; alles hast du ihm zu Füßen gelegt.
Du hast ihm Schafe und Rinder unterstellt
und dazu alle frei lebenden Tiere in Feld und Flur,
die Vögel, die am Himmel fliegen,
ebenso wie die Fische im Meer und alles, was die Meere durchzieht.

Herr, unser Herrscher, wie berühmt ist dein Name in aller Welt!

DER MENSCH WIRD ZUM STOLPERER

Das Projekt Gottes, seine Königsherrschaft über seine Schöpfung zusammen mit dem Menschen als seinem Statthalter zu verwirklichen, ist risikoreich. Hätte sich Gott einen Roboter geschaffen, der automatisch nach seiner Musik tanzt, dann hätte er sich viel Herzeleid und Ärger ersparen können. Gott aber hat sich ein Gegenüber geschaffen. Ein Wesen, mit dem er in eine persönliche Beziehung treten kann. Ein Wesen, das er liebt und das ihn lieben kann. Gott hat sich keinen Tanzroboter geschaffen, sondern einen lebendigen Tanzpartner. Ein Gegenüber, mit dem eine Vertrauensbeziehung möglich ist – und Vertrauen ist nur durch Vertrauensvorschuss zu gewinnen, und Vertrauensvorschuss birgt immer ein Risiko. Das ist die schier unglaubliche Aussage des hebräisch-christlichen Glaubens.

Damit wird auch klar, dass Freiheit – auch wenn es lediglich relative Freiheit ist – zur schöpfungsgemäßen Würde des Menschen gehört. Und genau hier liegt das Risiko, das Gott eingegangen ist. Das ist – bei allem Elend – die gute Nachricht der biblischen Erzählung vom Sündenfall.

In der hebräisch-christlichen Sicht vom Menschen gestalten wir unser Leben zwischen zwei Polen. Es gibt keine totale Bindung und Vorbestimmung, die dem Menschen keine Freiheit und damit auch keine Verantwortung geben würde. Und es gibt auch keine absolute Freiheit, die dem Menschen erlauben würde, sich selbst zum verantwortungslosen Designer seines Lebens zu machen.

Die biblische Story zeigt uns vielmehr: Der Mensch ist unfreiwillig zum Gottestänzer bestimmt. Gleichzeitig hat er die Freiheit, selber zu entscheiden, nach wessen Musik er tanzen will – und er kann einer Entscheidung, für die er auch Verantwortung tragen muss, nicht entkommen. In der Sprache der Bibel ist das eine Entscheidung zwischen Leben und Tod. Gottestänzer zu sein bedeutet leben. Wer nach anderer Musik tanzt und seine Augen von Gott abwendet, tanzt in den Tod. Darüber wird später noch mehr zu sagen sein.

Eines wird uns beim Betrachten der Geschichte aber klar – und das ist auch in der biblischen Erzählung nachgezeichnet: Der Gottestänzer ist zum Stolperer geworden. Vom Brudermord im ersten Buch der Bibel bis zum Aufbäumen des Bösen in den Visionen des letzten Buches der Bibel ist das eindrücklich dokumentiert. Und was uns zwischen den Buchdeckeln der Bibel vor Augen geführt wird, ist nichts anderes, als was wir im Geschichtsunterricht lernen, in der Zeitung lesen und in den Nachrichten sehen und hören: Bei allem »Edlen und Guten«, zu dem der Mensch auch fähig ist, ist er doch zum Stolperer geworden – und er reißt die ganze Schöpfung mit ins Elend.

In diesem Zusammenhang müssen wir von Sünde und Schuld sprechen. Das Wort Sünde hat in der nachchristlichen Alltagssprache eine völlige Sinnverdrehung erlebt. Einerseits ist Sünde als religiöses Wort verpönt. Es klingt nach verstaubter christlicher Moral, und erinnert an die Mahnfingergebärden der Kirche. Der moderne Mensch sieht sich nicht als Sünder, sondern als »edel, hilfreich und gut« (Goethe). Alltagssprachlich und verharmlost erfreut sich das Wort Sünde jedoch großer Beliebtheit. Man spricht locker von Verkehrssündern, gönnt sich die »kleine Sünde« eines etwas zu großen Tortenstücks und unter dem Motiv »Liebe kann doch keine Sünde sein« wird (fast) alles legitimiert. Die Botschaft ist klar. Eine kleine moralische Grenzüberschreitung kann ja nicht so schlimm sein.

Doch nur schon die Idee der Grenzüberschreitung ist problematisch. Sie reduziert das richtige, das heißt, sündlose Leben auf das Einhalten von Regeln und definiert Sünde als Nichteinhalten von Regeln. Nun hat sich die christliche Kirche tatsächlich zu oft auf das Niveau von moralischen Spielregeln heruntergelassen. Sie hat definiert, was man tun und lassen soll, und dabei vor allem die Rolle eines moralischen Polizisten gespielt.

Wenn die Bibel von Sünde spricht, hat sie aber etwas viel Grundlegenderes im Blick. Die Grenzüberschreitungen sind lediglich die Symptome, nicht wirklich die Ursache oder die Wurzel des Problems. Der Apostel Paulus hat in seinem Brief an die Christen in Rom ausführlich dargelegt, was Sünde ist (Römer 1,18–32). Dabei listet er schonungslos moralisch inakzeptables Verhalten auf. Aber das sind eben nur die Folgen einer viel grundlegenderen Problematik. Diese benennt er gleich zu Beginn mit den Worten (Römer 1,21):

> Die Menschen erwiesen Gott nicht die Ehre, die ihm zukommt,
> und blieben ihm den Dank schuldig.

Das führt dazu, so Paulus, dass ihr Denken in die Irre geht und sich ihre Herzen (die Mitte ihres Menschseins) verfinstern. Alles Weitere sind Konsequenzen. Wir können hier einen Vierschritt erkennen:

1. Der Mensch wendet sich von Gott ab (erkennt seine Königsherrschaft nicht an und ist nicht dankbar).

2. Damit verliert sein Denken die nötige Orientierung und geht in die Irre.

3. Das führt dazu, dass im Steuerungszentrum des Menschen – in seinem Herzen – das Licht ausgeht; es wird finster.

4. Das Resultat sind verwerfliche und zerstörerische Handlungen. Kurz und knapp in den Worten von Wolfgang Dyck: »Ohne den Schöpfer ist das Geschöpf bald erschöpft.«

Im Bild: Der Mensch hört nicht mehr auf die Musik des Himmels, er richtet vielmehr sein inneres Ohr auf andere Musikquellen und wird so zum Stolperer.

Das kann man nicht einfach als »dumm gelaufen« oder »Pech gehabt« abtun. Das Geschöpf muss sich vor seinem Schöpfer verantworten. Die Sünde wird zur Schuld – und die Schuld führt zur Scham. Deshalb versteckt sich Adam, wenn Gott mit ihm Kontakt aufnehmen möchte. Das ist die ernüchternde Diagnose, die Gott uns in der Bibel zumutet.

Doch das ist, Gott sei Dank, nicht das Ende der Geschichte.

GOTT SUCHT SEINEN TÄNZER

Am Abend, als ein frischer Wind aufkam, hörten sie, wie Gott, der HERR, im Garten umherging. Ängstlich versteckten sie sich vor ihm hinter den Bäumen. Und Gott, der HERR, rief nach dem Menschen und sprach zu ihm: Wo bist du?
Genesis 3,8–9 (Hoffnung für alle und Einheitsübersetzung)

Man kann diese kurze Passage ganz unterschiedlich hören: Hören wir den Polizisten-Gott, der nichts Besseres zu tun hat, als im Paradies »herumzuschnüffeln«, um zu sehen, was seine Menschen wieder Dummes angestellt haben? Leider ist diese Deutung fast zu einer Art christlicher Standarddeutung geworden.

Johannes Triebel schlägt eine andere Leseart vor:[55]

> Gott geht in der Abendkühle im Garten spazieren. Ein sehr menschliches Bild von Gott. Er begibt sich zum Menschen; er kommt zu ihm; er stellt sich auf den Menschen ein. Er will sein Gegenüber sein, oder auch umgekehrt: Der Mensch soll in Gott sein Gegenüber erkennen – es geht um Begegnung auf Augenhöhe.
>
> Und dann: Gott fragt nach dem Menschen: »Adam, Mensch, wo bist du?« Gott sucht Adam, ja, er besucht ihn ...
>
> Er erniedrigt sich; er entäußert sich, um dem Menschen zu begegnen, für ihn erkennbar zu sein. Das ist ein ungeheuerlicher Vorgang. Er, der Erhabene, der Allmächtige, der ganz Andere, er lässt sich auf den Menschen ein. Die Distanz von Gott und Mensch droht zu verwischen. Das, was für Muslime unvorstellbar ist, das geschieht hier. Gott fragt: »Wo bist du?«, obwohl er, der Erhabene, der Allmächtige, es doch wissen müsste. Er spricht den Menschen an, gibt ihm Gelegenheit, sich zu äußern. Und das, obwohl er weiß, was geschehen ist, trotz des Ungehorsams, trotz des Vertrauensbruchs, trotz des Verstoßes gegen das Gebot Gottes.
>
> Die Form des Dialogs, des Gesprächs, macht deutlich: Ich, Gott, habe Interesse an dir; du bist mir nicht gleichgültig, du bist mir wertvoll, trotz allem,

was geschehen ist. Ich bin für dich da, auch wenn du mir untreu geworden bist.

So ist Gott zu uns. Können wir das begreifen? Kann das wirklich sein?

Ich glaube, dass Johannes Triebel die Grundmusik der biblischen Dramaturgie richtig wahrgenommen hat.

Die biblische Erzählung lässt darüber keinen Zweifel aufkommen: Gott ergreift die Initiative. Er sucht den Menschen. Er gibt seinen Stolperer nicht auf. Er sehnt sich nach Wiederherstellung. Er investiert alles, um dem Menschen die Rückkehr in die Tanzgemeinschaft zu ermöglichen und um ihn dazu zu bewegen, sich darauf einzulassen.

Das ist die Grundmusik, die die ganze Dramaturgie der biblischen Erzählung durchklingt. Man kann es fast nicht mehr kürzer und treffender sagen, als David Shenk es einmal formuliert hat: »God seeking us is the drama of the Bible« (Gott sucht uns – das ist das Drama der Bibel).[56]

Nun haben wir hier natürlich nicht den Raum, dieses Drama Akt für Akt und Szene für Szene anzuschauen und vorzustellen. Ich greife lediglich vier Szenen heraus. Sie stehen stellvertretend für die vier großen Akte des alttestamentlichen Dramas.[57]

1. Akt: Gott sucht einen Gottestänzer – die Abrahamgeschichte
2. Akt: Rettung aus Ägypten und der Weg ins verheißene Land (Exodus)
3. Akt: Israel als Nation (Monarchie)
4. Akt: Niedergang des nationalen Israel und babylonische Gefangenschaft (Exil)

Dabei geht es mir hier nun immer um die Königsherrschaft Gottes und darum, wie der Mensch wieder in seine Bestimmung als königlicher Statthalter in Gottes Schöpfung kommen kann, um seine Verantwortung wahrzunehmen. Im Bild ausgedrückt: Wie der Mensch wieder zum Gottestänzer werden kann. Vor diesem Hintergrund werden wir später Jesus und die Bergpredigt verstehen.

Eine Szene aus dem 1. Akt: Gott sucht einen Gottestänzer

> Da sagte der Herr zu Abram: »Verlass deine Heimat, deine Sippe und die Familie deines Vaters und zieh in das Land, das ich dir zeigen werde! Ich will dich segnen und dich zum Stammvater eines mächtigen Volkes machen. Dein Name soll in aller Welt berühmt sein. An dir soll sichtbar werden, was es bedeutet, wenn ich jemand segne. Alle, die dir und deinen Nachkommen Gutes wünschen, haben auch von mir Gutes zu erwarten. Aber wenn jemand euch Böses wünscht, bringe ich Unglück über ihn. Alle Völker der Erde werden Glück und Segen erlangen, wenn sie dir und deinen Nachkommen wohlgesonnen sind.«
>
> Abram folgte dem Befehl des Herrn und brach auf...
>
> *Genesis 12,1–4* (Gute Nachricht Bibel)

In jedem Drama gibt es Sequenzen, die später immer wieder aufgegriffen werden. Sie bilden ein durchgehendes Leitmotiv der ganzen Story. Das ist so eine Sequenz. Oft, wenn Israel später seine Geschichte erzählt, wird an diese Szene erinnert.

Etwa, am Ende des Josuabuches, wo Josua in Sichem das Volk neu in die Verpflichtung mit Gott nimmt. Da klingt es dann so:

> So spricht der Herr, der Gott Israels: Vor langer Zeit wohnten eure Vorfahren auf der anderen Seite des Eufratstromes und verehrten fremde Götter. Das ging so bis zu Terach, dem Vater Abrahams und Nahors. Aber dann holte ich euren Stammvater Abraham aus dem Land jenseits des Eufrats und ließ ihn im ganzen Land Kanaan umherziehen.
>
> *Josua 24,2–3* (Gute Nachricht Bibel)

Oder im gottesdienstlichen Gebet bekennt die versammelte Gemeinde:

> Du, Herr, unser Gott, erwähltest Abram und holtest ihn heraus aus Ur in Chaldäa; du gabst ihm den Namen Abraham. Du sahst, dass er in Treue zu dir hielt, und schlossest einen Bund mit ihm und gabst ihm dabei das Versprechen: »Deinen Nachkommen gebe ich das Land, in dem die Kanaaniter

> wohnen, die Hetiter und die Amoriter, die Perisiter, Jebusiter und Girgaschiter.« Und du hast dein Versprechen gehalten, auf dich ist in allem Verlass!
>
> *Nehemia 9,7–8* (Gute Nachricht Bibel)

Abraham ist ein Gottestänzer, ja er wird geradezu zum Prototyp des Gottestänzers. Paulus wird später sagen, dass Abraham der Vater aller Gottestänzer sei (Römer 4,16) bzw. dass all diejenigen Menschen, die Jesus Christus Vertrauen schenken, gewissermaßen Abrahams Nachkommen seien (Galater 3,29).

Was macht denn Abraham zum Vater aller Gottestänzer?

Ein Erstes: In der zitierten Szene und all ihren späteren Anspielungen fällt auf: Das Ganze ist nicht Abrahams Idee. Nirgends lesen wir, dass Abraham darüber nachgedacht hätte, wie elend die Menschheit ohne Gott durchs Leben stolpert, und dass er sich dann eines Abends vor dem Einschlafen gesagt hätte: »Es würde uns allen viel besser gehen, wenn wir wieder zur Musik Gottes tanzen würden. Einer muss den Anfang machen. Ich werde morgen, wenn ich aufwache, beginnen, in meinem Leben wieder den Rhythmus von Gottes Musik aufzunehmen.«

Die Szene verläuft ganz anders: *Gott* ergreift die Initiative. *Er* spricht zu Abraham. *Er* gibt die Vision für eine neue Zukunft. *Er* segnet. *Er* erwählt. *Er* holt heraus. *Er* verheißt eine neue Lebensmöglichkeit. *Er* verpflichtet sich. *Er* gibt das neue Land und *er* führt in diese neue Zukunft.

Wenn diese Story erzählt wird, soll klar werden: Hier ist nicht der Mensch am Schalthebel der Geschichte, sondern Gott. Hier wird zwar nicht das Vokabular von Königsherrschaft und Gottesreich verwendet. Doch dennoch wird erzählt, wie Gott als Schöpfer und Herr der Welt seinen Menschen wieder für sein Projekt gewinnen will. Gottesherrschaft wird hier nicht als Eroberung und Zwang realisiert, sondern als Einladung.

Ein Zweites: Nicht Beschämung, sondern Lebensperspektive. Der Schöpfer lädt sein Geschöpf nicht zum Tanz ein, indem er auf seine Defizite verweist (du bist ein elender Stolperer, der meine Musik missachtet hat und eigentlich nichts als Gericht verdient hätte). Nein, Gott malt eine Vision vor Abrahams Augen: Nachkommenschaft, Segen, Lebensraum (Land) und eine positive Langzeitwirkung für die gesamte Menschheit. Mit dieser Vision vor Augen vernimmt Abraham den Ruf: Brich auf! Lass los! Mach dich auf den Weg! Es ist, wie wenn Gott sagen würde: Wir haben noch viel vor zusammen! Machst du mit?

Ein Drittes: Das Land der alten Musik verlassen. Auf der »anderen Seite des Euphratstromes«, wo Abraham herkommt, tanzt man nach der Musik »fremder Götter«. Das Land zwischen den beiden großen Strömen Tigris und Euphrat wird in der biblischen Erzählung oft zum Sinnbild einer Menschheit, die Gott los geworden ist. Das gilt ganz besonders für Babel/Babylon. Die Geschichte vom Turmbau zu Babel ist denn auch das Hintergrundszenario zur Abrahamberufung (Genesis 11,1–9). Die Songs, die hier den Ton angeben, heißen »Lasst uns Türme bauen bis in den Himmel« und »Wir wollen uns einen Namen machen«. Hier macht der Mensch die Pläne. Hier ist der Mensch der Baumeister seiner Zukunft. Das Motto lautet »wir«, »wir«, »wir«. Es ist die Musik des autonomen Menschen, der keinen Schöpfer über sich will, der den Ton angibt. Ganz anders in der Abrahamerzählung: Gott ergreift die Initiative. *Er* macht den Plan. *Er* ist der Baumeister der Zukunft. *Er* wird den Namen des Abraham groß machen. Hier lautet der Refrain: »Du, Gott«, du, Gott«, »du, Gott« (Nehemia 9). Abraham kann nicht beide Songs gleichzeitig singen. Wenn er sich auf die Musik Gottes einlassen will, muss er ausziehen und die Musik »jenseits des Euphrat« hinter sich lassen.

Ein Viertes: Glauben. Etwas später in der Abrahamerzählung des ersten Mosebuches – in 15,6 – treffen wir auf die oft zitierte Formel: »Abram glaubte dem HERRN, und das rechnete er ihm zur Gerechtigkeit« (Luther 2017). Dieser Satz ist mit verschiedenen Vorstellungen etwas überwuchert. Manchmal verstehen wir Glaube als das Fürwahrhalten von Lehrsätzen. Darum geht es hier nicht. Darum geht es im hebräisch-christlichen Glauben sowieso nicht – mindestens nicht primär. Es geht um Vertrauen. Es geht um das vertrauensvolle Sich-darauf-Einlassen auf die Zusagen Gottes: Ich werde dich in ein Land bringen, das du jetzt noch nicht kennst, und das wird zu deinem Segen sein. Was Glaube ist, steckt in dem kurzen Sätzchen: »Und Abraham zog aus …« Die Formel »Abram glaubte dem HERRN, und das rechnete er ihm zur Gerechtigkeit« ist aber manchmal auch von der Vorstellung überwuchert, dass es sich hier um eine Verrechnung handle. Dem Menschen würde Gerechtigkeit (im Sinne einer Fehlerlosigkeit vor einem Gesetz) angerechnet, obwohl er diese eigentlich gar nicht besitze. Eine solche Lektüre dieses Textes ist mehr von einer bestimmten Lesart des Römerbriefes bestimmt als von dem, was hier gemeint ist. Hier wird dem Abraham nicht etwas »angerechnet«, was er nicht hat oder nicht ist. Es wird vielmehr anerkannt, dass in seinem Vertrauen in die Zusagen Gottes die »rechte« Beziehung zu Gott zum Ausdruck kommt. In anderen Worten: Dass sein Gottvertrauen zu entsprechenden Handlungen führt, qualifiziert ihn als Gottestänzer.

Ein Fünftes: Segen erfahren und anderen zum Segen werden. Diese Szene aus dem ersten Akt der biblischen Erzählung führt uns vor Augen, wie der eine Gott, der Schöpfer des Universums, in einem neuen Anlauf beginnt, »sein Reich zu bauen«. Er holt Abraham weg von der Musik der »fremden Götter« jenseits des Euphrat und nimmt ihn mit auf den Tanz in ein »verheißenes Land«. Die ganzen heilvollen Zuwendungen Gottes (Segen) sollen so dem Abraham zufließen und durch ihn der ganzen Menschheit. Abraham lässt sich vertrauensvoll darauf ein. Das macht ihn zum Prototyp des Gottestänzers. Der Rest der biblischen Erzählung entfaltet dieses Projekt Gottes.

Eine Szene aus dem 2. Akt: Ein Siegeslied

Dieser zweite Akt kommt in einem Lied zum Ausdruck, und wir sollten uns die Zeit nehmen, den Text dieses Songs auf uns wirken zu lassen:

> Damals sangen Mose und die Israeliten dies Lied dem HERRN und sprachen:
>
> Ich will dem HERRN singen, denn er ist hoch erhaben;
> Ross und Reiter hat er ins Meer gestürzt.
> Der HERR ist meine Stärke und mein Lobgesang und ist mein Heil.
> Das ist mein Gott, ich will ihn preisen,
> er ist meines Vaters Gott, ich will ihn erheben.

Der HERR ist der rechte Kriegsmann, HERR ist sein Name.
Des Pharao Wagen und seine Macht warf er ins Meer,
seine auserwählten Streiter versanken im Schilfmeer.
Fluten haben sie bedeckt, sie sanken in die Tiefe wie Steine.

HERR, deine rechte Hand, herrlich an Kraft,
deine rechte Hand, HERR, zerschlägt den Feind.
Und mit deiner großen Herrlichkeit hast du deine Widersacher gestürzt;
denn als du deinen Grimm ausließest, verzehrte er sie wie Stoppeln.
Durch dein Schnauben türmten die Wasser sich auf, die Fluten standen wie ein Wall;
die Tiefen erstarrten mitten im Meer.

Der Feind gedachte: Ich will nachjagen und ergreifen
und den Raub austeilen und meinen Mut an ihnen kühlen.
Ich will mein Schwert ziehen, und meine Hand soll sie verderben.
Da ließest du deinen Wind blasen, und das Meer bedeckte sie,
und sie sanken unter wie Blei im mächtigen Wasser.

HERR, wer ist dir gleich unter den Göttern?
Wer ist dir gleich, der so herrlich und heilig ist, schrecklich, löblich und wundertätig?
Als du deine rechte Hand ausrecktest, verschlang sie die Erde.
Du hast geleitet durch deine Barmherzigkeit dein Volk, das du erlöst hast,
und hast sie geführt durch deine Stärke zu deiner heiligen Wohnung.
Als das die Völker hörten, erbebten sie; Angst kam die Philister an.
Da erschraken die Fürsten Edoms,
Zittern kam die Gewaltigen Moabs an,
alle Bewohner Kanaans wurden feig.

Es fiel auf sie Erschrecken und Furcht;
vor deinem mächtigen Arm erstarrten sie wie die Steine,
bis dein Volk, HERR, hindurchzog,
bis das Volk hindurchzog, das du erworben hast.

Du brachtest sie hinein und pflanztest sie ein auf dem Berge deines Erbteils,
den du, HERR, dir zur Wohnung gemacht hast,
zu deinem Heiligtum, Herr, das deine Hand bereitet hat.

Der HERR wird König sein immer und ewig.

> Denn der Pharao zog hinein ins Meer mit Rossen und Wagen und Reitern.
> Und der HERR ließ das Meer wieder über sie kommen.
> Aber die Israeliten gingen trocken mitten durchs Meer.
>
> Da nahm Mirjam, die Prophetin, Aarons Schwester, eine Pauke in ihre Hand, und alle Frauen folgten ihr nach mit Pauken im Reigen. Und Mirjam sang ihnen vor: Lasst uns dem HERRN singen, denn er ist hoch erhaben; Ross und Reiter hat er ins Meer gestürzt.
>
> *Exodus 15* (Luther 2017)

Das ist Musik. Hier wird gesungen und getanzt! Das ist Lobpreis im besten Sinn.[58] Hier machen Menschen Musik, indem sie die Musik des Himmels respondieren. Hier sind Gottestänzer am Werk.

Unten mittendrin der Spitzensatz: Der HERR (Jahwe) wird König sein immer und ewig.

Wie kommen diese Menschen dazu, so zu singen? Was haben sie erfahren? Wie sind sie zu Gottestänzern geworden? Wie kommen sie dazu, Gott als ewigen König zu besingen?

Die Story kann in den ersten 24 Kapiteln des zweiten Mosebuches (Exodus) nachgelesen werden – und wer es noch ausführlicher will, kann die ganzen fünf Bücher Mose (Thora, Pentateuch) lesen. Wir haben Glück: Auch diese Erzählung (wie schon die Abrahamerzählung) bildet einen *Cantus firmus* in der biblischen Erzählung. In verschiedenen Konfigurationen begegnen wir diesem zweiten Akt des biblischen Dramas immer wieder.

So heißt es etwa im grundlegendsten Bekenntnis des hebräischen Glaubens (Deuteronomium 26,5–9):

> Mein Vater war ein heimatloser Aramäer. Er zog nach Ägypten, lebte dort als Fremder mit wenigen Leuten und wurde dort zu einem großen, mächtigen und zahlreichen Volk. Die Ägypter behandelten uns schlecht, machten uns rechtlos und legten uns harte Fronarbeit auf. Wir schrien zum HERRN, dem Gott unserer Väter, und der HERR hörte unser Schreien und sah unsere Rechtlosigkeit, unsere Arbeitslast und unsere Bedrängnis. Der HERR führte uns mit starker Hand und hoch erhobenem Arm, unter großem Schrecken,

> unter Zeichen und Wundern aus Ägypten, er brachte uns an diese Stätte und gab uns dieses Land, ein Land, wo Milch und Honig fließen.
>
> (Einheitsübersetzung)

Und wenn die Kinder ihre Eltern fragen, warum sie eigentlich das glauben, was sie glauben, und warum sie ihren Glauben so leben, wie sie ihn leben, dann sollen diese nicht mit steilen Lehrsätzen und Definitionen antworten, sondern eine Geschichte erzählen – *die* Geschichte erzählen:

> Sklaven waren wir, Sklaven des Pharao in Ägypten. Doch Jahwe hat uns mit starker Hand aus Ägypten herausgeführt. Er hat vor unseren Augen gewaltige Zeichen und Wunder getan und Unheil über die Ägypter gebracht, den Pharao und seine ganze Familie. Uns hat er von dort herausgeführt, um uns das Land zu geben, wie er es unseren Vorfahren geschworen hat. Jahwe befahl uns, all diese Vorschriften zu halten und ihn, unseren Gott, zu fürchten, damit es uns immer gut geht und er uns am Leben erhält, wie es heute der Fall ist. Wenn wir darauf achten, dieses ganze Gesetz vor Jahwe, unserem Gott, zu befolgen, wird das unsere Gerechtigkeit[59] sein.
>
> *Deuteronomium 6,21–25* (Neue evangelistische Übersetzung)

Und die angemessene Antwort auf dieses geschichtliche Bekenntnis lautet:

> Höre, Israel! Der HERR, unser Gott, der HERR ist einzig. Darum sollst du den HERRN, deinen Gott, lieben mit ganzem Herzen, mit ganzer Seele und mit ganzer Kraft.
>
> *Deuteronomium 6,4–5* (Einheitsübersetzung)

All diese Texte (und noch viele mehr) lassen uns davon Zeugen werden, dass hier ein Volk von Gottestänzern und -tänzerinnen entsteht – ganz so, wie es Abraham zugesagt wurde.

Die Dramaturgie dieser ganzen Story hat Mose in einer programmatischen Ansage von Gott vernommen:

> Ich bin der HERR.
>
> > Ich führe euch aus dem Frondienst für die Ägypter heraus und rette euch aus der Sklaverei. Ich erlöse euch mit hoch erhobenem Arm und durch gewaltige Entscheide.
> >
> > Ich nehme euch mir zum Volk und werde euch Gott sein. Und ihr sollt wissen, dass ich der HERR bin, euer Gott, der euch aus dem Frondienst Ägyptens herausführt.
> >
> > Ich führe euch in das Land, das ich Abraham, Isaak und Jakob unter Eid versprochen habe. Ich übergebe es euch als Eigentum.
>
> Ich bin der HERR.
>
> *Exodus 6,6–8* (Einheitsübersetzung)

Was wir hier haben, ist eine Programmansage Gottes in der Gestalt einer dreigliedrigen Dramaturgie.[60] Die drei Szenen müssen kurz entfaltet werden, die Dramaturgie und die Motive, denen wir hier begegnen, liefern uns eine theologische Grammatik, die wir brauchen, um später die Bergpredigt zu verstehen.

Szene 1: Durchs Wasser. Am Anfang der Exodusdramaturgie steht die Rettungstat Gottes. Ägypten wird in der hebräisch-christlichen Erzählung zur Metapher für einen Ort, wo erneut andere Götter und Herren die Musik machen. Es ist eine Musik der Herrschaft und Macht, die Menschen versklavt. Wenn die Vision aus der Abrahamgeschichte realisiert werden soll, müssen Menschen da heraus. Und Gott holt seine Leute da raus. Das ist der erste Akt des Exodusdramas. Diese Rettung ist einzig und allein Gottes Tat. Es ist weder das Verdienst Israels noch die Heldentat des Mose. Gott bringt sein Volk zum Sinai, wo dann der zweite Akt stattfindet.

Doch wir sind noch beim ersten Akt. Es ist eine unglaubliche Story von Widerständen, die es zu überwinden gilt: Findet Gott einen Anführer, der seine Sache vertritt und das Volk leitet? Der, den er will, will nicht. Dann wollen die Sippenoberhäupter des versklavten Volkes gar nicht mitmachen. Und Pharao, der Machthaber in Ägypten, will sowieso nicht. Als es dann endlich losgeht, steht man bald einmal vor dem unüberwindbaren Schilfmeer. Kaum ist man da auf wundersame Weise durch, wird man mit den Widerwärtigkeiten der Wüste konfrontiert: nichts zu essen und nichts zu trinken. Und dann versperrt das Wüstenvolk der Amalekiter den Weg und man wird in eine Schlacht verwickelt, in der man eigentlich keine Chance hat. Und als ob das nicht genug wäre, offenbart sich, dass die interne Organisation des ganzen Flüchtlingshaufens nicht funktioniert. Schließlich kriegt man auch das auf die Reihe.

Bei jeder dieser Schwierigkeiten und bei jedem Widerstand wird klar: Menschlich gesprochen stehen die Chancen schlecht. Das kann nicht gelingen. Und jedes Mal greift Gott ein, zwingt den Pharao in die Knie, ebnet den Weg, teilt das Wasser, besiegt die Feinde[61] und gibt Speis und Trank. Am Gottesberg, dem ersten Ziel der Reise, empfängt er sie mit dem lapidaren Satz: »Auf Adlerflügeln habe ich euch getragen und zu mir gebracht« (Exodus 19,4). Es soll offensichtlich allen klar sein, dass keine und keiner aus eigener Kraft und Anstrengung den Weg von Ägypten durchs Schilfmeer und durch die Wüste bis zum Gottesberg geschafft hat. Errettung ist einzig und alleine eine Großtat Gottes. So manifestiert sich das Königtum Jahwes.

Das Bild der Rettung durchs Meer hat sich tief in Israels kollektives Gedächtnis eingeprägt:

> Er machte das Meer zu trockenem Land, sodass wir zu Fuß hindurchgehen konnten. Darüber waren wir voll Freude!
>
> *Psalm 66,6* (Gute Nachricht Bibel)

Es wird klar: Damit der Mensch (wieder) zum Menschen werden kann, ist ein Befreiungsakt nötig, der die Möglichkeiten des Menschen übersteigt. Es ist alleine Gottes machtvolles Eingreifen, das Rettung bringt und den Menschen in die Freiheit einer neuen Lebensmöglichkeit führt. Der Stolperer muss zuerst befreit werden, ehe er wieder zum Tänzer werden kann. Die in manchen Zügen archaische und unbegreifliche Exoduserfahrung Israels wird, wie wir später sehen werden, im Leben von Jesus neu inszeniert und interpretiert werden.

Szene 2: Am Berg. Die zweite Strophe der programmatischen Ankündigung an Mose kreist um die Ereignisse am Sinaiberg:

> Ich nehme euch mir zum Volk und werde euch Gott sein. Und ihr sollt wissen, dass ich der HERR bin, euer Gott, der euch aus dem Frondienst Ägyptens herausführt.
>
> *Exodus 6,7* (Einheitsübersetzung)

Nachdem Gott seine Königsherrschaft über alle Mächte (Könige und Naturgewalten) manifestiert hat, indem er das Volk der Abrahamnachkommen aus der Sklaverei befreit hat, macht er jetzt dieses Volk durch einen feierlichen Bundesschluss zu *seinem* Volk. Er wird ihr König sein.

Was sich da am und auf dem Berg zwischen Gott, Mose und dem Volk abgespielt hat, dauerte lange und ist komplex. Die Kapitel 19–40 erzählen davon. Eine Kurzversion erhält der Leser aber bereits in Exodus 19,3–8 (Einheitsübersetzung):

> Mose stieg zu Gott hinauf. Da rief ihm der HERR vom Berg her zu: Das sollst du dem Haus Jakob sagen und den Israeliten verkünden:
>
> »Ihr habt gesehen, was ich den Ägyptern angetan habe, wie ich euch auf Adlerflügeln getragen und zu mir gebracht habe. Jetzt aber, wenn ihr auf meine Stimme hört und meinen Bund haltet, werdet ihr unter allen Völkern mein besonderes Eigentum sein. Mir gehört die ganze Erde, ihr aber sollt mir als ein Königreich von Priestern und als ein heiliges Volk gehören. Das sind die Worte, die du den Israeliten mitteilen sollst.«
>
> Mose ging und rief die Ältesten des Volkes zusammen. Er legte ihnen alles vor, was der HERR ihm aufgetragen hatte. Das ganze Volk antwortete einstimmig und erklärte:
>
> »Alles, was der HERR gesagt hat, wollen wir tun.«
>
> Mose überbrachte dem HERRN die Antwort des Volkes.

Hier wird Gottes Königtum über Israel vertraglich festgemacht. Martin Buber spricht von einem »Königsbund«, der hier geschlossen wird.[62]

Was bedeutet das? Der zweite Akt der Exodusdramaturgie macht deutlich, dass es Gott nicht nur darum geht, seine Leute aus der Versklavung in Ägypten zu befreien, letztlich geht es vielmehr darum, dass ein Volk entsteht, das wieder lernt, nach Gottes Musik zu tanzen und so zum wahren Leben zu finden. Ja noch mehr: dadurch soll dieses Volk zum Segen für alle Völker werden, so wie es schon Abraham zugesagt wurde. Man kann deshalb alles, was nun in den Mosebüchern folgt (von Exodus 19 bis Deuteronomium) als Tanzschule verstehen. Das beginnt mit einer Verpflichtung. In einer feierlichen Vereinbarung (Bund) verpflichten sich Gott und Volk gegenseitig. Gott sagt seinem Volk unverbrüchliche Liebe, Treue und Fürsorge zu.[63] Gleichzeitig erwartet er als König von seinem Volk ungeteilte Loyalität und die Zusage, in allen Lebensbereichen nach der Musik des Himmels zu tanzen. In diesem Zusammenhang entstehen die Worte, die uns als Zehn Gebote bekannt sind (Exodus 20). Das folgende Buch – das Buch Levitikus (3. Mose) – ist deshalb ganz darauf ausgerichtet, ein Volk hervorzubringen, das seine Augen ganz auf seinen Gott gerichtet hat und so, Schritt für Schritt, nach seiner Musik tanzt: »Ihr sollt heilig sein; denn ich, der Herr, euer Gott, bin heilig« (Levitikus 19,2). »Heilig« bedeutet nichts anders, als ungeteilt auf die Musik des Himmels zu hören und danach zu tanzen.

Das sieht konkret so aus, dass Menschen beginnen, Gott nachzufolgen (Deuteronomium 13,5): »Dem HERRN, eurem Gott, sollt ihr folgen, und ihn sollt ihr fürchten, und seine Gebote sollt ihr halten, und auf seine Stimme sollt ihr hören, ihm sollt ihr dienen, und an ihm sollt ihr festhalten« (Zürcher Bibel).[64] Immer wieder wird Gottes Volk herausgefordert, zu entscheiden, wem es nachfolgen will, Jahwe oder anderen Göttern (1. Könige 18,21) – nach welcher Musik es tanzen will, nach der Musik der Schöpfers oder nach der Musik anderer Herren.

Mit anderen Worten: Am Sinaiberg wird eine Theokratie begründet, eine Gotteskönigschaft. Dabei geht es nicht um die Begründung einer Religion. Hier wird nicht einfach eine spirituelle Gotteserfahrung zelebriert. Hier geht es nicht nur um die religiöse Seite am Menschen. Hier geht es um den ganzen Menschen in allen seinen Lebensbezügen. Hier geht es um den Alltag, um das soziale Leben, um den Umgang mit Gottes ganzer Schöpfung. Hier geht es um Politik. Buber spricht von einem »theopolitischen« Ereignis.[65]

Und noch etwas wird klar: Es wird kein menschlicher König eingesetzt. Wenn Jahwe König ist, ist kein Raum für einen menschlichen König. Jahwe ist der Befreier. Er definiert die Spielregeln. Er geht voraus auf dem Weg in die Zukunft. Er segnet. Ihm gegenüber, ihm allein, ist Israel verantwortlich. Ein menschliches

Königtum, eine Herrschaft von Menschen über Menschen, ist in Gottes Projekt nicht vorgesehen.[66]

Neben dem Motiv »Durchzug durchs Wasser« ist der »Bundesschluss am Berg« als weitere identitätsstiftende Metapher in die Glaubensüberlieferung Israels eingegangen. Auch dieses Motiv wird uns schlussendlich zu Jesus führen – insbesondere zur Bergpredigt.

Szene 3: Durch die Wüste ins verheißene Land. Die programmatische Ansage von Exodus 6 enthält noch ein drittes Element:

> Ich führe euch in das Land, das ich Abraham, Isaak und Jakob unter Eid versprochen habe. Ich übergebe es euch als Eigentum.
>
> *Exodus 6,8* (Einheitsübersetzung)

Der Berg ist nicht das Ende der Reise. Die Gottesbegegnung ist nicht das Ziel der Befreiung. Gottes Projekt besteht nicht nur darin, den Menschen in die Gemeinschaft mit sich zurückzugewinnen, er will mit ihm zusammen seine Herrschaft in seiner Schöpfung wieder wahrnehmen – wie bei der Erschaffung der Welt vorgesehen. Gottes Volk hat eine Mission. Sie ist in der Zusage an Abraham schon deutlich geworden: Die Reise geht an einen konkreten Ort in dieser Welt (Land), um von dort aus für alle Menschen zum Segen zu werden. Das ist nun der nächste Schritt in der Dramaturgie des Exodus.

Als Erstes muss Gottes Volk deshalb *aufbrechen*. Das ist schneller gesagt als getan. Israel erweist sich als träge. Sie wollen nicht mehr weg vom Berg. Gott muss (durch Mose) alle Register seiner Diplomatie ziehen, um das Volk in Bewegung zu setzen: Zusage von Begleitung, Schutz und Fürsorge durch einen Engel (Exodus 23,20; 33,2), Führung durch eine Wolken- bzw. Feuersäule (Numeri 9–10), Bereitstellung eines ortskundigen Pfadfinders (Numeri 10,29–32), und schließlich die Zusage seiner eigenen Präsenz in einem eigens für ihn bereitzustellenden Zelt. Auch dieses Motiv des Aufbrechens wird uns durch die ganze weitere Erzählung der Bibel begleiten. Es scheint zu allen Zeiten so zu sein, dass sich die Frommen gerne von der Welt distanziert in spirituelle Erfahrungen der Gottesbegegnung zurückziehen und dann fast nicht mehr in Bewegung zu setzen sind, um ihre Mission in der Welt wahrzunehmen.

Der Weg ins verheißene Land führt durch die »Wüste«. Ein schillernder Ort und wieder ein topografischer Begriff, der durch die Wüstenerfahrung Israels theologische Bedeutung erlangt. Die Wüste wird in der biblischen Überlieferung zum Ort der Gottesoffenbarung und der Errettung, des Bundesschlusses und der Erwählung, der Versuchung und der Rebellion, des Gerichts und der Umkehr, der Versorgung und der Bewahrung.[67]

Einerseits ist die Wüste ein Ort des Schreckens und des Todes:

> Anschauung und Erfahrung lehren, daß in der Wüste alles Leben sterben muß. Fast alle Eigenschaften des Grabes: trostlose Ewigkeit, Gefangenschaft in der Nichtigkeit, Einsamkeit und Verlassenheit, Hunger, Durst, Ohnmacht, Zerstörung und Tod – sind zugleich Eigenschaften der Wüste. Wer sich in die Wüste hinausbegibt, der wird dort nicht nur an das Totenreich erinnert, sondern auch mit ihm konfrontiert.[68]

Wüste wird zur Metapher des Ortes, an dem der Mensch vom Leben getrennt und schutzlos den Mächten der Natur und des Bösen ausgeliefert ist.

Gleichzeitig wird die Wüste als Ort intensivster Gottesbegegnungen erfahren. Sie ist ein Ort der Erlösung und des Heils, der Bewahrung und der Führung. In der Wüste sind die Dämonen und die Engel nahe – das ist der Zwiespalt der Wüstenerfahrung.

In der Dramaturgie der Bibel wird dieser zwiespältige Ort als Ort der Anfechtung, der Versuchung und der Läuterung gedeutet. Das kann im Rückblick dann so klingen:

> Vergesst nicht, wie der Herr, euer Gott, euch vierzig Jahre lang in der Wüste umherziehen ließ! Das tat er, um euch vor Augen zu führen, dass ihr ganz auf ihn angewiesen seid, aber auch um euch auf die Probe zu stellen und zu sehen, ob ihr seinen Weisungen folgen würdet oder nicht.
>
> *Deuteronomium 8,2* (Gute Nachricht Bibel)

Ich verstehe die Wüste als einen »Lernort«, oder besser gesagt: Der Weg durch die Wüste ist ein »Lernweg«. In der Begegnung und der Auseinandersetzung mit den Widerwärtigkeiten und Widerständigkeiten des nackten Lebens in der Schutzlosigkeit der Wüste können Gottvertrauen, Persönlichkeit und Charakter reifen. Der Mensch ist in dieser Herausforderung aber nicht allein gelassen. Er ist in Gemeinschaft unterwegs, er hat Gottes Zusagen im Rücken, die sich das Volk Gottes in den gottesdienstlichen Liturgien stets neu vergegenwärtigt. In der Wüste lernt der Mensch, ein Gottestänzer zu werden.

»Land« schließlich steht für den konkreten Ort, wo Gottes Volk in dieser Welt eingepflanzt werden soll. Das Leben hat immer einen konkreten Ort in der Welt. Dieser Ort bedeutet gleichzeitig Gabe und Aufgabe, Segen und Mission.

Das Volk der Gottestänzer soll ein Modell werden, an dem sich alle Völker orientieren. Letztlich gilt Gottes Projekt allen Menschen:

> Wenn ihr mir nun treu bleibt und auf mich hört, sollt ihr mein ganz persönliches Eigentum sein unter allen Völkern. Die ganze Erde gehört mir; aber ihr sollt ein Volk von Priestern sein, das mir ganz zur Verfügung steht und mir ungeteilt dient.
>
> *Exodus 19,5–6* (Gute Nachricht Bibel)

> Ich verkünde euch jetzt die Gebote und Rechtsbestimmungen, so wie sie mir der Herr, mein Gott, für euch gegeben hat, damit ihr sie befolgt in dem Land, das ihr nun in Besitz nehmt. Beachtet sie also und handelt danach! Dann werdet ihr unter den Völkern für eure Weisheit berühmt werden. Denn wenn die anderen Völker hören, nach was für Geboten ihr lebt, werden sie voll Achtung auf euch blicken und sagen: »Wie klug und einsichtig ist doch dieses große Volk!« Kein anderes von den großen Völkern hat ja einen Gott, der ihm mit seiner Hilfe so nahe ist wie uns der Herr, unser Gott. Er hilft uns, sooft wir zu ihm rufen. Und kein anderes großes Volk hat so gute Gebote und Rechtsbestimmungen wie die, die ich euch heute gebe.
>
> *Deuteronomium 4,5–8* (Gute Nachricht Bibel)

Israel soll also eigentlich der Prototyp einer neuen Menschheit werden, die nach der Musik des Schöpfers tanzt und so Wohlergehen und Bestimmung findet. Letztlich sollen alle Menschen in dieses Gottesprojekt hineingenommen werden.

Diese ausführliche Besichtigung der Ereignisse rund um den Exodus (Errettung Israels aus Ägypten) mag vielleicht wie ein unnötiger Exkurs erscheinen. Spätestens wenn wir dann zum Matthäusevangelium kommen, werden wir dankbar wahrnehmen, dass diese alttestamentlichen Erzählungen so etwas wie die theologische Grammatik bereitstellen, die wir brauchen, um Jesus und die Bergpredigt zu verstehen.

Eine Szene aus dem 3. Akt: Hoch lebe Zion

Wohl etwa 500 Jahre nach dem Exodus singt man in Israels Gottesdiensten Lieder wie dieses:[69]

> Der Herr ist mächtig!
>
> Groß ist der Ruhm unseres Gottes in seiner Stadt und auf seinem heiligen Berg!
> Prächtig erhebt sich der Zion, eine Freude für die ganze Welt!
> Er ist der wahre Gottesberg; dort steht die Stadt des großen Königs.
> Gott ist in ihren Mauern, er selbst ist ihr Schutz.
>
> Die Könige rotteten sich zusammen und stürmten gemeinsam gegen die Stadt.
> Doch was sie sahen, ließ sie erstarren, kopflos vor Angst ergriffen sie die Flucht.
> Das Zittern kam plötzlich über sie, so wie die Wehen über eine Frau,
> unabwendbar wie der Ostwind, mit dem Gott die größten Schiffe zerbricht.
>
> Das alles hatte man uns seit langem erzählt;
> nun haben wir es selbst gesehen in der Stadt, die unserem Gott gehört,
> dem Herrscher der ganzen Welt. Er hat sie für immer fest gegründet.
> Im Innern deines Tempels, Gott, erinnern wir uns an deine Güte.
> In der ganzen Welt wirst du gepriesen, bis in die fernsten Winkel reicht dein Ruhm.

> Sieg und Rettung sind in deiner Hand;
> deswegen herrscht Freude auf dem Zion!
> Du hast für unser Recht gesorgt; darum jubeln alle Städte in Juda!
> Umschreitet den Zion, geht rund um die Stadt, zählt ihre starken Türme,
> bewundert ihren breiten Wall, betrachtet ihre mächtige Burg!
> Dann könnt ihr's euren Kindern weitersagen:
> »Seht doch, so mächtig ist Gott!
> Er ist unser Gott für alle Zeiten und wird uns immer führen.«

»We're not in Kansas any more«, sagt der Amerikaner (mit Anspielung an *The Wizard of Oz*), wenn er realisiert, dass er in einer völlig neuen Umgebung lebt, mit der er nicht vertraut ist und in der er sich zuerst zurechtfinden muss. So etwa muss es Israel beim Übergang vom Leben als wandernde Halbnomaden in der Sinaiwüste zu einem sesshaften Nationalstaat auf einem Territorium, das man Kanaan nennt, gegangen sein.

Die veränderte Situation verlangt eine radikale äußere Umorientierung: Von der losen Allianz von Halbnomadenstämmen entwickelte sich Israel Schritt für Schritt zu einem Staatswesen »wie alle anderen Völker« der Region. Diese Entwicklungen hinterlassen auch tiefgreifende Spuren in der Theologie und der Glaubenspraxis.

Vier Elemente markieren die völlig veränderte Situation: (1) Israel wird eine Monarchie. (2) Jerusalem ist die Hauptstadt. (3) Ein Tempel symbolisiert die Gegenwart Gottes. (4) Der Zionsberg ist der Inbegriff der ewig geltenden Zusagen Gottes.

Die Fragen bleiben jedoch die altbekannten: Wie übt Jahwe, der Gott Israels, seine Königsherrschaft aus ? Nach welcher Musik würde das Volk in der neuen Situation tanzen? Und wie würde es seine Mission wahrnehmen, die ja seit Abraham lautet: Segen für alle Völker?

Spätestens als Israel einen irdischen König forderte, kam das Thema »Königtum Gottes« wieder auf den Tisch. Wie alle anderen umliegenden Völker wollte man sich als Monarchie konstituieren (1. Samuel 8). Aber aufgepasst: Das ist fremde Musik. Das Problem liegt auf der Hand: Wie kann das gut gehen, wenn Israel sich einen König geben lässt, obwohl eigentlich Gott sein König ist? Die

Frage ist demnach von allem Anfang an nicht nur eine strukturelle, sondern eine theologische.

Gott löst das Problem nicht, indem er Israel verbietet, einen König zu haben (das hat der Prophet Samuel eigentlich vorgeschlagen), sondern indem er Spielregeln für das irdische Königtum einführt. Ganz nach dem Motto: »Ihr sollt heilig sein; denn ich, der Herr, euer Gott, bin heilig« soll Israel das irdische Königtum »heiligen«. Wie sieht das konkret aus? So klingt die Musik Gottes, nach der die Könige Israels tanzen sollen (Deuteronomium 17,14–20):

Gott selber möchte die Könige berufen und einsetzen.

- Es muss jemand aus dem eigenen Volk sein, kein Ausländer.
- Er soll sich keine Armee zulegen (nicht viele Rosse).
- Er soll sich nicht mit allen umliegenden Königen verschwägern (keinen Harem).
- Er soll nicht Reichtum anhäufen.
- Wenn er den Thron besteigt, soll er sich eine Abschrift der Weisungen Gottes geben lassen (bevor er selber als Machthaber Gesetze erlässt).
- Er soll die Ordnungen Gottes immer zur Hand haben, sein Leben lang darin lesen und darauf achten.
- Er soll sich nie stolz über die Menschen erheben, die er zu führen hat.
- Er soll sein Leben lang die Weisungen Gottes (die Thora) studieren und in seiner Lebens- und Amtsführung nie davon abweichen.

Nicht jede Anweisung dieses »Königsgesetzes« ist uns ohne weitere Erklärung sofort verständlich. Die einzelnen Anordnungen müssen vor dem Hintergrund der damaligen Praktiken in den umliegenden Monarchien gelesen werden, an denen sich Israel orientiert hat. Ohne hier nun auf diese Details eingehen zu können, kann man mit Gewissheit feststellen: Der Idee einer Monarchie nach dem Vorbild anderer Völker werden hier alle machthaberischen Zähne gezogen. Wenn die Bibel von Königtum spricht, dann hat das entschieden nichts mit Herrschergewalt, Prunk, Kriegsführung und Volksausbeutung zu tun. »Königtum« ist eine weltliche Metapher für Führung, die auch im Rahmen von Gottes Projekt und seinem Volk gebraucht wird, aber sie wird gründlich »geheiligt«, sonst kann sie dem Wesen Gottes nicht entsprechen. Auch – oder vor allem – die Führer des Volkes sollen nach Gottes Musik tanzen, wenn aus Gottes Projekt der Wiederherstellung etwas werden soll.

Das wird auch deutlich, wenn wir Psalm 1 in Verbindung mit Psalm 2 als Eingangsportal zum Psalmenbuch lesen. Der in Psalm 2 eingesetzte König ist dann durch die Schule der Weisheit von Psalm 1 gegangen. Der König Israels orientiert sich nicht an den Königen der umliegenden Völker, sondern lässt seinen Charakter vielmehr von den Weisungen Gottes (der Thora) formen, die er Tag und Nacht vor Augen hat.[70]

Das Königsgesetz, wie auch die Psalmen 1 und 2, machen eines sehr klar: Selbst wenn Israel nominell einen König haben würde, würde dieser König nie dieselbe Stellung und dieselbe Funktion haben wie die Könige anderer Völker.

Vor allem Gottes Entscheidung, Könige selber zu berufen und einzusetzen, hat der biblischen Idee vom Königtum großes Gewicht verliehen. Herausragend ist dabei die Einsetzung von David als König Israels. Während am Sinai Gott als König mit dem Volk einen Bund schloss, schließt Gott nun mit dem König einen Bund (2. Samuel 7). David und seiner Nachkommenschaft wird Segen und ewiges Bestehen zugesichert. Bei diesen Bundeszusagen Gottes an David fällt auf, dass sie der Person und dem Hause Davids gelten und nicht der Institution Monarchie.[71]

Wegweisend ist auch, dass der König als »Sohn Gottes« verstanden wird (2. Samuel 7,14), eine Bezeichnung, die früher auch dem ganzen erretteten Gottesvolk und nicht nur seinen Führern galt (Exodus 4,22). In der Liturgie, mit der die Könige Israels eingesetzt wurden, konnte das dann so klingen (Psalm 2):[72]

> »Ich habe meinen König eingesetzt! Er regiert auf dem Zion, meinem heiligen Berg.«

Und etwas später:

> »Du bist mein Sohn, heute habe ich dich dazu gemacht.«

Liest man Psalm 2, wie oben schon ausgeführt, im Zusammenhang mit Psalm 1, so wird deutlich, dass das Königtum in Israel von der Weisheit bestimmt werden soll, die sich an Gott orientiert. Nicht im Tor der Spötter sitzt der Weise, er meditiert vielmehr die Weisungen Gottes bei Tag und bei Nacht (Psalm 1,1–2). Das soll zuallererst für den König gelten (Psalm 2). Man erinnert sich an die Aussage im Königsgesetz, dass der König sein Leben lang die Weisungen Gottes zur Hand haben soll (Deuteronomium 17,18–20). Auch hier wird deutlich: Der König soll als erster und als Vorbild nach der Musik Gottes tanzen. Der Standard lautet: Der König nimmt seine Führungsverantwortung in Gottesfurcht und Gerechtigkeit wahr (2. Samuel 23,3).

Doch der eingeschlagene Weg erweist sich als risikoreich. Anspruch und Wirklichkeit klaffen zunehmend auseinander. Wenn man durch die Texte der Bibel liest, die sich auf die Epoche beziehen, in der Israel eine Monarchie war (ca. 1000–600 v. Chr.) kann man nicht übersehen, dass die meisten Könige Israels der Versuchung nach Macht und Reichtum nicht widerstehen konnten und den negativen Mustern der Nachbarstaaten folgten. Die guten Beispiele kann man an einer Hand abzählen. Selbst die Vorzeigekönige David und Salomo sind in vielen Punkten weit von Gottes Spielregeln für das Königtum abgekommen.

Gott hat laut biblischer Erzählung alles daran gesetzt, das Königtum in Israel einigermaßen auf guter Spur zu halten. Dabei spielten die Propheten eine Schlüsselrolle. Man kann sie eigentlich als Gottes Korrekturmaßnahme gegenüber den vom guten Weg abweichenden Königen sehen. Manche haben dabei ihr Leben riskiert, wie man etwa bei Elia oder Jeremia lesen kann. Was von den Propheten immer wieder angeprangert wird, ist die Charakterlosigkeit mancher Könige. Als Beispiel mag ein Ausschnitt aus einer Rede des Propheten Amos genügen (Amos 6,1–7, Gute Nachricht Bibel):

> Weh euch, ihr Sorglosen auf dem Berg Zion! Ihr Selbstsicheren auf dem Berg von Samaria! Ihr Vornehmen Israels, des ersten aller Völker, bei denen die Leute Rat und Hilfe suchen! Geht doch in die Stadt Kalne, geht in die große Stadt Hamat und in die Philisterstadt Gat! Seid ihr vielleicht besser gerüstet als diese Königreiche? Oder ist euer Gebiet so viel kleiner als das ihre, dass ihr denkt, die Assyrer werden sich nichts daraus machen? Ihr meint,

> das Unheil sei noch fern – dabei habt ihr ein System der Unterdrückung und Ausbeutung eingeführt! Ihr räkelt euch auf euren elfenbeinverzierten Polsterbetten und esst das zarte Fleisch von Lämmern und Mastkälbern. Ihr grölt zur Harfe und bildet euch ein, ihr könntet Lieder machen wie David. Ihr trinkt den Wein kübelweise und verwendet die kostbarsten Parfüme; aber dass euer Land in den Untergang treibt, lässt euch kalt. Deshalb sagt der Herr, der Gott der ganzen Welt: »Ihr müsst als Erste in die Verbannung gehen und eure Gelage nehmen ein jähes Ende.«

Die Epoche der Monarchie hinterlässt in Israels Geschichte einen zwiespältigen Eindruck. Es ist die Epoche, in der Gott versucht, mit Sonderanweisungen (Deuteronomium 17) seine Musik ins Konzept der Monarchie hineinklingen zu lassen. Er beruft David und sichert seinem Haus Bundestreue zu. Er nennt ihn gar seinen »Sohn«.

Doch das Projekt misslingt. Das Konzept einer Monarchie, wie sie alle anderen Völker haben, entwickelt zu viel Eigendynamik. Das Projekt Monarchie muss angesichts der biblischen Berichte als gescheitert betrachtet werden. Es mangelte an Königen mit Charakter. Anstatt Gottestänzer zu sein und als solche ein Volk dazu anzuleiten, nach Gottes Musik zu tanzen, zeichneten sich viele der Könige Israels gerade darin aus, dass sie selber lieber nach der Musik anderer Herren tanzten, als auf Gottes Melodie zu hören. Eigentlich war es von Anfang an klar (1. Samuel 8): Die Idee einer irdischen Monarchie war Musik dieser Welt und nicht Musik des Himmels. Die Konsequenzen liegen auf der Hand: einmal mehr kamen die Menschen ins Stolpern. Die Könige Israels führten das Volk in den Untergang bzw. ins Exil.

Tempel, Jerusalem und Zion sind um die Idee der Monarchie herum angeordnet. Die Umstrukturierung,[73] die von den Monarchen rigoros durchgesetzt wird, sieht eine Zentralisierung und Bürokratisierung vor. Jerusalem wird Hauptstadt. Ein aufwändiger Beamtenstaat entsteht. Das Militärbudget steigt von Jahr zu Jahr. Die Steuerlast für die Bevölkerung steigt. Die Schere zwischen Arm und Reich öffnet sich. Aus der Gemeinschaft gleichberechtigter und solidarischer Familienclans wird eine Zweiklassengesellschaft. Mit einem kostspieligen Bauprogramm werden Repräsentationsbauten erstellt. Fremde Architekten werden beigezogen – man will auf der internationalen Bühne ankommen. Zu diesem Programm gehört auch, dass das zentrale Heiligtum in die Hauptstadt verlegt wird. Gegen den Willen des Gottes, der darin wohnen soll (2. Samuel 7,1–7), lässt man sich einen Tempel vom Phönizier Hiram erbauen (1. Könige 5). Das alles fördert eine religiöse Vision von der Uneinnehmbarkeit Jerusalems als Stadt Gottes. Zion wird zum religiösen Mythos.

Was bedeutete das alles für die Königsherrschaft Gottes? Es schlich sich zunehmend ein krasses Missverständnis ein. Israel glaubte, die Königsherrschaft Gottes würde sich aufgrund von Erwählung und Bundeszusagen unverbrüchlich und auf ewig durch Israel in der Gestalt der Monarchie verwirklichen. Königtum, Jerusalem, Tempel und Zion waren die Chiffren für diese religiöse Vision. Der kommende »Tag des Herrn«, das heißt, die Zeit, in der Jahwe definitiv die Weltherrschaft realisieren würde, wird deshalb als ein Tag herbeigesehnt, an dem Gott die Feinde Israels definitiv vernichten und Israel endgültig zu Glanz und Glorie verhelfen würde.

Was für eine Täuschung. Die Ent-Täuschung musste kommen. Propheten haben es als Rufer Gottes angekündigt: Wenn Israel nicht nach der Musik Gottes tanzt, wird der »Tag des Herrn« nicht ein Tag des Heils, sondern ein Tag des Schreckens werden:

> Weh euch, die ihr den Tag herbeisehnt, an dem der Herr eingreift! Was erwartet ihr denn von diesem Tag? Finsternis wird er euch bringen und nicht Licht!
>
> ...
>
> Der Tag des Herrn bringt Finsternis und nicht Licht, ein schwarzer Tag ist er; auch nicht einen Schimmer von Hoffnung lässt er euch.
>
> *Amos 5,18 und 20* (Gute Nachricht Bibel)

Damit ist Gottes Königsherrschaft jedoch nicht am Ende. Am Ende ist das Projekt »Monarchie«. Gott hat es zugelassen, dass die Großmächte Assyrien und

Babylon das Land überrollten, die Könige (und ein Teil des Volkes) deportierten und Jerusalem zerstörten. Zion erwies sich als einnehmbar.

Drei Szenen aus dem 4. Akt: Friedefürst, Gottesknecht und Menschensohn

Beim vierten Akt des Dramas der alttestamentlichen Erzählung kann ich mich nur schwer entscheiden, welche Szene ich repräsentativ wählen soll – also wähle ich drei. Das ist nötig, damit wir später Jesus und die Bergpredigt besser verstehen.

Es führt uns zurück zu den Propheten des Alten Testaments. Sie waren nicht nur Kritiker der herrschenden Elite, und sie warnten nicht nur vor dem drohenden Niedergang, wenn die Könige und das Volk weiterhin nach der Musik der umliegenden Völker und der eigenen Begierde tanzen würden. Sie waren auch diejenigen, die Gottes Zukunftsmusik spielten. Gott würde jenseits von Niedergang und Exil sein Königtum in der Zukunft realisieren. Er würde weiterhin seine Menschen aufsuchen und sie einladen, nach der Musik des Himmels zu tanzen – zu ihrem Wohl und Segen.

Szene 1: Friedefürst

Die erste Sequenz der prophetischen Zukunftsmusik stammt vom Propheten Jesaja (8. Jahrhundert v. Chr.):

> Das Volk, das im Dunkeln lebt, sieht ein großes Licht; für alle, die im Land der Finsternis wohnen, leuchtet ein Licht auf. Herr, du vermehrst sie und schenkst ihnen große Freude. Sie freuen sich vor dir wie bei der Ernte und wie beim Verteilen der Kriegsbeute. Wie damals, als du das Volk von den Midianitern befreit hast, zerbrichst du das Joch der Fremdherrschaft, das auf ihnen lastet, und den Stock, mit dem sie zur Zwangsarbeit angetrieben werden. Die Soldatenstiefel, deren dröhnenden Marschtritt sie noch im Ohr haben, und die blutbefleckten Soldatenmäntel werden ins Feuer geworfen und verbrannt. Denn ein Kind ist geboren, der künftige König ist uns geschenkt! Und das sind die Ehrennamen, die ihm gegeben werden: umsichtiger Herrscher, mächtiger Held, ewiger Vater, Friedensfürst. Seine Macht wird weit reichen und dauerhafter Frieden wird einkehren. Er wird auf dem Thron Davids regieren und seine Herrschaft wird für immer Bestand haben,

weil er sich an die Rechtsordnungen Gottes hält. Der Herr, der Herrscher der Welt, hat es so beschlossen und wird es tun.

Jesaja 9,1–6 (Gute Nachricht Bibel)

Das Volk, das zunehmend in die Finsternis marschiert, weil charakterlose Könige sie dazu anleiten, nicht mehr nach Gottes Musik zu tanzen, dieses Volk sieht nun mit einem Mal wieder Licht. Es gibt noch eine Zukunft.

Die Zukunftsmusik, die hier erklingt, spricht nicht nur von der nach wie vor intakten Weltherrschaft Gottes, sie malt auch das Bild eines zukünftigen Königs auf dem Thron Davids vor Augen. An dem Tag, an dem er geboren wird, wird Licht aufgehen – für Israel und für die ganze Menschheit. Und wieder wird der König, den Gott einsetzt, im Kontrast zu dem gezeichnet, was man von Herrschern gewohnt war und bis heute oft ist: keine Unterdrückung, keine Ausbeutung der Arbeiter, kein Krieg und damit auch kein Kriegselend. Der Titel »Friedefürst« charakterisiert den kommenden König.

Wenige Kapitel später doppelt das Jesajabuch nach:

Ein Spross wächst aus dem Baumstumpf Isai [Davids Stammbaum!], ein neuer Trieb schießt hervor aus seinen Wurzeln. Ihn wird der Herr mit seinem Geist erfüllen, dem Geist, der Weisheit und Einsicht gibt, der sich zeigt in kluger Planung und in Stärke, in Erkenntnis und Ehrfurcht vor dem Herrn. Gott zu gehorchen ist ihm eine Freude. Er urteilt nicht nach dem Augenschein und verlässt sich nicht aufs Hörensagen. Den Entrechteten verhilft er zum Recht, für die Armen im Land setzt er sich ein. Seine Befehle halten das Land in Zucht, sein Urteilsspruch tötet die Schuldigen. Gerechtigkeit und Treue umgeben ihn wie der Gürtel, der seine Hüften umschließt. Dann wird der Wolf beim Lamm zu Gast sein, der Panther neben dem Ziegenböckchen liegen; gemeinsam wachsen Kalb und Löwenjunges auf, ein kleiner Junge kann sie hüten. Die Kuh wird neben dem Bären weiden und ihre Jungen werden beieinander liegen; der Löwe frisst dann Häcksel wie das Rind. Der Säugling spielt beim Schlupfloch der Schlange, das Kleinkind steckt die Hand in die Höhle der Otter. Niemand wird Böses tun und Unheil stiften auf dem Zion, Gottes heiligem Berg. So wie das Meer voll Wasser ist, wird das Land erfüllt sein von Erkenntnis des Herrn. Wenn jene Zeit gekommen ist, dann wird der Spross aus der Wurzel Isais als Zeichen dastehen, sichtbar für die

> Völker; dann kommen sie und suchen bei ihm Rat. Von dem Ort, den er zum Wohnsitz nimmt, strahlt Gottes Herrlichkeit hinaus in alle Welt.
>
> *Jesaja 11,1–9* (Gute Nachricht Bibel)

Der hier angekündigte davidische König ist vom Geist Gottes in der Weise durchdrungen, dass er befähigt ist, ganz und gar nach Gottes Musik zu tanzen (Weisheit und Einsicht). Es wird ihm gelingen, nicht nur Israel zu neuem Heil zu führen, sondern alle Völker, ja sogar die ganze Schöpfung in den Tanz mit Gott zurückzuführen.

In diesen Visionen spielen die königliche Linie Davids, Zion, der heilige Berg Gottes und das Land nach wie vor eine bedeutende Rolle. Da klingt die Wiederherstellung der ganzen Schöpfung an, aber auch eine Art neuer Exodus (Befreiung aus Zwangsherrschaft) und die Wiederherstellung eines Zion-zentrierten Gottesvolkes. Auch die Israel schon immer zugedachte Mission lebt auf: Ausstrahlung bis in alle Welt; die Völker kommen und suchen Rat bei dem Gott, der auf Zion wohnt.

Szene 2: Gottesknecht

In den späteren Kapiteln des Jesajabuches (ab Kapitel 40), die bereits in eine Zeit hinein sprechen, in der Gottes Volk im Exil ist,[74] wird uns noch eine andere Figur vorgestellt, die in der Zukunft eine Rolle spielen wird.

> Siehe, das ist mein Knecht, den ich stütze; das ist mein Erwählter, an ihm finde ich Gefallen. Ich habe meinen Geist auf ihn gelegt, er bringt den Nationen das Recht. Er schreit nicht und lärmt nicht und lässt seine Stimme nicht auf der Gasse erschallen. Das geknickte Rohr zerbricht er nicht und den glimmenden Docht löscht er nicht aus; ja, er bringt wirklich das Recht. Er verglimmt nicht und wird nicht geknickt, bis er auf der Erde das Recht begründet hat. Auf seine Weisung warten die Inseln.
>
> *Jesaja 42,1–4* (Einheitsübersetzung)

Der Prophet spricht etwas geheimnisvoll vom »Knecht« (oder »Diener«) Gottes und es bleibt im Jesajabuch vorerst noch etwas unscharf, ob das dieselbe Figur ist wie der in den Kapiteln 9 und 11 angekündigte Davids-König.

Wer immer dieser Knecht bzw. Diener Gottes auch sein mag – wenn wir zu Jesus kommen, wird es dann klar werden –, auch er ist von Gott erwählt und von Gottes Geist geführt. Er wird nicht viel Lärm machen, niemand niederdrücken, den Schwachen nicht noch schwächer machen, sondern im Gegenteil, auf der ganzen Erde, bis zur hintersten Insel, Recht und Gerechtigkeit aufrichten.

Ja noch mehr: Von diesem Gottesknecht heißt es:

> Wer hätte geglaubt, was uns da berichtet wurde? Wer hätte es für möglich gehalten, dass die Macht des Herrn sich auf solche Weise offenbaren würde? Denn sein Bevollmächtigter [Knecht] wuchs auf wie ein kümmerlicher Spross aus dürrem Boden. So wollte es der Herr. Er war weder schön noch stattlich, wir fanden nichts Anziehendes an ihm. Alle verachteten und mieden ihn; denn er war von Schmerzen und Krankheit gezeichnet. Voller Abscheu wandten wir uns von ihm ab. Wir rechneten nicht mehr mit ihm.
>
> In Wahrheit aber hat er die Krankheiten auf sich genommen, die für uns bestimmt waren, und die Schmerzen erlitten, die wir verdient hatten. Wir meinten, Gott habe ihn gestraft und geschlagen; doch wegen unserer Schuld wurde er gequält und wegen unseres Ungehorsams geschlagen. Die Strafe für unsere Schuld traf ihn und wir sind gerettet [haben Frieden gefunden]. Er wurde verwundet und wir sind heil geworden.
>
> Wir alle waren wie Schafe, die sich verlaufen haben; jeder ging seinen eigenen Weg. Ihm aber hat der Herr unsere ganze Schuld aufgeladen. Er wurde misshandelt, aber er trug es, ohne zu klagen. Wie ein Lamm, wenn es zum Schlachten geführt wird, wie ein Schaf, wenn es geschoren wird, duldete er alles schweigend, ohne zu klagen. Mitten in der Zeit seiner Haft und seines Gerichtsverfahrens ereilte ihn der Tod. Weil sein Volk so große Schuld auf sich geladen hatte, wurde sein Leben ausgelöscht.
>
> Wer von den Menschen dieser Generation macht sich darüber Gedanken? Sie begruben ihn zwischen Verbrechern, mitten unter den Ausgestoßenen, obwohl er kein Unrecht getan hatte und nie ein unwahres Wort aus seinem Mund gekommen war. Aber der Herr wollte ihn leiden lassen und zerschlagen.

> Weil er sein Leben als Opfer für die Schuld der anderen dahingab, wird er wieder zum Leben erweckt und wird Nachkommen haben. Durch ihn wird der Herr das Werk vollbringen, an dem er Freude hat. Nachdem er so viel gelitten hat, wird er wieder das Licht sehen und sich an dessen Anblick sättigen.
>
> Von ihm sagt der Herr: »Mein Bevollmächtigter hat eine Erkenntnis gewonnen, durch die er, der Gerechte, vielen Heil und Gerechtigkeit bringt. Alle ihre Vergehen nimmt er auf sich. Ich will ihn zu den Großen rechnen, und mit den Mächtigen soll er sich die Beute teilen. Denn er ging in den Tod und ließ sich unter die Verbrecher zählen. So trug er die Strafe für viele und trat für die Schuldigen ein.«
>
> *Jesaja 53* (Gute Nachricht Bibel)

Wir müssen hier darauf verzichten, jeden Gedanken in diesem nicht einfach zu deutenden Text zu klären. Eine Grundbotschaft wird aber sehr schnell klar: Hier bekommt die Verheißung eines zukünftigen Retters noch eine ganz andere Qualität. Hier soll nicht nur ein von Gott eingesetzter und gesegneter König, der selber nach Gottes Musik tanzt, die ganze Welt in diesen Gottestanz hineinnehmen; hier bewirkt und ermöglicht einer durch seine Lebenshingabe die Versöhnung der Geschöpfe mit ihrem Schöpfer. Sicher, es ist nicht einfach, diese Bilder von Opferlamm und Schuldentilgung in der heutigen Zeit so zu formulieren, dass nicht ganz abwegige Gottesbilder vermittelt werden, etwa die Vorstellung von einem Gott, der ein Opfer braucht, um freundlich gestimmt zu werden. Aber eines wird klar: Ein Versöhnungsakt Gottes, ausgeführt durch seinen Gesandten, wird die stolpernde Menschheit überhaupt erst wieder in die Gemeinschaft mit Gott führen. Wir werden sehen, dass das die Grundlage ist, damit die Menschen überhaupt wieder zu Gottestänzern werden können.

Dieser kommende Retter wird in einem der letzten Kapitel des Jesajabuches noch einmal mit anderen Worten vorgestellt, indem es diesen selber sagen lässt (Jesaja 61,1–2):

> Der Geist des Herrn hat von mir Besitz ergriffen. Denn der Herr hat mich gesalbt und dadurch bevollmächtigt, den Armen gute Nachricht zu bringen. Er hat mich gesandt, den Verzweifelten neuen Mut zu machen, den Gefan-

> genen zu verkünden: »Ihr seid frei! Eure Fesseln werden gelöst!« Er hat mich gesandt, um das Jahr auszurufen, in dem der Herr sich seinem Volk gnädig zuwendet, um den Tag anzusagen, an dem unser Gott mit unseren Feinden abrechnen wird.

Hier wird noch einmal einer in Aussicht gestellt, der vom Gottesgeist ergriffen, den Armen, Verzweifelten und Gefangenen eine neue Lebensperspektive bringen und die Unterdrücker zur Verantwortung ziehen wird.

Die Tatsache, dass Gott seine Menschen nicht aufgegeben hat, sondern sie durch seine Herrschaft als »Friedefürst« in ihre ursprüngliche Bestimmung zurückführen wird, diese Perspektive ist Grund zu freudevollem Jubel. Das ist »Evangelium«, das heißt, gute Nachricht:

> Was für eine Freude! Über die Berge kommt der Siegesbote herbeigeeilt! Er bringt gute Nachricht, er verkündet Frieden und Rettung, er sagt zur Zionsstadt: »Dein Gott ist König der ganzen Welt!« Horch, die Wächter der Stadt rufen laut, sie jubeln vor Freude; denn sie sehen mit eigenen Augen, wie der Herr auf den Berg Zion zurückkehrt. Jubelt vor Freude, ihr Trümmer Jerusalems; denn der Herr hat Erbarmen mit seinem Volk, er befreit Jerusalem. Er greift ein, er hat seinen heiligen Arm vor den Augen aller Völker erhoben. Bis in den letzten Winkel der Erde sehen sie, wie unser Gott uns rettet.
>
> *Jesaja 52,7–10* (Gute Nachricht Bibel)

Szene 3: Der Menschensohn

Diese Szene führt uns ins Buch Daniel und damit zur jüdischen Gemeinschaft, die in der Diaspora des babylonischen Reiches ihren Platz suchte. Daniel selber hat es da zu einer hohen Beamtenstelle am Hof babylonischer Herrscher geschafft. Kaum einer hat wie er die Spannung aushalten müssen zwischen dem Glauben an die Königsherrschaft seines Gottes, der Realität der fast allmächtigen babylonischen Herrscher und der Ohnmacht der jüdischen Glaubensgemeinschaft. Oft wird ihn die Frage umgetrieben haben: Wo ist die Weltherrschaft meines Gottes, wenn ich tagtäglich sehe und erlebe, dass in dieser Welt ganz andere Herren und Mächte das Sagen haben? Ist unser Gott zu schwach? Kann er nicht? Oder will er nicht? Warum will er nicht? Oder sehe ich nur nicht, wie er seine Herrschaft realisiert?

Immer wieder erzählt uns das Danielbuch, wie Daniel in nächtlichen Träumen und Visionen Antworten auf diese Fragen erhalten hat. Eine eindrückliche, dreiteilige Traumsequenz ist uns in Kapitel 7 überliefert. Wir können hier nicht den ganzen Text im vollen Wortlaut lesen. Eine kurze Zusammenfassung muss genügen:

1. Vision: Ein Blick in die Welt. Die Mächte toben. Wie schöpfungswidrige Unwesen steigen sie aus dem aufgewühlten Meer und toben sich zerstörerisch aus. Diejenigen, die sich zu Jahwe bekennen, kommen unter die Räder. Die Erfahrungen von Feuerofen (Kapitel 3) und Löwengrube (Kapitel 6) stehen wohl im Hintergrund.

2. Vision: Ein Blick in den Himmel. Nun wechselt die Bühne. In der »oberen Welt« sitzt einer auf dem Thron. Er »gibt« Macht und er nimmt Macht weg – und zwar dann, wenn er will. Alle Macht der Bestien – und mag sie noch so schrecklich erfahren werden – ist verliehene Macht und begrenzte Macht. Ihr Ende ist so sicher wie nur irgendetwas. Der, der auf dem Himmelsthron sitzt, führt Regie.

3. Vision: Auf der Wolke. Dies ist eine Art »Liftszene«. Auf einer Wolke wird einer, der aussieht wie der Sohn eines Menschen (ein Menschenkind), von der Erde empor vor den Allherrscher auf dem himmlischen Thron gebracht. Ihm wird nun vom Allherrscher »alle Macht im Himmel und auf der Erde« gegeben. Wörtlich heißt es, dass er »wie der Sohn eines Menschen« ausgesehen habe. Das heißt zuerst einmal ganz einfach, dass er die Gestalt eines Menschen hatte. Beim genauen Lesen des Textes und der bereits im Text gegebenen Deutung wird klar, dass es sich nicht um eine Einzelgestalt, sondern um ein Kollektiv handelt. Den »Heiligen des Höchsten« (7,18) bzw. dem »Volk der Heiligen des Höchsten« (7,27) soll das Königtum und alle Macht gegeben werden.

Daniel und seinen Leuten, denjenigen, die auch im Exil konsequent den einen Gott angebetet und nach seiner Musik getanzt haben, ihnen wird die Zukunft gehören. Man beachte diese Tatsache im Lichte dessen, was ich früher zum Thema »der Stolperer« und die »Sünde« gesagt habe! Ich wiederhole deshalb: Die zukünftige Gottesherrschaft wird im Danielbuch denen verheißen, die ungeteilt den einen Gott angebetet und in ihrem Leben konsequent nach der Musik des Himmels getanzt haben. Der Begriff »Menschensohn« wurde allerdings schon bereits im vorchristlichen Judentum auf eine messianische Retterfigur bezogen. Wenn wir zu Jesus kommen, werden wir auch hier größere Klarheit erhalten.[75]

Zwei Beobachtungen sollen an dieser Stelle noch festgehalten werden. Im Zusammenhang mit der Einsetzung von Königen ist mehrfach von einer Salbung die Rede. In den Psalmen wird der König Israels oft als »Gesalbter« Gottes bezeichnet (2,2; 20,7; 132,10.17). So darf es uns nicht verwundern, wenn auch manche prophetischen Texte, die einen königlichen Retter in der Zukunft vorhersagen, auf diese Salbung verweisen. Jesaja 61 lässt den kommenden Retter sagen: »Der Geist des Herrn hat von mir Besitz ergriffen. Denn der Herr hat mich gesalbt und dadurch bevollmächtigt.« Von den hebräischen bzw. aramäischen Wurzelworten für »salben«/»Gesalbter« leitet sich das Wort *Messias* ab. Auch wenn in den Texten des Alten Testaments *Messias* noch nicht ausdrücklich als Titel für eine kommende Führungsgestalt verwendet wird, entwickelte sich der Ausdruck im sogenannten Spätjudentum, das heißt, in der Zeit ab ca. 200 v. Chr. zu einem Titel, mit dem kommende (königliche) Retterfiguren bezeichnet wurden. Als Jesus die Bühne der Geschichte betrat, war *Messias* auf jeden Fall ein gebräuchlicher und höchst aufgeladener Ausdruck, um auf den von Israel erwarteten Retter zu verweisen.

Ein solcher – in manchen spätjüdischen Traditionen auch mehrere – wurde auf jeden Fall zu einem von Gott bestimmten Zeitpunkt in der Zukunft erwartet. Manchmal finden wir die Formulierung »am Ende der Tage«, gelegentlich heißt es »in jenen Tagen« und manchmal »am Tag des HERRN« (am Tag Jahwes). So hat sich im Judentum ein ganzes Bündel von Hoffnungen aufgestaut, die sich an diesem bestimmten Tag in der Zukunft entladen werden: Gott wird einen Retter aus davidischem Haus senden. Er wird ihn mit seinem Geist salben. Ein »Knecht Gottes« wird Frieden schaffen, indem er mit seinem Leben Versöhnung zwischen Gott und den Menschen erwirken wird, und einem, der wie ein Menschenkind aussieht, wird alle Macht im Himmel und auf der Erde gegeben werden. Israel wird wiederhergestellt und alle Völker in Gottes Projekt hineingenommen. Über allem aber wird Gott sein Königtum über alle Welt realisieren, so wie es der Prophet Sacharja kurz und knapp sagt (Sacharja 14,9):

> Dann wird der Herr über alle Völker der Erde König sein. Er allein wird Gott sein an jenem Tag, zu ihm allein werden die Völker beten.
>
> *Sacharja 14,9* (Gute Nachricht Bibel)

Es ist Zeit für einen Zwischenhalt. Im Rückblick auf diesen kurzen Durchgang durchs Alte Testament können wir festhalten:

1. »Jahwe ist König auf immer und ewig« ist eine Grundaussage des Alten Testaments von der Exoduserfahrung (Exodus 15,18) bis zu den prophetischen Zukunftsvisionen (Sacharja 14,9).

2. Das Alte Testament bekennt: Jahwe ist der souveräne Weltherrscher und wenn es auch manchmal scheint, dass andere Herren das Sagen haben, ist ihre Macht »gegeben« und begrenzt – die Zukunft gehört Jahwe. Immer wieder wird seine Herrschaft in den Psalmen besungen, wie beispielhaft in Psalm 103,19: »Der Herr hat seinen Thron im Himmel errichtet, er herrscht als König über alle Welt.«

3. Gott als König zu sehen, ist mit Risiken behaftet. Es muss sofort hinzugefügt werden, dass sich das Wesen seiner Königsherrschaft grundlegend von dem unterscheidet, was in jener Zeit als Königtum bekannt war. Wenn immer wir im Hinblick auf Gott Begrifflichkeiten wie Herrlichkeit, Macht, Herrschaft und Pracht verwenden, sind diese vor Missdeutungen zu schützen. Das Königtum Gottes ist im Alten Testament unter anderem oft mit dem Bild des Hirten verbunden. Gott nimmt seine Königsherrschaft als Hirte wahr (zum Beispiel Jesaja 40,10–11).[76] Dabei sollten das Königtum und das Hirtentum Jahwes nicht als zwei in Polarität zueinander stehende Seiten Gottes gesehen werden, vielmehr nimmt Gott seine Königsherrschaft im Wesen eines Hirten wahr. Wir sollten also nicht sagen: Gott ist König *und* Hirte, er nimmt vielmehr sein Königtum *als* Hirte wahr.

4. Das Konzept eines irdischen Königs, der als Gottes Repräsentant das Volk führt, erweist sich als besonders problematisch. Die Struktur der Monarchie nach dem Modell »aller anderen Völker« ist nicht Gottes Erfindung und passt nicht zu Gottes Volk. Eine »Heiligung« der Monarchie nach dem Königsgesetz von Deuteronomium 17, das heißt, ein Königtum, das nicht von Gottes Thora und Weisheit geformt ist (Psalm 1 und 2), scheitert.
5. Das Alte Testament vermittelt eine prophetische Zukunftsperspektive, in der die Gottesherrschaft und ein messianischer »König« auf Davids Thron eine zentrale Rolle spielen. Gerade, wenn es um die Verheißungen einer messianischen Führungsperson geht, fällt auf, dass der Begriff »König« kaum verwendet wird. Es wird in den prophetischen Aussagen mit wenigen Ausnahmen vorzugsweise von einem »Fürsten« oder einem »Hirten« gesprochen. Hesekiel 34 zeigt deutlich, wie das Hirtenbild zum Korrektiv für das Königsbild wird. Friedefürst und Gottesknecht zielen in dieselbe Richtung.

Was hat diese ganze Dramaturgie von Gottes Königtum im Alten Testament mit unserem Thema zu tun? Ganz einfach: Das ist die Bühne, auf der Jesus vor 2 000 Jahren erschienen ist. Die Story des Alten Testaments gibt uns die Begriffe, Bilder und Konzepte, die uns helfen werden, die Evangelien und dann auch die Bergpredigt zu verstehen.[77]

Bevor wir uns aber Jesus und der Bergpredigt zuwenden, müssen wir uns eine herausragende Form der Charakterbildung im Alten Testament noch genauer anschauen.

IN DER TANZSCHULE DER WEISHEIT

Die Psalmen, oder der Psalter, wie man die Psalmensammlung als Gesamtwerk nennt, sind ein besonderer Schatz der hebräischen Bibel. Man kann dieses Buch nicht einer einzigen Epoche der alttestamentlichen Geschichte zuordnen. Auch wenn die Endredaktion des Psalters in der Spätzeit der alttestamentlichen Geschichte liegt, reichen einzelne Texte weit zurück in die Geschichte Israels. Hier haben wir so etwas wie ein weisheitlich-geistliches Lehrmittel des alttestamentlichen Gottesvolkes vor uns. Der Psalter nimmt uns mitten in die Praxis der Charakterformation hinein.

Auch wenn manche Psalmen ursprünglich im Rahmen des Gottesdienstes entstanden sind, kann man das Gesamtwerk des Psalters nicht als »Gesangbuch« des Tempelgottesdienstes oder als »Gebetbuch« der Synagoge bezeichnen.[78] Viele Psalmen haben keinen direkten Bezug zum Gottesdienst, sie sind eher der Tradition der weisheitlichen Belehrung zuzuordnen.

Man muss sich den Psalter als ein weisheitliches »Lese-, Meditations- und Lehrbuch« vorstellen.[79] Man kann geradezu von »weisheitlicher Pädagogik und Didaktik« sprechen.[80] Ein Ausleger schreibt: »Sie [die Weisheit] trachtet danach, die Menschen in Übereinstimmung mit der Gott-durchwalteten Ordnung und Lebenswirklichkeit zu bringen«.[81] Da haben wir es wieder: Nach Gottes Musik tanzen.

Ich sehe deshalb im Psalter so etwas wie die weisheitlich-geistliche Mitte der alttestamentlichen Tanzschule Gottes. Hier geht es darum, wie Menschen wieder in den Rhythmus der Musik Gottes hineinfinden, so dass es mit dem Menschen wieder stimmt, damit es auch mit der Welt wieder stimmt.

Gegen 30 der 150 Psalmen werden in der Fachliteratur ausdrücklich als weisheitliche Psalmen verstanden, aber das ganze Buch der Psalmen scheint weisheitlich gefärbt zu sein.[82] Es wird hier nur möglich sein, exemplarisch einige Einblicke in eine Auswahl von Psalmen zu geben.

Grundentscheidung beim Eingangsportal

Bereits früher – im Zusammenhang mit dem Königtum in Israel – sind wir den Psalmen 1 und 2 begegnet. Tatsächlich wird Psalm 1 als so etwas wie das Eingangstor in die weisheitlich-geistliche Charakterbildung des Psalters verstanden:[83]

> *Psalm 1* (Neue Genfer Übersetzung)
>
> 1 Glücklich zu preisen ist, wer nicht dem Rat gottloser Menschen folgt, wer nicht denselben Weg geht wie jene, die Gott ablehnen, wer keinen Umgang mit den Spöttern pflegt.
>
> 2 Glücklich zu preisen ist, wer Verlangen hat nach dem Gesetz des Herrn und darüber nachdenkt Tag und Nacht.
>
> 3 Er gleicht einem Baum, der zwischen Wasserläufen gepflanzt wurde: zur Erntezeit trägt er Früchte, und seine Blätter verwelken nicht. Was ein solcher Mensch unternimmt, das gelingt.
>
> 4 Ganz anders ist es bei den Gottlosen: Sie gleichen der Spreu, die der Wind wegweht.
>
> 5 Darum können sie auch nicht bestehen, wenn Gott Gericht hält. Wer Gott ablehnt, hat keinen Platz in der Gemeinde derer, die nach seinem Willen leben!
>
> 6 Der Herr wacht schützend über dem Weg der Menschen, die seinen Willen tun. Der Weg aber, den die Gottlosen gehen, führt ins Verderben.

Das menschliche Leben wird hier im Bild des Baums dargestellt und es werden zwei Entwicklungsmöglichkeiten vorgestellt: aufblühen und Früchte tragen oder verwelken und vom Wind verweht werden.

Welchen Verlauf ein Leben nimmt, liegt letztlich nicht in der Macht des Menschen, und dennoch hat er eine gewichtige Entscheidung zu treffen: Er muss sich entscheiden, wo er sein Leben »verorten« will. Er kann sein Leben »im Rat gottloser Menschen«, in der Weggemeinschaft mit denen, »die Gott ablehnen«, und im »Umgang mit den Spöttern« einpflanzen. Er kann sein Leben aber auch in der Gemeinschaft derer verorten, die sich nach den Weisungen Gottes sehnen, diese meditieren und ihr ganzes Leben (Tag und Nacht) daran ausrichten wollen.

Mit anderen Worten: Der junge Mensch, der sich auf den Weg macht, ein Mensch zu werden, und der dazu die weisheitliche Schule des Psalters betritt, wird beim Eingangsportal vor eine Grundentscheidung gestellt: Nach wessen Musik willst du tanzen? In welche Gemeinschaft willst du dich »einpflanzen« lassen?

Dabei macht das Bild des Baumes deutlich: Menschwerdung ist ein Prozess. Tugenden und Charakterzüge, die der Gottesebenbildlichkeit des Menschen gerecht werden, reifen wie Früchte an einem Baum. Diese Prozesse entziehen sich letztlich menschlicher Machbarkeit. Und dennoch liegt eines jeden Menschen Menschwerdung nicht außerhalb seiner Verantwortung: Wir entscheiden, wo wir unser Leben einpflanzen lassen.

Psalm 1 gratuliert denjenigen, die eine gute (weise) Grundentscheidung treffen und gibt ein vollmundiges Eingangsversprechen: Wer sein Leben fernab von Gottes Musik »einpflanzt«, wird stolpern und scheitern. Wer aber sein Leben in der Gemeinschaft derer »einpflanzt«, die auf Gottes Musik hören, wird ins Glück tanzen – »alles, was er tut, wird gelingen« (so wörtlich). Spätestens bei Psalm 73 wird dann offenbar, dass diese Rechnung so nicht ganz aufgeht. Dazu später mehr.

Noch etwas: Wir sollten bereits hier zur Kenntnis nehmen, dass die »Glücklichpreisungen« am Anfang des Psalters später in den Eröffnungsworten der Bergpredigt wieder aufgegriffen werden.[84] Auch dazu später mehr.

Der König und die Königsherrschaft Gottes

In Psalm 2 geht es um die Königsherrschaft Gottes – ein Thema, dem wir ja bereits begegnet sind:

> 1 Weshalb geraten die Nationen in Aufruhr? Warum schmieden die Völker Pläne, die doch zum Scheitern verurteilt sind?
>
> 2 Die Könige dieser Welt stehen zum Angriff bereit, und die Machthaber verbünden sich miteinander zum Kampf gegen den Herrn und gegen den König, den er gesalbt hat.

3 »Befreien wir uns endlich von ihren Fesseln«, sagen sie, »lasst uns die Ketten der Abhängigkeit zerbrechen!«

4 Doch der im Himmel thront, lacht, der Herr spottet über sie.

5 Dann aber herrscht er sie an im Zorn, ja, sein glühender Zorn versetzt sie in Schrecken.

6 Er spricht: »Ich selbst habe meinen König eingesetzt hier auf dem Zion, meinem heiligen Berg!«

7 Dann spricht der König: »Ich gebe den Beschluss des Herrn bekannt; er hat zu mir gesagt: ›Du bist mein Sohn, heute habe ich dich gezeugt.

8 Nenne mir deine Forderung, ich will sie erfüllen! Ich gebe dir alle Nationen zum Erbe, die Erde bis an ihr äußerstes Ende soll dein Besitz sein!

9 Zerschmettere die Völker mit eisernem Zepter! Zerschlag ihren Widerstand, wie man ein Tongefäß zerschlägt!'«

10 Und nun kommt zur Einsicht, ihr Könige der Welt, lasst euch warnen, ihr Richter auf Erden!

11 Dient dem Herrn mit Ehrfurcht, zittert vor ihm und jubelt ihm zu!

12 Erweist Ehre seinem Sohn, damit er nicht zornig wird und ihr auf eurem falschen Weg umkommt – denn schnell wird sein Zorn zu Feuer, das euch verzehrt! Glücklich zu preisen sind alle, die Schutz bei ihm suchen.

Es ist mehrfach aufgezeigt worden, dass Psalm 1 und 2 im Psalmenbuch miteinander verknüpft sind. Über einzelne sprachliche Verknüpfungen hinaus (Glücklichpreisung, nachsinnen, sitzen, Weg, zugrunde gehen)[85] eröffnen einige thematische Zusammenhänge interessante Perspektiven für unser Thema:

(1) Dass es mit dem Menschen wieder stimmt (Psalm 1) und dass es mit der Welt wieder stimmt (Psalm 2), gehört offensichtlich auch hier zusammen. Mit anderen Worten: Charakterformation und Reich Gottes sind aufeinander bezogen.

(2) Konkret heißt das: Weisheitlich-geistliche Kultivierung von Tugenden und Charakter (Leben an den Wasserbächen der Weisungen Gottes – Psalm 1) und die Verwirklichung von Gottes Herrschaft (durch den von ihm gesalbten König

als »Sohn Gottes«) müssen zusammengesehen werden. Man darf nicht vergessen, dass der Psalter wohl auch als Handbuch zur weisheitlichen Heranbildung der Elite im Umfeld des Königshofes gesehen werden muss.[86] Das heißt dann aber, dass es für diejenigen, die in Gesellschaft und Staat Verantwortung tragen, unerlässlich ist, zu lernen, nach der Musik Gottes zu tanzen. Psalm 1 ist dann nicht nur das Eingangstor zu individuell-privater Frömmigkeit, sondern zum Grundlagenstudium für Führungskräfte in Gesellschaft, Wirtschaft und Politik.

(3) Schließlich wird vom Neuen Testament her klar (Lukas 1,32; Johannes 1,49; Matthäus 3,17; Lukas 3,22), dass Psalm 2 auch messianisch gedeutet werden will: Das Projekt der Königsherrschaft Gottes wird im gesalbten »Sohn Gottes« zum Ziel kommen. Das ist eine starke prophetische Ansage (Verheißung). Es wird uns deshalb später im Matthäusevangelium nicht überraschen dürfen, dass die Einsetzung des Messiaskönigs als »Sohn Gottes«, die Proklamation des anbrechenden Gottesreiches und die weisheitlich-geistliche Charakterbildung der Bergpredigt in engem Zusammenhang stehen. Die Verwirklichung der Gottesherrschaft ist wesentlich mit der Kultivierung von Tugenden und Charakter verbunden. Einmal mehr: Wenn es mit der Welt stimmen soll, muss es mit dem Menschen stimmen.

Flucht und Zuflucht

Es ist vorgeschlagen worden, auch Psalm 3 noch zur »Ouvertüre« des Psalters zu zählen.[87] Hier stehen nun Gottvertrauen und Gebet im Mittelpunkt. Der Mensch auf der Flucht sucht Zuflucht bei Gott:

Psalm 3 (Neue Genfer Übersetzung)

1 Ein Psalm Davids. Entstanden in der Zeit, als er auf der Flucht vor seinem Sohn Absalom war.

2 Herr, wie zahlreich sind doch meine Feinde! So viele lehnen sich auf und verfolgen mich!

3 Sie behaupten: »Gott wird ihn nicht retten.«

4 Du aber, Herr, bist der Schild, der mich schützt, meine Ehre bist du allein. Du selbst richtest mich immer wieder auf.

5 Mit lauter Stimme will ich zum Herrn rufen, er wird mir antworten von seinem heiligen Berg.

6 Ich konnte mich hinlegen und ruhig schlafen; wohlbehalten bin ich wieder aufgewacht, denn der Herr ist mein Schutz.

7 Ich fürchte mich nicht vor einem Heer von Zehntausenden, auch wenn sie mich schon ringsum eingeschlossen haben.

8 Nun steh doch auf, Herr! Rette mich, mein Gott! Bisher hast du noch allen meinen Feinden ins Gesicht geschlagen, ja, diesen Rechtsbrechern hast du die Zähne ausgebrochen!

9 Hilfe und Rettung kommt allein vom Herrn! Dein Segen, Herr, komme über dein Volk!

Neben die weisheitliche Belehrung und die Reich-Gottes-Verheißung tritt nun das Gebet. Damit ergibt sich ein Dreiklang einer ganzheitlichen Bildung, wie sie im Psalter zum Ausdruck kommt. Es ist der Dreiklang der göttlichen Tanzschule. So kann der Mensch zum Gottestänzer werden. So kann es wieder »stimmen mit dem Menschen«, damit es auch »mit der Welt wieder stimmt«.

- Die Kultivierung von Tugenden und Charakter durch die Einpflanzung des Lebens in der Gemeinschaft derer, die sich an Gottes Weisungen orientieren.
- Die feste Zusage Gottes (Verheißung), dass er seine Herrschaft verwirklichen wird.
- Die Bedeutung von Gottvertrauen und Gebet für die Gottestänzer inmitten der Herausforderungen einer (noch) stolpernden Menschheit.

Von diesen Grundpfeilern der weisheitlichen Charakterbildung her können wir nun die Inhalte, das heißt die Tugenden ins Auge fassen. Was ist denn das Ziel der weisheitlichen Bildung? Wie sieht ein Leben als Gottestänzer konkret aus? Welches Profil von charakterbildenden Tugenden muss man vor Augen haben?

Profil des Gottestänzers

Das erfahren wir in Psalm 15, dem ersten Psalm der zweiten Psalmensammlung. Man hat diesen Psalm einen »klassischen« Text alttestamentlicher Tugendlehre (Stückelberger), aber auch ein »programmatisches Leitbild eines Gerechten« (Weber) genannt. Eine Lektüre des Psalms lässt uns schnell erkennen, dass uns hier der Prototyp eines Gottestänzers vorgestellt wird:

> 1 Ein Psalm Davids. Herr, wer darf sich aufhalten in deinem Heiligtum, wer darf wohnen auf deinem heiligen Berg?
>
> 2 Jeder, der aufrichtig seinen Weg geht, der Gerechtigkeit übt und von ganzem Herzen die Wahrheit sagt,
>
> 3 der nicht andere verleumdet, der seinen Mitmenschen kein Unrecht tut und sie nicht in Verruf bringt.
>
> 4 Er wird den verachten, den Gott verworfen hat, doch er wird alle ehren, die Ehrfurcht vor dem Herrn haben. Er hält sich treu an jeden Eid, den er geschworen hat, selbst wenn er dadurch einen Nachteil befürchten muss.
>
> 5 Er leiht sein Geld nicht gegen Wucherzinsen aus und lässt sich nicht mit Geschenken bestechen, Unschuldige anzuklagen. Wer so handelt, wird nie zu Fall kommen.

Wir sind diesem Psalm bereits einmal ganz am Anfang bei Christoph Stückelberger begegnet. Er hat die darin formulierten Tugenden in heutiger Sprache so zusammengefasst:[88]

> Geradlinig, ehrlich, wahrhaftig, in der Sprache kontrolliert, fair, gewaltfrei, mutig, an der Wahrhaftigkeit orientiert, Versprechen einhaltend, korruptionsfrei, standfest.

Damit haben wir ein recht konkretes Profil eines Menschen vor uns, der nach der Musik des Himmels tanzt. Und auch hier – wie in Psalm 1 – hören wir: Er darf mit der Verheißung leben, auf sicherem Grund zu stehen und nicht zu fallen. Gerade dieser Tun-Ergehen-Zusammenhang hat aber auch seine Tücken, wie wir später sehen werden.

Dem Frieden nachjagen

Auch in Psalm 34 geht es um eine Charakterisierung des Gottestänzers:

> *Psalm 34,9–15* (Neue Genfer Übersetzung)
>
> 9 Erfahrt es selbst und seht mit eigenen Augen, dass der Herr gütig (hebräisch *tob*) ist! Glücklich zu preisen ist, wer bei ihm Zuflucht sucht.
>
> 10 Die ihr zu Gottes heiligem Volk gehört, begegnet dem Herrn mit Ehrfurcht! Denn wer ihn achtet, der leidet keinen Mangel.
>
> 11 Selbst junge und starke Löwen können ihren Hunger nicht stillen, aber wer die Nähe des Herrn sucht, dem wird nichts Gutes (hebräisch *tob*) fehlen.
>
> 12 Ihr jungen Leute, kommt und hört mir zu! Ich will euch sagen, was es heißt, in Ehrfurcht vor dem Herrn zu leben.
>
> 13 Wer von euch will Freude am Leben haben? Wer hätte gern ein langes Leben, in dem es ihm gut (hebräisch *tob*) geht?
>
> 14 Wenn das dein Wunsch ist, dann erlaube deinem Mund keine boshaften Reden, verbiete deinen Lippen jedes betrügerische Wort.
>
> 15 Halte dich vom Bösen fern und tu Gutes (hebräisch *tob*); setze dich für den Frieden ein und verfolge dieses Ziel mit ganzer Kraft!

Keine schlechte Frage: »Wer von euch will Freude am Leben haben? Wer hätte gern ein langes Leben, in dem es ihm gut geht?« Es geht hier aber nicht einfach um ein »gutes Leben« im oberflächlichen und landläufigen Sinn. Es geht überhaupt nicht um erfolgreiches menschliches Streben nach Glück (*pursuit of happiness*) und schon gar nicht um ein Wohlstandsevangelium.

Das hebräische Wort *tob* (gut) sollte uns aufhorchen lassen. Wie das deutsche »gut«, hat auch das hebräische »tob« eine große Bedeutungsbreite. Es kann je nach Kontext mit angenehm, erfreulich, befriedigend, wohlgefällig, günstig, brauchbar, zweckmäßig, schön etc. übersetzt werden.[89]

Wenn es, wie in diesem Psalm, um die Wiederherstellung des Menschen in der Gottesnähe geht, sollten wir uns an die Schöpfungserzählung erinnern: Dort schaut der Schöpfergott seine Schöpfung an und sagt: Es ist alles gut, ja sehr gut (*tob*). Es geht bei diesem »Gut-Sein« also sozusagen um den Originalzustand.

Wenn es mit dem Menschen »wieder stimmt«, dann ist es »gut«. Wenn der Mensch wieder auf die Musik des Himmels hört und danach tanzt, dann wird es »gut«. Und dann kann es auch mit der Welt wieder »gut« werden.

Dieses Wort kommt im zitierten Text aus Psalm 34 vier Mal vor:

- Gott ist »gut« (Vers 9): Der Schöpfer ist immer noch derselbe. Bei ihm »stimmt« alles. Er ist der treue und verlässliche Schöpfer und Erlöser. Er will seinen Menschen »Gutes« tun und in diesem »Gutes« bewirken.
- Der Mensch wird gefragt, ob er sich wünscht, dass es ihm »gut« geht (Vers 13): Will der Mensch, dass es wieder »stimmt« mit ihm? Will er, dass es wieder »gut« wird, so, wie sich das der Schöpfer ursprünglich gedacht hat? Es ist möglich. Das Angebot ist da!
- Wer die Nähe Gottes sucht, dem wird es »gut« gehen (Vers 11): Wenn der Mensch wieder beginnt, auf die Musik des Himmels zu hören und danach zu tanzen, dann »stimmt es wieder« mit dem Menschen.
- Das heißt aber konkret: Der Mensch muss sein Reden und Handeln ändern, er soll sich vom Bösen fern halten und »Gutes« tun, das heißt, die Tanzschritte seiner Lebensgestaltung wieder in den Rhythmus Gottes bringen.

In der zitierten Passage aus Psalm 34 läuft alles auf den Frieden (Schalom) hinaus. »Schalom« ist das Ziel der Wiederherstellung, danach soll der Weisheitsschüler streben. »Schalom« ist der wohl umfassendste Begriff für das Heil und das Wohl, das der Mensch in der Nähe Gottes erfährt. Vom »Schalom« ausgeschlossen zu sein, ist andererseits der Inbegriff des Unheils (Klagelieder 3,17). »Schalom« bedeutet, dass alles »in Ordnung« gekommen ist, insbesondere, dass alle Schulden bezahlt sind. Wiedergutmachung bzw. Schuldenerlass, Vergebung und Versöhnung gehören in diesen Zusammenhang.[90] »Schalom« ist dann, wenn die Begrüßungsfrage: »Bist du vergnügt, mich zu sehen, oder bin ich dir etwas schuldig geblieben?« mit »Ja« beantwortet werden kann.[91]

Wir können also sagen: Damit es im Sinne von »Schalom« mit dem Menschen wieder »gut« wird, muss dieser die Nähe Gottes suchen, sich die Realisierung des

»Schalom« zum Ziel setzen und sich in seinem Reden und Handeln vom Bösen abwenden und das Gute tun.

In meinen Worten: Der Mensch muss (wieder) auf die Musik des Himmels hören und beginnen, danach zu tanzen – dann wird es gut. Diesem Ziel dient die weisheitlich-geistliche Unterweisung des Psalters.

Beinahe gestolpert

Ich habe bereits in meinen Kommentaren zu Psalm 1 und 15 auf eine etwas naiv anmutende Logik hingewiesen: Dem Gottesfürchtigen wird alles gelingen, der Gottlose wird scheitern. Diese Schwarz-Weiß-Malerei hat in der weisheitlichen Pädagogik durchaus ihre Bedeutung: Der Mensch soll vor Entscheidungen gestellt werden. Man kann sich nicht immer hinter Grautöne und Sowohl-als-auch verstecken. Es gibt auch Entweder-Oder.[92] Es gibt Grundentscheidungen im Leben. Die Frage, nach wessen Musik ich tanzen will, ist so eine.

Das Leben lehrt dann allerdings auch, dass die Tun-Ergehen-Zusammenhänge nicht ganz so simpel sind. Das wird auch im Psalter deutlich und in Psalm 73 thematisiert.[93] Hier lesen wir nun (Neue Genfer Übersetzung):

> 1 Ein Psalm Asafs. Ganz sicher: Gott ist voller Güte gegenüber Israel, gegenüber all denen, deren Herz frei von Schuld ist.
>
> 2 Ich aber wäre fast gestrauchelt, nur wenig fehlte noch, und meine Füße wären ausgeglitten.
>
> 3 Denn ich beneidete die Überheblichen; es machte mir zu schaffen, als ich sah, wie gut es den Gottlosen geht.
>
> 4 Bis zu ihrem Tod leiden sie keine Qualen, und wohlgenährt ist ihr Bauch.
>
> 5 Die Mühen des täglichen Lebens kennen sie nicht, und von menschlichen Sorgen werden sie nicht geplagt.
>
> 6 Darum tragen sie ihren Stolz zur Schau wie eine Halskette, Gewalt umgibt sie wie ein Gewand.
>
> 7 Ihre Augen blicken aus einem fetten und feisten Gesicht, aus ihren Herzen quellen böse Pläne hervor.

8 Sie verhöhnen und unterdrücken andere durch die Bosheit ihrer Worte, von oben herab reden sie stolz daher.

9 Ihr Maul reißen sie weit auf, weder Himmel noch Erde bleiben von ihren Lästereien verschont.

10 Darum laufen ihnen auch so viele Leute nach und nehmen ihre Worte gierig auf wie Wasser.

11 Und dabei sagen sie auch noch: »Wie sollte Gott von unserem Tun etwas wissen? Er, der Höchste, bekommt doch gar nichts mit!«

12 Ja, sie verachten Gott, haben aber keine Sorgen und häufen auch noch Reichtum an!

13 Ach – so habe ich wohl ganz umsonst mein Herz und meine Hände frei von Schuld gehalten!

14 Ich werde ja doch den ganzen Tag vom Unglück geplagt, jeder Morgen ist bereits eine Strafe für mich!

15 Hätte ich jemals gesagt: »Ich will genauso daherreden wie jene Gottlosen!«, dann hätte ich treulos gehandelt gegenüber denen, die zu deinen Kindern gehören.

16 So dachte ich nach, um all dies zu begreifen, doch es war zu schwer für mich ...

Der Frust ist mit Händen zu greifen. Da pflanzt einer sein Leben an den Wasserbächen des Weisungen Gottes ein und bemüht sich, nach der Musik des Himmels zu tanzen. Im Hintergrund die Verheißung von Psalm 1: So wirst du aufblühen und das Leben wird gelingen – und der Gottlose wird scheitern.

Weit gefehlt: Dem Gottlosen geht es gut, und der Gottesfürchtige wird »den ganzen Tag vom Unglück geplagt«. Es ist nachvollziehbar, dass er fragt: War denn alles umsonst? Nach Gottes Musik zu tanzen, scheint im wahrsten Sinn des Wortes frustrierend!

Verkehrte Welt: Der, der schon längst nicht mehr auf die Musik Gottes hört und eigentlich zum Stolperer werden sollte, scheint fröhlich zu tanzen. Und der, der sich so sehr bemüht, nach der Musik des Himmels zu tanzen, kommt ins Stolpern.

Das alles nimmt der Beter wahr, denkt darüber nach … und kann es nicht verstehen.

Der Lernende, der sich am Psalmenbuch orientiert, wird vom Psalm nun aber nicht in die kritische Gottesdistanz geführt, sondern in »Gottes Heiligtum«, das heißt, in die Nähe Gottes (Vers 17). Die vorgeschlagene Antwort auf die irritierenden Wahrnehmungen besteht nicht darin, die Musik des Himmels nun leiser zustellen, und dafür bei anderen Sendern die Lautstärke aufzudrehen. Im Gegenteil: Nun, in der Krise, will der Beter umso aufmerksamer auf die Musik des Himmels hören – und da beginnt er zu verstehen. Die Momentaufnahme ist noch nicht die ganze Wirklichkeit. Die Zukunft wird den Gottestänzern gehören. Die vernichtende Abrechnung mit den Gottlosen mag uns stören (Verse 17–19), insbesondere, wenn wir mit einem einfachen Himmel-und-Hölle-Schema lesen. Doch es geht hier nicht darum, Menschen in Himmel-und-Hölle-Schubladen einzuteilen, sondern die Verheißung des Schöpfers zu hören: Wie immer die Dinge in der Alltagswirklichkeit gerade laufen, nach Gottes Musik zu tanzen, ist nachhaltig. Den Gottestänzern gehört die Zukunft.

Der Betende fasst wieder Tritt und drückt das abschließend so aus: »Gott nahe sein ist mein Glück« (Vers 28) – wörtlich: »In der Nähe Gottes wird es gut.«[94] Auch hier wieder das schon bei Psalm 34 besprochene hebräische »*tob*« – in der Gottesnähe wird es wieder gut im Sinne der Schöpfungsabsichten Gottes. Es stimmt mit dem Menschen und mit der Welt.

Nach langem Ringen kann der Beter das am Schluss von Psalm 73 auch (wieder) bekennen. Ein Blick in die Welt hat Zweifel aufkommen lassen. Die einfache Logik von Psalm 1 ist brüchig geworden. Ob Gott selber überhaupt gut ist (Psalm 73,1)? Der Beter beginnt zu stolpern. Und er trifft eine Entscheidung: Nicht Flucht von Gott weg, sondern *Zuflucht* zu Gott hin. Dort gewinnt er neu Vertrauen und kann bekennen: Bin ich Gott nahe, dann ist es gut.

Es ist Zeit für einen Zwischenhalt: Was haben wir in unserem kurzen Gang durch einige Psalmen im Hinblick auf unser Thema entdeckt?

Die weisheitlich-geistliche Unterweisung des Psalmenbuches will die Menschen in die Nähe Gottes führen, um dort wieder den Rhythmus und die Musik des Himmels aufzunehmen und dadurch »Schalom« – Wiederherstellung in umfassendem Sinn – zu finden. Dabei geht es nicht um individualistisch-vergeistigte Spiritualität, sondern um die Realisierung einer neuen Lebensgestaltung, in der von Gott geprägte Werte und Tugenden im Leben konkret Gestalt gewinnen (Psalm 15).

Hier begegnen wir nicht einer weltflüchtigen Spiritualität, sondern einer weltzugewandten Lebensgestaltung, die der Gottesbeziehung entspringt. Das ist nicht Erlösung *vom* Menschsein, sondern Erlösung *zum* Menschsein. Spiritualität, Charakterformation und das Streben nach »Schalom« sind unauflöslich verknüpft.

Mit diesen Einsichten im Reisegepäck wenden wir uns nun Jesus und dem Neuen Testament zu.

EXODUS VERSION 2.0

Die kleine Geschichte vom kleinen Bub liefert weiterhin das Leitmotiv: »Stimmt's mit dem Menschen, dann stimmt's auch mit der Welt« – und davon abgeleitet die zwei Fragen: Was muss geschehen, damit es mit dem Menschen wieder stimmt? Und was muss geschehen, damit es mit der Welt wieder stimmt? Die Antwort lassen wir uns nun von der Bergpredigt geben.

Das markante persönliche Bekenntnis von Dietrich Bonhoeffer – formuliert 1935 in einem Brief an seinen Bruder Karl-Friedrich – habe ich ja schon früher erwähnt:

> Ich glaube zu wissen, dass ich eigentlich erst innerlich klar und wirklich aufrichtig sein würde, wenn ich mit der Bergpredigt wirklich anfinge, Ernst zu machen. Hier sitzt die einzige Kraftquelle, die den ganzen Zauber und Spuk einmal in die Luft sprengen kann, bis von dem Feuerwerk nur ein paar abgebrannte Reste übrig bleiben.

Hier haben wir beides zusammen: Von der persönlichen Transformation (wie ich innerlich klar und aufrichtig werden kann) bis hin zu weltpolitischen Entwicklungen (wie der Spuk des Nationalsozialismus überwunden werden kann). Beide Bereiche – so Bonhoeffer – werden transformiert, wenn wir beginnen, »mit der Bergpredigt Ernst zu machen«. Dazu lade ich nun ein.

Die richtige Brille aufsetzen

Wenn wir uns dieser Rede von Jesus, die uns im Matthäusevangelium Kapitel 5–7 überliefert ist, nähern, müssen wir allerdings vorher klären, mit welchen Brillen wir die Bergpredigt lesen wollen. Wir müssen also – wie man im Theologenjargon sagt – einige hermeneutische Vorfragen diskutieren:

1. Wir nähern uns der Bergpredigt »von hinten«! Diese Rede, die uns im Matthäusevangelium überliefert ist, fällt nicht geschichtslos vom Himmel. Sie steht gewissermaßen auf den Schultern der Story, die wir im vorhergehenden Kapitel

im Schnelldurchgang angeschaut haben. Deshalb haben wir uns dieses Kapitel zum Alten Testament auch geleistet.[95]

Was heißt das konkret? In jeder Lebensgeschichte gibt es Orte, die sind mehr als geografische oder topografische Bezeichnungen, weil wir dort Erfahrungen gemacht haben, die diese Orte mit besonderer Bedeutung aufgeladen haben. So können Orte zu Metaphern für bestimmte Erfahrungen werden. Waterloo ist nicht nur der Name eines kleineren Städtchens in Belgien, der Ortsname steht auch für die kapitale Niederlage Napoleons (1815) und ist so zu einer Metapher für vernichtende Niederlagen jeder Art geworden. Wir sprechen von unserem persönlichen Waterloo, wenn wir von solchen Erfahrungen in unserem Leben erzählen.

Etwa so ist es auch in der Story der Bibel: Topografie wird zur Theologie. Ägypten, Schilfmeer, Wüste, Berg Sinai, Kanaan, Jerusalem und Zion sind nicht nur geografische oder topografische Bezeichnungen; diese Worte transportieren Inhalte. Als theologische Metaphern bilden sie so etwas wie das Rohmaterial vieler Erzählungen des Neuen Testaments. Das gilt insbesondere für die Evangelien und wir werden in der Bergpredigt immer wieder auf solche aufgeladenen Begriffe stoßen. Im Rahmen unseres Themas heißt das: In der Bergpredigt wird die alttestamentliche Geschichte vom Königtum Gottes weitergeschrieben.

2. Wir lesen die Bergpredigt »von vorn«! Wenn wir die Bergpredigt lesen, dann sehen wir vor unserem inneren Auge wohl als Erstes die Szene, die im biblischen Text vordergründig beschrieben wird: Jesus auf einem Berg. Das Volk im Hintergrund. Seine Schüler im Vordergrund (Matthäus 5,1).[96] Man kann sich aber auch noch eine zweite Szene vorstellen: Matthäus steht als Lehrer einer frühchristlichen Gemeinde vor seinen Leuten und erzählt die Jesusstory. Wir kennen die Details nicht mit Gewissheit, aber es spricht vieles dafür, dass es in Syrien war, möglicherweise in Damaskus.[97] Was heißt das? Die Menschen, für die die Evangelienerzählung formuliert und aufgeschrieben wurde, wussten schon mehr als die Leute, die bei Jesus auf dem Berg waren. Sie wussten vor allem eines: Dieser Jesus ist am Kreuz hingerichtet und am dritten Tag auferweckt worden. Das wissen sie von den Augenzeugen, die das alles erzählt haben. Ja noch mehr: Wenn dieser Jesus nicht am Kreuz gestorben und am dritten Tag auferweckt worden

wäre, hätte man sich wohl kaum die Mühe gemacht, die Evangelienerzählungen so sorgfältig zu gestalten und in den frühchristlichen Gemeinden zu verbreiten. Dann hätte es überhaupt keine frühchristlichen Gemeinden gegeben. Mit anderen Worten: Die Bergpredigt erhält ihre Bedeutung nicht nur »von hinten«, aus der Erzählung des Alten Testaments und des Judentums. Sie muss letztlich als Zeugnis der neutestamentlichen Gemeinde »von vorn«, von Kreuz und Auferstehung her gedeutet werden.[98]

3. Wir lesen die Bergpredigt als Einheit. Die sogenannte Bergpredigt oder Bergrede erstreckt sich in unseren Bibeln über drei Kapitel, von Matthäus 5–7. Es ist nicht selbstverständlich, dass wir sie als Ganzes lesen und deuten. Jemand hat einmal gesagt, dass wir diese umfassende Rede gerne wie einen Steinbruch benutzen. Je nach Tradition, theologischer Vorliebe und Situation nehmen wir manchmal die Seligpreisungen oder die Worte von der Sorglosigkeit als isolierte »brauchbare« Bibelworte, ohne dass wir den Zusammenhang der ganzen Bergpredigt bedenken. Manche verweisen auf die radikalen Texte zu Sexualität und Ehe, andere auf diejenigen, die von Feindesliebe und vom Nicht-Rächen sprechen. Einige verweisen gerne auf den schmalen Weg und andere lieben es, vom Haus, das auf Fels gebaut ist, zu reden. Und ganz ohne auf den Gesamtzusammenhang zu achten, »benutzen« wir alle gerne das Unservater-Gebet. So geht das natürlich nicht. Ob Jesus diese Rede nun an einem Stück gehalten hat oder nicht, so, wie wir sie in der Komposition von Matthäus vor uns haben, ist sie ein Ganzes, das auch als solches verstanden werden will. Es geht in der Bergpredigt nämlich nicht einfach um ein Konglomerat von ethischen Anweisungen und weisen Sprüchen, die wir dann je nach Lust und Laune verwenden, übersehen oder umdeuten könnten; es geht ganz grundlegend um »das Regierungsprogramm des Himmelreiches«.[99] In meinen Worten: Es geht darum, die Musik des Himmels zu hören, um dann danach zu tanzen.

4. Wir lesen die Bergpredigt nicht ohne Bezug zum Bergprediger. Wenn wir die Bergpredigt »von vorn« lesen, das heißt, aus der Perspektive der christlichen Gemeinde, die um die Bedeutung von Tod und Auferstehung von Jesus weiß, dann können wir diese Worte nicht einfach als weise Anleitung zu einem guten Leben oder als ethisches Programm zur Weltverbesserung lesen. Mit Lesslie

Newbigin betone ich: Das Reich Gottes (und damit die Bergpredigt) ist keine freischwebende Idee und kein politisches Programm, sondern unauflöslich an Jesus gebunden.[100] Markant gesagt: Die Bergpredigt ist, wie wir sehen werden, nicht ohne den Bergprediger zu haben. Sie ist an die Jesus-Nachfolge gebunden.

5. Und noch eine letzte Lesebrille: Wir lesen die Bergpredigt in konzentrischen Kreisen.[101] Man sollte sich die Bergpredigt nicht als eine Rede vorstellen, die Jesus in einem Schwung genauso, wie wir sie vor uns haben, auf einem Berg gehalten hat. Es ist eher an eine von Matthäus gestaltete Sammlung von Reden und Lehrstücken Jesu zu denken. Das ergibt sich schon beim Vergleich einzelner Teile der Bergpredigt mit den anderen Evangelien. Es sieht so aus, dass Matthäus diese Rede in konzentrischen Kreisen angeordnet hat. Wir können uns einen Kegel oder eine Pyramide vorstellen. Im Zentrum bzw. an der Spitze steht das Unservater-Gebet – und das ist für die ganze Deutung der Bergpredigt zentral![102] Das Unservater-Gebet ist von Texten umgeben (Matthäus 6), die wir mit dem Titel »Die Spiritualität der Bergpredigt« überschreiben könnten.[103] Matthäus 5 und 7 sind diesem Zentrum zugeordnet, wie ich später zeigen werde.

Die Dramaturgie verstehen

Berggeschichten

Die Bergpredigt ist eine Berggeschichte. Nicht die einzige im Matthäusevangelium. Matthäus scheint das Bergmotiv zu lieben.[104] Damit will er etwas sagen: Er bringt seine Erzählung mit den Berggeschichten des Alten Testaments in Verbindung, insbesondere mit dem Sinaiberg, weil er das Leben und das Werk Jesu als Fortsetzung der Geschichte Israels deutet. Schon ein schneller Durchgang durch die ersten Kapitel des Matthäusevangeliums (1–4) – für die Hörerinnen und Leser des Evangeliums gewissermaßen der Anmarschweg zum Berg der Bergpredigt – klingt wie ein Echo der alttestamentlichen Erzählungen, die wir im letzten Kapitel angeschaut haben.

Es wird einer angekündigt, dessen Stammbaum via David bis zu Abraham zurückverfolgt wird. Er soll den Namen Immanuel tragen – der Gott, der mit uns geht. Da ist ein Joseph, der Träume hat. Ein Kind wird geboren, das als »König der Juden« vorgestellt wird. Geburtsort ist Bethlehem, die Davidsstadt, und schon bald steigt der Verdacht auf: Das könnte der verheißene Gesalbte (König) auf Davids Linie sein. Die ersten, die ihn anbeten, sind nicht etwa fromme Juden, sondern heidnische Weise (*magoi*) aus dem Land des Sonnenaufgangs (*anatolē*). König Herodes fühlt sich von dem kleinen Sprössling bedroht und beschließt seine Vernichtung. Joseph träumt wieder und flieht mit seiner Familie nach Ägypten. So entkommt das Kind auf wundersame Weise dem Kindermord des Machthabers. Aus Ägypten kehrt der neugeborene König später wieder zurück, ja, er wird gewissermaßen als Sohn Gottes aus Ägypten gerufen, wie einst Israel (Exodus 4,22). Nun tritt ein prophetisch anmutender Prediger auf, der ankündigt, dass die Königsherrschaft Gottes bald anbrechen würde und dass die Leute gut beraten seien, wenn sie sich nun darauf vorbereiten, indem sie sich von ihrem gottlosen Leben und ihren falschen Vorstellungen verabschieden und sich ganz auf den kommenden König einstellen. Indem sie symbolisch durchs Wasser gehen, wie einst Israel, können sie dokumentieren, dass sie mit ungeteiltem Herzen für die Ankunft des verheißenen Königs bereit sind.

Gewissermaßen aus Ägypten kommend identifiziert sich Jesus ganz mit dem Weg Israels, er geht durchs Wasser, empfängt den Zuspruch von Identität und Berufung mit Worten aus Psalm 2 und Jesaja 42: Du bist der Sohn Gottes – sowie schon Israel und König David –, und du bist der Knecht Gottes, von dem der Prophet Jesaja gesprochen hat. Dem Weg des alttestamentlichen Gottesvolkes folgend führt sein Weg durch die Wüste (symbolträchtige 40 Tage lang), wo die Dämonen und die Engel nahe sind und wo man um die elementarsten Lebensmittel bangen muss. Hier hat Israel gelernt, in völliger Abhängigkeit ganz auf seinen Gott zu vertrauen – diesen Weg geht auch Jesus. Von der Wüste führt ihn sein Weg nach Jerusalem in den Tempel, ins Herzstück der Monarchieepoche. Hier muss sich weisen, was ein König nach dem Herzen Gottes ist:[105] einer, der in der Not den Schutz Gottes erfährt (wie der Dichter von Psalm 91), oder einer, der sich versuchen lässt, den Dienst der Engel für die eigene Show zu missbrauchen.[106] Schließlich führt der Weg der Bewährung auf einen hohen Berg, wo die alles entscheidenden Fragen beantwortet werden müssen: Wem gehört die Macht über die ganze Welt? Wer gibt diese Macht? Wie hab ich's mit der Macht? Wen bete ich an?[107]

Auf diesem Berg ist ein erster Höhepunkt in der Erzählung erreicht. Jesus wird als der verheißene Messiaskönig Israels vorgestellt. Er solidarisiert sich ganz mit dem Weg des alttestamentlichen Gottesvolkes. In seinem eigenen Leben geht er den Weg durchs Wasser, durch die Wüste bis zum Tempel auf dem Zionsberg. Das alles gipfelt auf einem weiteren Berg, wo die ultimative Frage nach Macht und Anbetung geklärt wird. Im Hintergrund steht die Danielgeschichte, wo sich alles um Macht und Anbetung dreht. Dabei ist die spannende Frage: Würde sich Jesus, der designierte Messiaskönig, als guter Gottestänzer erweisen? Würde er konsequent auf die Musik des Himmels hören und danach tanzen? Der Anfang der Matthäuserzählung, die auf einem großen Berg gipfelt, gibt eine erste Antwort: Ja! Der designierte Messiaskönig besteht die Bewährungsprobe. In allen Herausforderungen und Anfechtungen orientiert er sich an der Thora, an den Weisungen Gottes, die für jeden Juden die Musik Gottes darstellt. Das befähigt ihn dazu, den einen Gott ungeteilt anzubeten. Bereits hier zeichnet sich ein Sieg ab. Die Königsherrschaft Gottes beginnt sich im Leben von Jesus, dem designierten Messiaskönig, zu realisieren.

Nun mündet die Erzählung in eine zweite Phase: Der Messiaskönig beginnt ein erneuertes Israel zu sammeln. Mit Worten des Propheten Jesaja kündigt er an, dass nun dem Volk, das im Finstern sitzt, ein Licht aufgeht. Die verheißene Gottesherrschaft (bei Matthäus das Himmelreich[108]) ist ganz nah, sie ist dabei, hereinzubrechen. Jesus proklamiert (Matthäus 4,17): »Kehrt um, denn das Himmelreich ist nahe.« Schon sein Vorläufer, Johannes der Täufer, hat Ähnliches gepredigt (Matthäus 3,2).

Vergegenwärtigen wir uns, was hier geschieht, indem wir eine Tageszeitung aufschlagen.[109] Normalerweise stehen auf den ersten Seiten die Informationen zum politischen Geschehen – international, national und lokal. Das geht alle etwas an. Das ist von öffentlichem Interesse. Weiter hinten kommen dann die Themen, welche die Sonderinteressen bestimmter Gruppen abdecken. Etwas für die Sportinteressierten, etwas für die Kulturinteressierten, alles, was Vereine und Bewegungen so machen. Da kommen dann auch die Informationen über und von religiösen Gruppierungen – auch der Kirchen. Was Jesus hier sagt, oder genauer genommen macht, gehört nicht in diese hinteren Seiten der Tageszeitung, das ist eine Front-Page-Ansage von nicht nur nationaler oder internationaler, sondern kosmischer Tragweite! Gott, der Schöpfer der Welt, der König Israels, ist dabei, seine Königsherrschaft zu realisieren. N. T. Wright hat nicht unrecht, wenn er die Evangelien mit dem Titel überschreibt »How God became King« (Wie Gott König wurde).[110]

Und dieser Messiaskönig beginnt mit der Realisierung des Gottesreiches, in dem er Menschen an seine Seite ruft, damit sie in Gemeinschaft mit ihm lernen, nach Gottes Musik zu tanzen. Die in den Evangelienerzählungen verwendeten Begriffe verraten, dass Jesus eigentlich eine Schule begründet hat.[111] Er wird als Rabbi, das heißt, Lehrer bezeichnet, die Leute, die er um sich sammelt, werden »Jünger« genannt, genau genommen »Nachfolgende«, was besser verständlich mit Schüler, Lernende oder Trainees übersetzt werden sollte. Die Gründung der Jesusschule scheint eines der Kernstücke in der Strategie von Jesus zu sein, auf dem Weg zur Verwirklichung von Gottes Königsherrschaft. Es ist deshalb treffend, wenn Jesusnachfolge als »Kingdom Learning« bezeichnet wird.[112] Nachfolge ist Reich-Gottes-Lernen – und die Bergpredigt steht dabei im Zentrum.

Wie die Rabbis jener Zeit folgen die Trainees ihrem Lehrmeister auf seinen Wanderungen in gebührendem Abstand. Sie erledigen Alltagsdienste in der Lebensgemeinschaft. Sie hören seinen Belehrungen im jüdischen »Lehrhaus« (Synagoge) zu. Sie stellen Fragen und führen Diskussionen mit ihrem »Meister«. Der Rabbi lehrt seine Schüler und weitere Kreise durch Beispielerzählungen, er führt Streitgespräche mit anderen Rabbis. Er argumentiert mit Schriftzitaten aus der hebräischen Bibel. Matthäus lässt keine Zweifel aufkommen: Jesus hat eine Laufbahn in der damaligen Struktur rabbinischer Lehrtätigkeit angetreten.

Aber er war auch ein besonderer Rabbi, der durch manche Verhaltensweisen aus dem Rahmen fiel. Er ruft Menschen ausdrücklich und sehr persönlich in seine Schule. Wer bei ihm in die Ausbildung eintritt, wird nicht nach ein paar Jahren selber als Rabbi seine eigene Karriere starten, er wird vielmehr immer ein Jesus-Schüler bleiben und sich nie selber Meister nennen. Im Gegensatz zu vielen Rabbinern hat sich Jesus auch um Kinder und Frauen gekümmert, ja Frauen konnten sogar auch seine Schülerinnen werden. Jesus hat sich nicht gescheut, mit Personen in Kontakt zu treten, die in der damaligen Kultur von minderem Sozialstatus waren – man hat sie unter dem Begriff »Zöllner und Sünder« zusammengefasst. Das hat bei anderen Irritation und Protest ausgelöst. Man kann sagen, dass sich Jesus ganz in die Struktur des Rabbinats hineingegeben hat, diese aber in großer Freiheit auf seine Weise gelebt hat. Oder sollte man besser sagen: Auf Gottes Weise?

Der Ruf in die Nachfolge beginnt mit der Aufforderung: »kehrt um« bzw. »denkt um«. Aufgrund der älteren Bibelübersetzungen hat sich in christlichen Kreisen der Begriff »Buße« festgesetzt. »Tut Buße!«. Das ist ein belasteter und irreführender Ausdruck. Wer in ein Wörterbuch der heutigen deutschen Sprache schaut, findet dort Formulierungen wie »Geldbuße, Strafe«, das heißt »Ausgleich, den jemand für eine geringfügige Rechtsverletzung zu zahlen hat«. Die angeführten religiösen Wortbedeutungen lassen einen die Augen reiben: »Das Bemühen um die Wiederherstellung eines durch menschliches Vergehen gestörten Verhältnisses zwischen Gott und Mensch, in der katholischen Kirche ›Bußübung‹«.[113] Das ist nun definitiv nicht, worum es Jesus in seiner Einladung in die Nachfolge geht.

Wenn Lesslie Newbegin sagt, dass Jesus zu einem »U-turn of the whole mind« aufruft, trifft er den Nagel wohl auf den Kopf.[114] Es geht tatsächlich um eine Kehrtwende des ganzen Denkens, einen umfassenden Sinneswandel. Man kann auch von einem Perspektivwechsel sprechen. Die Botschaft lautet: Ihr wartet auf den Anbruch der Gottesherrschaft. Ihr haltet nach Gottes Eingreifen Ausschau, aber ihr schaut in die falsche Richtung. Ihr bildet euch die falschen Bilder ein. Dreht euch um![115] Damit in und mit euch Gottes Herrschaft anbrechen kann, müsst ihr euch von alten und falschen Bildern verabschieden und euch von neuen Bildern bestimmen lassen. Ihr hört auf die falsche Musik. Wenn ihr aus eurem Stolpern herauskommen wollt, dann müsst ihr den Sender wechseln, eine andere CD einschieben. Folgt mir nach! Kommt in meine Schule und wir werden miteinander lernen, nach Gottes Musik zu tanzen.

Es überrascht denn auch nicht, dass in der Dramaturgie des Matthäusevangeliums der Weg von Jesus und seiner Gemeinschaft in eine längere Schulungseinheit mündet, die uns unter dem Namen »Bergpredigt« bekannt ist (Matthäus 5–7). Und wieder hören wir das Echo der Exoduserfahrung Israels: Nach der Errettung aus Ägypten, dem Durchzug durchs Wasser und der Durchquerung der Wüste kommt das Volk an den Berg Sinai, wo es Gott begegnet und von ihm die Belehrungen für eine neue Lebensgestaltung erhält. Dieses Trainingscamp auf dem Berg ist deshalb von zentraler Bedeutung für die Verwirklichung der Gottesherrschaft.

Soweit die Vorgeschichte zu den Kapiteln 5 bis 7 des Matthäusevangeliums. Bevor wir uns jedoch dem Text der Bergpredigt zuwenden, müssen wir noch einen anderen Berg kennenlernen.

Wie das Himmelreich auf die Erde kommt

Die letzte Szene des Matthäusevangeliums erzählt noch einmal von einer Erfahrung auf dem Berg und vermittelt uns nun die Perspektive »von vorn«, das heißt, von der Auferstehung des Messiaskönigs her. Im Originalton klingt das so:

> Die elf Jünger gingen nach Galiläa auf den Berg, den Jesus für die Begegnung mit ihnen bestimmt hatte. Bei seinem Anblick warfen sie sich vor ihm nieder; allerdings hatten einige noch Zweifel. Jesus trat auf sie zu und sagte:
>
> »Mir ist alle Macht im Himmel und auf der Erde gegeben. Darum geht zu allen Völkern und macht die Menschen zu meinen Jüngern; tauft sie auf den Namen des Vaters, des Sohnes und des Heiligen Geistes und lehrt sie, alles zu befolgen, was ich euch geboten habe. Und seid gewiss: Ich bin jeden Tag bei euch, bis zum Ende der Welt.«
>
> *Matthäus 28,16–20* (Neue Genfer Übersetzung)

Der Text ist voller Code-Worte, die im Laufe der Evangelienerzählung des Matthäus und bereits durch die alttestamentliche Story aufgeladen wurden. Schauen wir einige an:

- Vom Berg war bereits die Rede. Die Szene reiht sich in die Linie der früheren Bergerzählungen ein: Der Ort der Begegnung mit Gott. Der Ort der Anbetung. Der Ort der Verpflichtung und der Sendung.

- Das Motiv »Anbetung« (verbunden mit dem Berg) lässt Erinnerungen an den ersten Berg in Matthäus 4,8–10 wach werden. Auch dort geht es um die Macht über die ganze Welt, um die Frage, wem diese Macht zu welchem Preis gegeben wird. Während dort dem Messiaskönig vom Teufel alle Reiche der Welt zum Preis der Anbetung angeboten werden – was er dankend ablehnt, weil er allein den wahren Gott anbetet –, wird nun hier ausgerechnet diesem Messiaskönig alle Macht im Himmel und auf der Erde gegeben, ihm, der in seinem ganzen Leben mit ungeteiltem Herzen seinen Vater im Himmel angebetet hat. Er hat dafür mit seinem Leben bezahlt, das heißt, den Tod am Kreuz auf sich genommen. Die Logik dieser Aussage erhellt sich von Daniel 7 her: Dort wird dem Menschensohn alle Macht gegeben für alle Zeiten! Fast wörtlich hören wir in Matthäus 28,18 die Sprache von Daniel 7,14 und 27. Im Danielbuch ist von denen die Rede, die inmitten der gottlosen Weltmächte, ungeteilt den einen Gott im Himmel angebetet haben. Sie waren bereit, dafür Feuerofen und Löwengrube auf sich zu nehmen, und Gott hat sie hindurchgerettet. Auf dem Berg in Galiläa steht nun der vor seinen Anhängern, der den Machthabern dieser Welt, ja dem Bösen selbst, die Anbetung verweigert hat und treu nach der Musik des Himmels tanzte. Am Kreuz hat er gleichsam seinen Feuerofen und seine Löwengrube durchlebt – und Gott hat ihn hindurchgerettet. Er wurde von seinem Vater im Himmel rehabilitiert. Er ist der wahre Menschensohn, dem nun alle Macht im Himmel und auf der Erde gegeben wird.
- Was damit »de jure« in Kraft gesetzt ist, ist jedoch »de facto« in der Welt nicht gleich realisiert. Es muss deshalb die Frage erlaubt sein: Wie gedenkt Gott seine Herrschaft, die er durch den Messiaskönig Jesus wahrnimmt, »de facto« in dieser Welt zu realisieren? Die Antwort wird dort auf dem Berg in Galiläa gegeben: Indem alle Völker in die Jesusgemeinschaft hinein eingeladen werden, um so aus der Versklavung unter die Mächte dieser Welt herausgerettet zu werden, indem

sie durch das Wasser hindurchgehen (Taufe), um dann in der Jesusgemeinschaft Schritt für Schritt zu lernen, nach der Musik des Himmels zu tanzen. Die Anspielungen auf die Exodusereignisse wie auch den Anfang der Evangelienerzählung des Matthäus sind offensichtlich. Wenn Jesus am Schluss des Evangelienberichts sagt: »… und lehrt sie halten alles, was ich euch geboten habe«, dann verweist er unmissverständlich auf die Bergpredigt (und natürlich das ganze Evangelium). Erst aus dieser Perspektive – von vorn, das heißt, von der Auferstehung Jesu und von der Sendung der Jesusgemeinschaft her, erhält die Bergpredigt ihr volles Gewicht. Sie ist nicht mehr und nicht weniger als das Kerncurriculum der Reich-Gottes-Schule. Durch sie beginnt Gott seine Königsherrschaft zu realisieren. Durch sie lernen Menschen in der Jesusgemeinschaft nach der Musik des Himmels zu tanzen.

- Das wird erst recht deutlich, wenn wir wahrnehmen, dass die Formulierung »im Himmel und auf der Erde« (Matthäus 28,18) im Unservater-Gebet, das heißt, im Zentrum der Bergpredigt, vorkommt: »Dein Wille geschehe, wie im Himmel, so auch auf der Erde.« Was das bedeutet, werden wir im nächsten Kapitel entdecken.
- Schließlich können wir eine wiederkehrende Dramaturgie beobachten – in der Exodusgeschichte, in den ersten Kapiteln des Evangeliums und in dieser Schlusssequenz Matthäus 28,16–20: Rettung (durchs Wasser hindurch), Weg zum Berg (durch die Wüste), Verpflichtung, Schulung und Sendung, Verheißung der Gegenwart Gottes. Diese Dramaturgie ist die Antwort auf die Frage, wie Gott seine Königsherrschaft »de facto« in dieser Welt zu realisieren beginnt. Er hat damit schon begonnen, aber sein Projekt ist noch nicht vollendet.

Damit sind wir nun fit für die Reich-Gottes-Schulung der Bergpredigt.

DIE STADT AUF DEM BERG (MATTHÄUS 5)

Wenn man mit Begriffen der Gegenwart beschreiben möchte, worum es im ersten Teil der Bergrede Jesu (Matthäus 5) geht,[116] kann man die Worte »Stadtentwicklung« und »Vorzeigestadt« verwenden.

Österreichs Wien, Deutschlands Freiburg und St. Gallen in der Schweiz haben etwas gemeinsam: Sie tragen das Label »Vorzeigestadt«.

Im Wiener *Kurier online* konnte man am 23. August 2014 unter dem Titel »Die Vorzeigestadt« lesen:

> **Deutsche Medien loben Wiens Wohnbaupolitik über den grünen Klee**
> **Für die SPÖ ein Lob zur richtigen Zeit**
>
> »Was macht diese Stadt besser?«, schrieb die renommierte Frankfurter Allgemeine Sonntagszeitung. Kein Einzelfall. Angesichts der in Deutschland explodierenden Mieten wird Wien als die Vorzeige-Stadt für den sozialen Wohnbau bejubelt.
>
> *(https://kurier.at/meinung/die-vorzeigestadt/81.609.012)*

Bereits ein paar Jahre zuvor wurde unter derselben Überschrift Freiburg im Breisgau als »Vorzeigestadt« in manchen Medien zelebriert:

> Der als Vorbild nachhaltigen Städtebaus gelobte Freiburger Stadtteil Vauban zieht Besucher aus aller Welt an. »Is this the greenest city in the world?« titelte der britische »Observer« im März 2008 in einem Bericht über Freiburg im Breisgau.

Das wesentlich kleinere schweizerische St. Gallen lobt sich gleich selber mit dem Titel »Vorzeigestadt«:

> **Die Vorzeigestadt: Starkes regionales Zentrum mit freien Ressourcen**
>
> Im europäischen Städtevergleich schneidet St. Gallen ausgezeichnet ab. Die Ostschweizer Metropole überzeugt als starkes regionales Wirtschaftszentrum mit niedriger Steuerbelastung, hoch qualifizierten Arbeitskräften und einem entspannten Wohnungsmarkt.

Um »Vorzeigestädte« zu werden, investieren moderne Städte große Summen in die Stadtentwicklung. Stadtentwickler/Stadtentwicklerin ist ein Beruf, der in eigens dafür entwickelten Studiengängen erlernt werden kann.[117]

In seiner Bergrede offenbart sich Jesus gewissermaßen als Stadtentwickler, der sich aufmacht, die neue Sozialordnung des Gottesreiches zu realisieren. Wie geschieht das konkret?

Das Eingangstor: Die Tugenden des Reiches Gottes (Matthäus 5,2–12)

> Glücklich zu preisen sind die, die arm sind vor Gott;
> denn ihnen gehört das Himmelreich.
>
> Glücklich zu preisen sind die, die trauern;
> denn sie werden getröstet werden.
>
> Glücklich zu preisen sind die Sanftmütigen;
> denn sie werden die Erde als Besitz erhalten.
>
> Glücklich zu preisen sind die, die nach der Gerechtigkeit hungern und dürsten;
> denn sie werden satt werden.
>
> Glücklich zu preisen sind die Barmherzigen;
> denn sie werden Erbarmen finden.
>
> Glücklich zu preisen sind die, die ein reines Herz haben;
> denn sie werden Gott sehen.
>
> Glücklich zu preisen sind die, die Frieden stiften;
> denn sie werden Söhne Gottes genannt werden.
>
> Glücklich zu preisen sind die, die um der Gerechtigkeit willen verfolgt werden;
> denn ihnen gehört das Himmelreich.
>
> Glücklich zu preisen seid ihr, wenn man euch um meinetwillen beschimpft und verfolgt und euch zu Unrecht die schlimmsten Dinge nachsagt.

Was hörst du, wenn du diese Sätze liest? Spätestens seit den Veröffentlichungen des Kommunikationsforschers Schulz von Thun wissen wir, dass wir Botschaften mit ganz unterschiedlichen Ohren hören können. Wenn jemand zu mir sagt: »Draußen scheint die Sonne«, kann ich unterschiedliches hören. Ist es einfach eine Sachinformation über das Wetter? Oder drückt jemand seine eigene Befindlichkeit aus, zum Beispiel: »Ich möchte an einem so schönen Tag eigentlich raus an die Sonne«? Oder höre ich es gar als Appell: »Steh endlich auf, es ist schon bald neun Uhr!«?

Wie sollen wir diese Einleitungsworte zur Bergrede hören? Man hat diese Worte von Jesus im Laufe der Geschichte ganz unterschiedlich gehört. Manche hören den *Zuspruch* und die *Verheißung*: »Gratulation! Du bist ein Sanftmütiger. Du bist in Gottes anbrechendem Reich auf jeden Fall dabei.« Andere hören eher einen *Anspruch* und die *Forderung*: »Wenn du in Gottes anbrechendem Reich dabei sein willst, dann solltest du nun aber etwas sanftmütiger werden!«[118]

Wie wir diese Worte hören, hängt von verschiedenen Faktoren ab. Etwa von unseren kulturellen und religiösen Prägungen. Unsere Wahrnehmung ist aber auch durch die verwendete Bibelübersetzung gesteuert, denn bei der Übersetzung des griechischen Wortes *makarios* gehen die Übersetzungsvorschläge weit auseinander. Es löst doch wohl Unterschiedliches aus, wenn ich höre

- »Selig sind die ...« (Lutherbibel und Zürcher Bibel)
- »Glückselig die ...« (Elberfelder Übersetzung)
- »Freuen dürfen sich die ...« (Gute Nachricht Bibel)
- »Wohl denen, die ... (Bruns-Übersetzung)
- »Glücklich sind die ...« (U. Luz, K. Wengst)
- »Glücklich zu preisen sind ...« (Neue Genfer Übersetzung)
- »Segen über die ...« (Wright; ähnlich auch Neues Leben. Die Bibel).

Wenn wir unsere Hörerfahrung in die richtigen Bahnen lenken wollen, müssen wir unser Hörgerät richtig einstellen, und das geht so:

1. Als Erstes müssen wir unseren Hörapparat so einstellen, dass wir hinter dem griechischen das hebräische Wort hören. In manchen Büchern des Alten Testaments begegnet man solchen Glückwunsch-Formulierungen auf Schritt und

Tritt.[119] Formulierungen, wie »Wohl dem, der…« gehören zum Standard sogenannter Weisheitstexte. Bemerkenswert ist, dass das alttestamentliche Buch der Psalmen so beginnt (Psalm 1,1–2, Neue Genfer Übersetzung):

> Glücklich zu preisen ist, wer nicht dem Rat gottloser Menschen folgt, wer nicht denselben Weg geht wie jene, die Gott ablehnen, wer keinen Umgang mit den Spöttern pflegt. Glücklich zu preisen ist, wer Verlangen hat nach dem Gesetz des Herrn und darüber nachdenkt Tag und Nacht. Er gleicht einem Baum, der zwischen Wasserläufen gepflanzt wurde: zur Erntezeit trägt er Früchte, und seine Blätter verwelken nicht.

Psalm 1 wurde als »Lesebrille«, »Leitmotiv« oder »Eingangsportal« zum Psalter (dem Buch der Psalmen) bezeichnet.[120] Mit diesem Psalm wird der (junge) Mensch in den Weg einer weisen Lebensführung eingewiesen.[121] Ganz im Stile anderer Weisheitssprüche wird der Leser durch eine Art »pädagogische Gratulation« gleichzeitig für eine getroffene Grundentscheidung im Leben glücklich gepriesen und zu einer solchen Grundentscheidung herausgefordert. Dabei geht es ganz grundsätzlich darum, in welcher Gemeinschaft wir unser Leben verorten, welcher »Wandergruppe« wir uns auf dem Weg des Lebens anschließen. Ist es die Weggemeinschaft mit den »gottlosen Menschen«, mit denen, »die Gott ablehnen«, und mit den »Spöttern«, oder ist es die Gemeinschaft derer, die sich in ihrem Leben an den Weisungen Gottes (der Thora) orientieren? Der (junge) Mensch wird also herausgefordert, gut zu überlegen, nach welcher Musik die Leute tanzen, in deren Mitte er sein Leben gestalten will. Es ist offensichtlich davon auszugehen, dass die Musik, nach der da getanzt wird, auch auf sein Leben und damit seinen Charakter abfärben wird.

Dabei ist die Botschaft von Psalm 1 klar: Ein aufblühendes (nicht ein problemloses!) Leben wird im Tanz nach der Musik Gottes gefunden. Wer sein Leben also in diese Bahnen lenken will, muss sich in der Gemeinschaft verwurzeln, in der die Musik des Himmels gehört (Thoralesung) und das Leben danach gestaltet wird.

Diese Art von weisheitlichen pädagogischen Gratulationen spielt natürlich mit einem Tun-Ergehen-Zusammenhang (wenn – dann), der uns auf den ersten Blick als zu sehr schwarz-weiß und zu naiv erscheinen mag. Zudem kann die in einem Zuspruch versteckte pädagogische Mahnung auch moralisierend ankommen. Man sollte aber die Grundaussage nicht überhören: Die »Community«, in der ich mein Leben verwurzle, wird mein Leben prägen. Es ist also durchaus lebensentscheidend, wo ich mein Leben »verorte«.

Auf die Analogie zwischen dem Beginn des Psalmenbuches und dem Einstieg in die Berglehre von Jesus ist verschiedentlich hingewiesen worden.[122] Das legt nahe, die Beglückwünschungen der sogenannten Seligpreisungen als Einweisung in die Jüngerlehre von Jesus zu verstehen. Der grundlegende und vorentscheidende Schritt zu einem Leben, in dem die Musik Gottes den Takt angeben kann (wie im Himmel so auch auf der Erde), besteht demnach darin, sich in die Jesusgemeinschaft eingliedern zu lassen. In dieser Gemeinschaft werden Tugenden gelebt und vermittelt, die den Menschen nach der Musik Gottes tanzen lassen.

Dabei haben wir es auch in den Beglückwünschungen der Bergpredigt mit pädagogischen Gratulationen zu tun, die gleichzeitig Zuspruch und Anspruch beinhalten. Der Mensch, der sich mit der Jesusgemeinschaft auf den Weg gemacht hat, vernimmt Zuspruch und Vergewisserung auch angesichts des Preises, den er oder sie dafür bezahlt. Und gleichzeitig klingt die Herausforderung durch, sich durch Jesus ungeteilt an der Musik des Vaters im Himmel zu orientieren. Jede und jeder muss selber entscheiden, zu welchen Teilen ihm Zuspruch und Anspruch gelten.

Dann wird es, zweitens, auch wichtig sein, dass wir unseren Hörapparat so einstellen, dass der Anmarschweg zur Bergpredigt nicht ausgeblendet wird. Du bist der Einladung von Jesus gefolgt und hast dich vertrauensvoll auf diesen Weg der Gottesherrschaft eingelassen. Du hast dich von alten Vorstellungen und Handlungsmustern verabschiedet und durchlebst in der Gemeinschaft mit Jesus einen tiefgreifenden Gesinnungswandel. Jesus hat dich mit dem guten Vater im Himmel ganz neu bekannt und vertraut gemacht. Du hast in ihm den gefunden, der weiß, was du brauchst, und der dir seine Zuwendung zusichert. Du hast gelernt, deine innere Ausrichtung auf unsichere Sicherheitsversprechungen loszulassen und dein Leben ganz in die Hand dieses guten Gottes zu legen. Seine Herrschaft, das, was er für die Welt möchte, seine Vorstellung von einer guten und heilen Welt ist auch dir zu einem Herzensanliegen geworden. Dafür willst du dein Leben investieren. Und nun stehst du also zusammen mit anderen, die sich auch der Jesusschule angeschlossen haben, auf diesem Berg und freust dich auf die Belehrung durch Jesus.

So etwa beschreibt Dietrich Bonhoeffer die Szene am Berg.[123] Und das ist, was du hörst:

- Ihr, die ihr die eigene Ohnmacht erkannt und eingestanden habt und euch ganz auf den Vater im Himmel verlasst …
- ihr, die ihr die Welt mit mir seht … und weint …
- ihr, die ihr aufgehört habt, eure Ziele mit Gewalt durchzusetzen und ganz auf Gott vertraut …
- ihr, die ihr an der Ungerechtigkeit leidet und eine tiefe Sehnsucht nach Gerechtigkeit in eurem Herzen tragt …
- ihr, die ihr Barmherzigkeit übt …
- ihr, die ihr lernt, aufrichtig und transparent zu leben …
- ihr, die ihr zwischen die Fronten geht und Frieden stiftet, wo ihr könnt …
- ihr, die ihr es auf euch nehmt, manchmal beschimpft oder gar bedrängt zu werden, weil ihr Jesus nachfolgt …

… ihr seid die Glücklichgepriesenen.[124] Euch muss gratuliert werden. Ihr sollt Söhne und Töchter Gottes genannt werden. Euch gehört das Himmelreich. Ihr seid Teil von Gottes Zukunftsprojekt.

Wir hören also diese Eingangsthesen der Bergrede als pädagogische Gratulationen im Sinne der alttestamentlichen Weisheit, nun aber ganz auf Jesus und das anbrechende Gottesreich ausgerichtet. So sind denn diese »Beglückwünschungen« (Wengst) gleichzeitig Zuspruch und Anspruch. Sie sprechen all denen, die sich aufgemacht haben, um mit Jesus und in seiner Gemeinschaft zu lernen, nach der Musik des Himmels zu tanzen, zu, dass sie damit tatsächlich Teil der neuen

Reich-Gottes-Bewegung sind. Und sie fordern gleichzeitig heraus, im Leben eine Grundentscheidung zu treffen, nach wessen Musik jemand tanzen will.

Vor diesem Hintergrund frage ich nun nach dem Inhalt der acht bzw. neun Thesen. Ich bin mir dabei sehr wohl bewusst, dass die Interpretation der Seligpreisungen in der Fachdiskussion der Bibelwissenschaften komplex ist. Dabei wird etwa argumentiert, dass die ersten drei Seligpreisungen gar keinen Tun-Ergehen-Zusammenhang im Sinne der alttestamentlichen Weisheit herstellen, sondern lediglich einen Heilszuspruch. Oder es wird erwogen, inwieweit diese Thesen im jeweils zweiten Satz ein Heilsgut ansprechen, das in der Jesusgemeinschaft *schon* oder eben *noch nicht* realisiert ist, das heißt, noch Verheißung für die Zukunft ist.[125]

Wenn ich diese acht bzw. neun Thesen von Psalm 1 her und im Rahmen der ganzen Bergpredigt lese, scheint es mir angemessen, in ihnen acht Tugenden zu sehen, welche den Charakter einer Person auszeichnen, die nach der Musik des Himmelreiches tanzt.[126] Die Realisierung dieses Charakters bricht einerseits in der Nachfolgegemeinschaft mit Jesus schon an, sie bleibt aber Verheißung für die Zeit der Vollendung, auf die wir noch zu sprechen kommen.[127]

Hier ist mein Versuch, die acht Tugenden zu beschreiben:[128]

Demut: Die Wirklichkeit der eigenen Bedürftigkeit und Abhängigkeit von Gott erkennen und annehmen. Demut darf nicht mit Selbsterniedrigung und Unterwürfigkeit verwechselt werden. Sie ist vielmehr das mutige Eingeständnis der Realität: Er, Gott, ist der Schöpfer und Erhalter, ich bin sein »armes« (das heißt, abhängiges und bedürftiges) Geschöpf. Vom Alten Testament und der jüdischen Überlieferung her ist der Mensch demütig, der die im Glaubensbekenntnis Israels formulierte Wirklichkeit bejaht und bekennt (Deuteronomium 6,5–6): »Höre, Israel! Der HERR, unser Gott, der HERR ist einzig. Darum sollst du den HERRN, deinen Gott, lieben mit ganzem Herzen, mit ganzer Seele und mit ganzer Kraft.«

Interessant ist in diesem Zusammenhang der Kommentar des atheistischen Philosophen André Comte-Sponville. Er sieht richtig, dass die Demut in der griechischen Philosophie keinen Platz hat und »vielleicht die religiöseste unter den Tugenden« ist. Sie gründet, so Comte-Sponville, im Glauben an einen Gott, der uns geschaffen hat und von dem wir abhängig sind. Das wiederum kann und will Comte-Sponville als Atheist nicht akzeptieren. Dennoch zählt er die Demut zu den grundlegenden Tugenden, die einzuüben wir uns bemühen sollten.[129]

Leiden an der Not in der Welt. Ich bin versucht, hier den Begriff »Mitleid« zu verwenden, aber er ist etwas abgenutzt und wird wohl zu oft als Gefühl verstanden, das bei manchen spontan auftritt, wenn sie einen Menschen in Not sehen. Eine Tugend ist aber mehr als ein spontan ausgelöstes Gefühl. Deshalb ist wohl auch die philosophische Diskussion darüber, was Mitleid ist und ob es als Tugend gelten kann, kontrovers.[130] In der Bergpredigt geht es jedoch – von alttestamentlichen Texten wie Jesaja 61,1–3 her gedeutet – um die innere Haltung von Menschen,

> die über das Unrecht trauern und es beklagen, die sich nicht damit abfinden wollen, dass Elend und Unrecht nun einmal zum Leben in der Welt dazugehören würden, sondern Elend und Unrecht der Welt voller Trauer klagend und anklagend vor Gott bringen und auf Veränderung hoffen.[131]

Es geht also um eine tiefe Betroffenheit angesichts der Not in der Welt. Henri Nouwen spricht von etwas Vergleichbarem, wenn er sagt:[132]

> Du bist nur so lange ein Christ, wie du der Gesellschaft, in der du lebst, dauernd kritische Fragen stellst ... wie du mit dem Status quo unzufrieden bist und du immer wieder sagst, dass eine neue Welt erst noch kommt.

Diese Art heilige Unzufriedenheit mag auf den ersten Blick etwas überzogen klingen. Menschen, die dabei sind, in der Jesusschule die Musik des Himmels zu hören und danach zu tanzen, leiden, wenn sie die stolpernde Menschheit – zu der sie auch gehören! – sehen. Das ist kein Mangel, sondern eine Reich-Gottes-Tugend!

Gewaltfreiheit. Die traditionelle Übersetzung »Selig sind die Sanftmütigen« ist etwas irreführend. Sanftmut wird gerne als Weichlichkeit missverstanden. In der griechischen Welt zeichnet diese Tugend Weise, Richter und Könige aus, durchaus auch mit einem herablassend mildtätigen Unterton.[133] Mit demselben Wort wird in Matthäus 21,5 (Zitat aus Sacharja 9,9) der auf einem Esel in Jerusalem einreitende Messiaskönig charakterisiert. Er kommt nicht mit einer Armee, sondern eben »sanftmütig«. Das hindert ihn dann aber nicht, schnurstracks zum Tempel zu gehen und die Händler zu vertreiben. Es wird klar: »Sanftmut« darf nicht im Sinne von Weichlichkeit verstanden werden. Es geht um die innere Stärke, die zur Gewaltfreiheit befähigt.[134]

Sehnsucht nach Gerechtigkeit. Diese Tugend schließt sich an die zweite Tugend an: Wer die Welt mit den Augen Gottes sieht und an der Not leidet, trägt in sich auch eine Sehnsucht nach einer gerechteren Welt. Das Leiden an den ungerechten Realitäten und die Sehnsucht nach Erneuerung und Veränderung rufen nach entsprechenden Haltungen und Handlungen. Diese kommen in der nächsten Tugend zum Ausdruck.

Barmherzigkeit. Aus der Betroffenheit angesichts der Not und der Sehnsucht nach einer gerechteren Welt erwächst eine helfende Haltung, die entsprechende Handlungen nach sich zieht. Barmherzigkeit kann als das Handeln verstanden werden, das der Gerechtigkeit dient.[135] Barmherzigkeit gilt in der hebräischen Tradition als Inbegriff der wahren Frömmigkeit. Was Gott letztlich sehen möchte, sind nicht religiöse Rituale (Opfer), sondern barmherziges Handeln, sagt der Prophet Hosea (6,6), eine Stelle, auf die das Matthäusevangelium zwei Mal verweist (9,13; 12,7). Wie kaum bei einer anderen Tugend kommt hier ein Wesenszug Gottes zum Ausdruck. Bei Hosea ist es gerade der mit Barmherzigkeit verwandte Begriff »Mitleid«, der den besonderen Charakter Gottes, seine Heiligkeit ausmacht (11,1–9). Es kann deshalb nicht verwundern, dass Paulus die gottesdienstliche Logik gerade darin sieht, dass wir aus der Barmherzigkeit Gottes heraus ein »heiliges« Leben leben (Römer 12,1–2). Gottesdienst heißt dann nichts anderes, als dass wir Gottestänzer werden, die, von Gottes Barmherzigkeit geprägt, selber die Tugend der Barmherzigkeit entfalten. In der christlichen Tradition ist diese Grundtugend des biblischen Glaubens in den »sieben Werken der Barmherzigkeit« entfaltet und konkretisiert worden.[136]

Reinheit (Klarheit) des Herzens. Auch hier sind Missverständnisse vorprogrammiert. Christliche Frömmigkeit hat Reinheit gerne mit Sauberkeit assoziiert und dann an ein sündloses Herz gedacht, das Gott gerne sehen möchte. Das zielt allerdings an dem vorbei, was Jesus hier sagt. Es geht hier nicht um Unreinheit, die der Reinigung bedarf, es geht darum, dass das Herz als Zentrum der Person aufrichtig und gerade sein soll. Was gefragt ist, ist klare Ausrichtung, Eindeutigkeit und daraus folgende Taten.

Versöhnungsbereitschaft und Wille zum Frieden. Luthers Übersetzung – die »Friedfertigen« – kann falsch verstanden werden, als ob die passiven »dummen Friedenslämmer« (Wengst) glücklich gepriesen würden. »Friedfertig« muss aktiv verstanden werden als diejenigen, die »Frieden fertigen« (Wengst). Es geht um die Tugend, aus tiefstem Herzen Friedenshandeln zu bejahen, herbeizusehnen und zu fördern. Im Lukasevangelium lautet die programmatische Ankündigung des Messias: »Ehre und Herrlichkeit Gott in der Höhe, und Frieden auf der Erde für die Menschen, auf denen sein Wohlgefallen ruht« (Lukas 2,14, Neue Genfer Übersetzung). Und der Epheserbrief wird später davon reden, dass wir bereit sein sollen, das »Evangelium des Friedens« voranzutreiben (Epheser 6,15).

Und schließlich die ***Bereitschaft, um der Gerechtigkeit willen Widerstand zu ertragen.*** Wenn in einem Leben die ersten sieben Tugenden lebensbestimmend werden, muss damit gerechnet werden, dass jemand dann und wann unter die Räder einer Gesellschaft gerät, die solche Tugenden nicht lebt. Die innere Bereitschaft, um des Reiches Gottes Willen diesen Preis zu zahlen, wird selbst zu einer Tugend. Wenn wir den Weg Jesu vor Augen haben, erweisen wir uns auch in dieser Tugend als Gottestänzer. An anderer Stelle ist vom Kreuztragen die Rede.

Was André Comte-Sponville im Hinblick auf das Mitleid sagt, gilt wohl für alle Tugenden: Man kann solche Gefühle nicht herbeizitieren, aber man kann sie kultivieren.[137] Es sind dann nicht mehr rein spontane Emotionen, die bei mir passiv ausgelöst werden oder eben nicht, es gedeihen dann innere Haltungen, die zu Tugenden reifen und letztlich den Charakter einer Person ausmachen. Dieser wiederum steuert das Handeln.

In einem nächsten Schritt geht es nun darum, zu sehen, was gedeiht, wenn Menschen beginnen, diese Tugenden in ihrem Leben zu kultivieren und entsprechend zu leben.

Die Vision: Die »Vorzeigestadt« (Matthäus 5,13–16)

Die Formung von Tugenden, die Charakter hervorbringen, ist in der Bibel nicht ein Einzelsport, sondern ein Mannschaftssport. Tugenden werden in Gemeinschaft erworben und sie lassen eine Qualität von Gemeinschaft entstehen. Diese wird uns im nächsten Abschnitt der Bergpredigt buchstäblich vor Augen gemalt, und zwar mit drei Bildern:

- Salz der Erde
- Licht der Welt
- Stadt auf dem Berg

Die Stadt auf dem Berg:[138] Hier zielt alles auf die Errichtung eines Gemeinwesens, einer Sozialordnung. *Polis* gehört zum Vokabular des öffentlichen, gesellschaftlichen, politischen Lebens. Das ist nicht die Sprache individueller Frömmigkeit oder »verborgener« religiöser Vereinigungen. Im Bild von Lesslie Newbigin muss man sagen: Die Ankündigung einer »Stadt auf dem Berg« ist nicht eine Annonce auf den hinteren Seiten der Tageszeitung, das sind Front-Page-News von höchster politischer Brisanz. Es ist deshalb genau richtig, wenn die Bergpredigt manchmal als »Magna Charta des Reiches Gottes« (Leonard Ragaz), oder als »Regierungsprogramm des Himmelreichs« (Klaus Wengst) bezeichnet wird.

Die Brisanz der These von der »Stadt auf dem Berg« liegt natürlich darin, dass der Begriff ja eigentlich in der jüdischen Tradition schon besetzt ist. Jerusalem ist die heilige Stadt auf dem Zionsberg. Wir haben bereits gesehen: Sie wird in den Psalmen besungen (Psalm 46, 48, 87) und Propheten künden an, dass dereinst, wenn Gott seine Herrschaft realisiert, die Gottesstadt auf dem Zion eine zentrale Rolle spielen soll. Es ist gut, sich an dieser Stelle zwei Texte in Erinnerung zu rufen:

> Am Ende der Tage wird es geschehen: Der Berg des Hauses des HERRN steht fest gegründet als höchster der Berge; er überragt alle Hügel. Zu ihm strömen alle Nationen. Viele Völker gehen und sagen: Auf, wir ziehen hinauf zum Berg des HERRN und zum Haus des Gottes Jakobs. Er unterweise uns in seinen Wegen, auf seinen Pfaden wollen wir gehen. Denn vom Zion zieht Weisung aus und das Wort des HERRN von Jerusalem. Er wird Recht schaffen zwischen den Nationen und viele Völker zurechtweisen. Dann werden sie ihre Schwerter zu Pflugscharen umschmieden und ihre Lanzen zu Winzermessern. Sie erheben nicht das Schwert, Nation gegen Nation, und sie erlernen nicht mehr den Krieg. Haus Jakob, auf, wir wollen gehen im Licht des HERRN.
>
> *Jesaja 2,2–5, ebenso Micha 4,1–4* (Einheitsübersetzung):

> Steh auf, werde licht, denn es kommt dein Licht und die Herrlichkeit des HERRN geht strahlend auf über dir. Denn siehe, Finsternis bedeckt die Erde und Dunkel die Völker, doch über dir geht strahlend der HERR auf, seine Herrlichkeit erscheint über dir. Nationen wandern zu deinem Licht und Könige zu deinem strahlenden Glanz.
>
> *Jesaja 60,1–3* (Einheitsübersetzung)

Das Bild, das uns hier vor Augen gemalt wird, ist ziemlich konkret: Wenn Gott dereinst sein Königtum verwirklicht, wird eine sichtbare neue Sozialordnung entstehen. Wie man eine Stadt auf dem Berg nicht übersehen kann, so soll man auch diese zukünftige Gottesstadt nicht übersehen können. Gerechtigkeit soll herrschen und anstatt Kriege zu führen, werden die Menschen konstruktiv und produktiv Gottes Schöpfung bebauen und bewahren. In anderen Worten: In dieser Stadt wird nach der Musik des Himmels getanzt.

Der Hebräerbrief und auch das Buch der Offenbarung sprechen dann davon, dass das Original der Gottesstadt im Himmel bzw. in der Zukunft liegt. Die Realisierung hier und jetzt ist so etwas wie eine Kopie, ein Abbild des Originals im Himmel, und dieses Original soll dereinst vom Himmel auf die Erde kommen.[139] Von der Erschaffung des Menschen als »Abbild« Gottes bis zur Vollendung der himmlischen Gottesstadt auf der Erde zieht sich dieses Motiv: Wie im Himmel, so auch auf der Erde! Der Mensch ist dazu geschaffen und bestimmt, nach der

Musik des Himmels zu tanzen. Das ist die Vision des biblischen Dramas, das in den letzten zwei Kapiteln der Bibel zum Ziel gelangt.

Während im Hebräerbrief und in der Offenbarung die neutestamentliche Gemeinde lehrt und bekennt, dass die Ankunft der Gottesstadt noch in der Zukunft liegt, beginnt sich bei Jesus und in der Bergpredigt bereits hier und jetzt etwas zu realisieren. Menschen hören das Evangelium vom anbrechenden Gottesreich, sie werden in die neue Gemeinschaft der Jesusbewegung eingeladen und werden nun von Jesus in den himmlischen Tanz hineingeführt. Was dabei entsteht, ist eine neue Sozialordnung, eine *polis* auf dem Berg. Ein Modell, an dem man sich orientieren kann.

Damit wird auch die Vision realisiert, der wir im 5. Buch Mose begegnet sind:

> Siehe, hiermit lehre ich euch, wie es mir der HERR, mein Gott, aufgetragen hat, Gesetze und Rechtsentscheide. Ihr sollt sie innerhalb des Landes halten, in das ihr hineinzieht, um es in Besitz zu nehmen. Ihr sollt sie bewahren und sollt sie halten. Denn darin besteht eure Weisheit und eure Bildung in den Augen der Völker. Wenn sie dieses Gesetzeswerk kennenlernen, müssen sie sagen: In der Tat, diese große Nation ist ein weises und gebildetes Volk. Denn welche große Nation hätte Götter, die ihr so nah sind, wie der HERR, unser Gott, uns nah ist, wo immer wir ihn anrufen? Oder welche große Nation besäße Gesetze und Rechtsentscheide, die so gerecht sind wie alles in dieser Weisung, die ich euch heute vorlege?
>
> *Deuteronomium 4,5–8* (Einheitsübersetzung)

Israel hat in der Wahrnehmung dieser seiner Mission allerdings versagt. Der Prophet Amos ruft in bitterer Ironie die Nachbarvölker zusammen, um sich die »Unordnung« anzuschauen, die in Samaria, der Hauptstadt des sogenannten Nordreichs von Israel, herrscht: Anstatt eine positive Vorzeigestadt zu sein, wurde Samaria zum erbärmlichen Negativbeispiel. Jerusalem ging es später kaum besser. Doch das soll eben – laut Jesaja, Micha und anderen Propheten – in der Zukunft wieder anders werden; dann, wenn Gott seine Herrschaft neu etablieren wird.

Diese Hoffnungsbilder hatten sich die Menschen, die Jesus zuhörten, wohl eingeprägt. Wenn der Messiaskönig kommt, wird Jerusalem endlich seine ihm zugesagte Rolle als Zentrum der Welt wahrnehmen. Die Stadt auf dem Berg, die in alle Welt hinaus leuchtet. Und nun das: Die Schar der Jesusschüler, die sich aufgemacht haben, diesem Jesus nachzufolgen, das heißt, in seine Bewegung einzutreten, sie sollen die Stadt auf dem Berg sein. Ein Indiz mehr: Mit Jesus hat das Himmelreich begonnen. Nein, es ist noch nicht vollendet. Es bleibt auch noch verborgen, geheimnisvoll und zukünftig, wie wir im Hebräerbrief und in der Offenbarung eben gesehen haben. Aber schon jetzt soll durch die Jesusgemeinschaft etwas sichtbar werden. Vor allem aber soll etwas wirksam werden: Dieser Gemeinschaft wird zugesprochen, dass sie »Salz der Erde« und »Licht der Welt« sei. Wohlverstanden: Nicht sein *soll*, sondern *sei*!

Das Salz der Erde: Bilder sind offen für viele Deutungen und so ist es auch diesem Bildwort ergangen. In manchen Kreisen bemüht man etwa gerne das Bild vom Salzstreuer, ja es gibt sogar Salzstreuer mit der Aufschrift: »Ihr seid das Salz der Erde«. Man will damit sagen: Das Salz – das heißt, die einzelnen Christen – sollen nicht im Salzstreuer bleiben, sondern in den Alltag der Welt hineingestreut werden. Hier wird das Salzwort aus Matthäus 5 in gut gemeinter Absicht als Illustration für eine durchaus auch wichtige Aussage verwendet – aber nicht so, wie es Jesus gebraucht hat. Dabei überwiegt der appellierende Unterton. Im Jesuswort allerdings vernehmen wir einen Zuspruch (»ihr seid«, nicht »ihr sollt sein«), und dieser Zuspruch zielt auf die neue Sozialordnung der Jesusgemeinschaft. Salz wird in antiken Texten vor allem zwei Funktionen zugeschrieben:[140] Einmal ist es ein Konservierungsmittel und steht für »Erhaltung und Bewahrung«. Dann macht es aber auch Speisen genießbar und schmackhaft. »So heißt es schon in Hiob 6,6; ›Wird etwa Fades gegessen ohne Salz?‹ Und ein rabbinischer Text stellt fest: ›Salz macht das Fleisch schmackhaft‹« (Babylonischer Talmud, Brachot 5a).[141] Andere jüdische Texte nennen die Thora, die Weisungen Israels, das Salz, ohne das die Welt nicht bestehen kann. Dabei war die Schärfe des Salzes immer auch Teil der Bilddeutung. So wird in jüdischer Überlieferung nicht nur die Thora als »Salz« bezeichnet, auch die »scharfsinnigen Thoralehrer« sind »Salz der Erde«.[142] Luther hat im Zusammenhang mit diesem Bibeltext gesagt: »Soll man salzen, so muss es beißen«, und fügt etwas später hinzu: »Willst du das Evangelium predigen und den Leuten helfen, so musst du auch scharf sein und Salz in die Wunden reiben.«[143] Luther bezieht das Salzwort also auf die Verkündigung. Bonhoeffer sieht darin eine »Verkürzung« der Worte Jesu durch den Reformator[144] – und ich muss ihm recht geben. Aufgrund der Fokussierung des Abschnitts auf die Gottesstadt auf dem Berg und das Sichtbarwerden der Werke (5,16), redet Jesus hier nicht (lediglich) von der Verkündigung des Wortes, sondern von der Lebensgestaltung in Gemeinschaft. Wenn die Jesusgemeinschaft eine neue Sozialordnung darstellt, die nun Schritt für Schritt beginnt, nach der Musik des Himmels zu tanzen, dann wird sie nicht nahtlos und stromlinienförmig in diese Welt hineinpassen. Sie wird als Alternative gelegentlich auch »beißen« – und gerade so wesentlich zur »Erhaltung und Bewahrung« der Welt beitragen. In den Worten von Klaus Wengst:[145]

> Die Gemeinde Jesu ist nicht die Gemeinde Jesu, wenn sie schiedlich-friedlich mit der Welt ihr Auskommen sucht und in steter Ausgewogenheit jede Auseinandersetzung vermeidet. So ist sie vielmehr fade und taugt zu nichts mehr.

Das Licht der Welt: Bereits in Kapitel 4,15–16 hat Matthäus das Thema »Licht« eingeführt, und zwar, indem er das Erscheinen des Messiaskönigs (Jesus) mit dem Spruch aus dem Propheten Jesaja deutet (aus Jesaja 9,1, Gute Nachricht Bibel):

> Das Volk, das im Dunkeln lebt, sieht ein großes Licht; für alle, die im Land der Finsternis wohnen, leuchtet ein Licht auf …

Was aber ist das Licht, das der Prophet hier aufleuchten sieht, und das Matthäus im Kommen von Jesus verwirklich sieht? Zuerst einmal die Geburt des Messiaskönigs auf dem Thron Davids und damit der Anbruch der Gottesherrschaft. Dann wird dieser Messiaskönig durch sein gerechtes Regieren ein neue Sozialordnung begründen, die durch Gerechtigkeit, Frieden (Schalom) und Freude gekennzeichnet sein wird (Jesaja 9,56, Gute Nachricht Bibel):

> Denn ein Kind ist geboren, der künftige König ist uns geschenkt! Und das sind die Ehrennamen, die ihm gegeben werden: umsichtiger Herrscher, mächtiger Held, ewiger Vater, Friedensfürst. Seine Macht wird weit reichen und dauerhafter Frieden wird einkehren. Er wird auf dem Thron Davids regieren und seine Herrschaft wird für immer Bestand haben, weil er sich an die Rechtsordnungen Gottes hält. Der Herr, der Herrscher der Welt, hat es so beschlossen und wird es tun.

So entsteht die vom Messiaskönig begründete messianische Gemeinschaft, in der eine neue Rechtsordnung Wirklichkeit wird. Diese Gemeinschaft wird ein Licht in der Welt sein – ein Gedanke, dem wir ja schon früher – Jesaja 2,2–5; 60,1–3 – begegnet sind. Es soll in der Zukunft eine Gemeinschaft entstehen, die durch ihre Lebensgestaltung auf sich aufmerksam macht. Es ist die Gemeinschaft derer, die wieder beginnen, nach der Musik des Himmels zu tanzen. Und nun sagt also Jesus zu denen, die sich seiner Schule anschließen: Ihr *seid* das Licht der Welt. Das verheißene Himmelreich beginnt auf Erden Gestalt zu gewinnen.

Die guten Werke sehen: Das, was es zu sehen gibt, wird in der Berglehre »gute Werke« genannt (Matthäus 5,16):

> So soll auch euer Licht vor den Menschen leuchten: Sie sollen eure guten Werke sehen und euren Vater im Himmel preisen.

Das Stichwort »gute Werke« lässt evangelische Christen aufhorchen. Da wittert man schnell einmal Werkgerechtigkeit. Damit hat Luther mit seinem *sola gratia* (allein die Gnade) doch aufgeräumt? Damit werden allerdings fremde Gedanken an die Bergpredigt herangetragen. Hier geht es nicht um die Gerechtigkeit vor Gott, die sich Menschen durch gute Werke erwerben müssen, um vor Gott bestehen zu können. Hier geht es um eine Lebensgestaltung, die von Gerechtigkeit, Friede und Freude geprägt ist und von der Gemeinschaft derer gelebt wird, die der Einladung des Messiaskönigs Jesus gefolgt sind und nun in seiner Schule lernen, nach der Musik des Himmels zu tanzen. Das hat nicht ihre »Rechtfertigung vor Gott« zum Ziel, sondern soll vielmehr alle Menschen in die Gottesanbetung hineinführen. Nicht die Leistung vor Gott steht hier im Zentrum, sondern die Sendung in die Welt.

Das Ziel: Werdet vollkommen (Matthäus 5,17–48)

Jetzt wird es radikal! Es kommt ein Lehrstück von Jesus, das mit einer steilen These beginnt und mit einer noch steileren schließt. Zuerst heißt es:

> Denn ich sage euch: »Wenn euer Leben der Gerechtigkeit Gottes nicht besser entspricht als das der Schriftgelehrten und Pharisäer, werdet ihr mit Sicherheit nicht ins Himmelreich kommen.«
>
> *Matthäus 5,20* (Neue Genfer Übersetzung)

Am Schluss sagt Jesus:

> Ihr aber sollt vollkommen sein, wie euer Vater im Himmel vollkommen ist.
>
> *Matthäus 5,48* (Neue Genfer Übersetzung)

Dazwischen liegen sechs Thesen, die beispielhaft zeigen, was »bessere Gerechtigkeit« und »vollkommen« heißen soll. Diese Thesen haben alle mehr oder weniger dieselbe Einleitung, die traditionellerweise mit »Ihr habt gehört, dass zu den Alten gesagt worden ist … Ich aber sage euch« übersetzt wird. Man hat in der christlichen Auslegung deshalb oft auch von Antithesen gesprochen und wollte damit nicht selten zum Ausdruck bringen, dass Jesus die alttestamentlichen Gebote abgeschafft und seine neuen, radikaleren Weisungen eingeführt habe. In den letzten Jahrzehnten ist die Überzeugung gewachsen, dass eine solche Auslegung (mit entsprechender Übersetzung) antijüdisch gefärbt ist und den jüdischen Hintergrund der Zeit Jesu nicht berücksichtigt, ja vielleicht nicht einmal kennt.[146] Liest man diese Thesen wohlwollend aus dem Blickwinkel des Alten Testaments und der jüdischen Schriftauslegung, geht es nicht darum, dass Jesus sagt: »Vergesst, was eure jüdischen Theologen sagten … Jetzt komme ich, und ich sage euch, wie es wirklich ist.« Jesus mischt sich vielmehr als jüdischer Lehrer unter jüdische Lehrer und beteiligt sich aktiv an der Diskussion um die richtige Interpretation.

Man könnte dann sinngemäß übersetzen: »Die Auslegungstradition hat bislang gesagt … Ich mache nun folgenden Auslegungsvorschlag.« Das allerdings sagt er mit dem Anspruch messianischer Autorität.

Was ist denn nun aber das Bemerkenswerte an den Thesen von Jesus? Wie gesagt, es ist nicht die Abschaffung der alttestamentlichen Weisungen (Thora). Er sagt ja selber, dass nicht ein Komma davon aufgehoben werden soll (Matthäus 5,18). Es ist auch nicht einfach »more of the same«, eine Hinzufügung von weiteren, noch perfekteren, besseren, vollkommeneren Geboten. Vielleicht kann man es so sagen: Es ist eine Zurückführung der Weisungen und Gebote auf das Wesentliche. In diesem Sinn sind die Aussagen von Jesus radikal, das heißt, zu den Wurzeln zurückführend.[147]

Es geht nämlich nicht um eine Gerechtigkeit, die darin besteht, tausend Spielregeln eingehalten zu haben, es geht vielmehr darum, aus tiefsten Herzensgewohnheiten heraus in »rechten«, das heißt, heilen und versöhnten Beziehungen zu leben – und zwar mit Gott genauso wie mit Menschen.

Es geht auch nicht um eine Vollkommenheit, die darin besteht, die tausend Spielregeln zu 100% immer eingehalten zu haben, es geht vielmehr darum, mit ungeteiltem Herzen, mit dem ganzen Sein und Wesen, nach der Musik des Himmels zu tanzen und damit in die Bestimmung des Menschen hineinzufinden.

Es geht nicht darum, durch ein noch engeres Regelwerk bei der Symptombehandlung zu bleiben, sondern vielmehr die Wurzeln des Problems anzugehen, das heißt, an den Herzensgewohnheiten des Menschen anzusetzen. Das heißt dann aber, dass es um Tugenden und Charakter geht.

Was bedeutet das konkret?

- Es geht nicht darum, durch geeignete Verordnungen Mord und Totschlag zu verhindern. Es geht darum, den Zorn in mir zu thematisieren und Gelassenheit und Sanftmut zu kultivieren (Matthäus 5,21–26).
- Es geht nicht darum, durch differenzierte Spielregeln Ehebruch zu minimieren. Es geht vielmehr darum, sich mit den eigenen sexuellen Bedürfnissen und Fantasien auseinanderzusetzen (Matthäus 5,27–30).

- Es geht nicht darum, durch gesetzliche Regelwerke Ehescheidungen einigermaßen fair zu regulieren. Es geht vielmehr darum, Tugenden des Bundes, wie Treue und Liebe, zu fördern (Matthäus 5,31–32).
- Es geht nicht darum, mit ausgeklügelten Formulierungen unterschiedliche Grade von Wahrheit zu definieren. Es geht vielmehr darum, die Tugenden der Wahrhaftigkeit, der Integrität und der Fairness zu fördern (Matthäus 5,33–37).
- Es geht nicht darum, Vergeltung durch geeignete Verbote in Grenzen zu halten. Es geht vielmehr darum, alternative Formen im Umgang mit dem Bösen zu entwickeln, die auf Tugenden wie Großmut und Sanftmut gründen (Matthäus 5,38–42).
- Es geht nicht darum, durch geeignete Regelwerke zu definieren, wer Freund und wer Feind ist, wer geliebt und wer gehasst werden soll bzw. darf. Es geht vielmehr darum, vom Wesen Gottes im Herzen so geprägt zu werden, dass wir selbst die Feinde lieben können (Matthäus 5,43–48).

Man kann sich Gebote, Verordnungen und Regelwerke wie Zäune vorstellen, die schützend um ein hohes Gut aufgestellt werden. Zum Beispiel: Weil wir glauben, dass das menschliche Leben unantastbar ist, gibt es Gesetze, die das menschliche Leben schützen. Doch tausende von Geboten werden es nicht schaffen, zu verhindern, dass Menschen körperlich und seelisch verletzt, ja sogar umgebracht werden. Jesus setzt tiefer an: Unsere tiefsten Herzenshaltungen, die Tugenden, die wir verinnerlicht haben, sodass sie als Charakter unser Handeln bestimmen, diese innersten Dispositionen unseres Lebens müssen so kultiviert werden, dass das Leben in Gemeinschaft gelingt.

Es geht Jesus nicht nur darum, dass wir in äußeren Bewegungsabläufen nach der Musik göttlicher Moralverordnungen tanzen. Er möchte, dass wir in unseren Herzen von der Musik des Herzens Gottes so geprägt werden, dass wir beginnen, unser Leben sozusagen automatisch im Einklang mit Gottes Musik zu leben.

Wenn man den ersten Teil der Bergpredigt liest und beim Schlusssatz anlangt: »Seid vollkommen, wie euer Vater im Himmel vollkommen ist«, dann kann einem der Atem stocken und die Frage steigt auf: Wie kann das geschehen? Wie sollen wir das realisieren? Genau diese Fragen beantwortet das nächste Kapitel – Kapitel 6 im Matthäusevangelium.

DER WAHRE GOTTESDIENST (MATTHÄUS 6)

Wie bereits gesagt, lese ich die Bergpredigt mit vielen anderen Auslegern von ihrer Mitte her. Nach unserer Kapiteleinteilung ist es das Kapitel 6. Man kann es die geistliche oder spirituelle Mitte der Bergpredigt nennen. In der Mitte der Mitte steht das uns bekannte Unservater-Gebet.[148]

Worum geht es?

In den Wochen, in denen ich am Manuskript dieses Buches schreibe, bereite ich mich auch auf eine Trekkingtour in Nepal vor. Dabei läuft folgendes ab: Ich habe ein Ziel, und dieses Ziel motiviert mich. Ich überlege, was es braucht, damit ich das Ziel erreichen kann. Neben Reisevorbereitungen (Ausrüstung, Gesundheitscheck, Reiseplanung) werden vor allem körperliche Fitness, Ausdauer und Berggängigkeit gefordert sein. Also trainiere ich: intensiviertes Joggen, lange Wanderungen, einige größere Bergtouren.

Etwa so hat sich der griechische Philosoph Aristoteles die Sache mit den Tugenden und dem Charakter vorgestellt. Wer seinen Charakter kultivieren will, muss ein Ziel haben. Was ist das gute, das erstrebenswerte Leben? Dann muss ich darüber Klarheit gewinnen, welche Fähigkeiten nötig sind, um dieses Ziel zu erreichen (Tugenden). Schließlich müssen diese Tugenden trainiert werden, bis sie zu verinnerlichten Gewohnheiten werden, die mich dann zum Ziel bringen werden.[149]

Die Bergpredigt spricht nicht ausdrücklich in der Sprache und den Kategorien der griechischen Philosophen. Die Logik der Charakterbildung, die wir von Aristoteles und anderen kennen, ist aber durchaus auch in biblischen Texten, auch in der Bergpredigt, zu beobachten.[150]

- Jesus malt den Leuten ein Bild vom »guten Leben« vor Augen. Es ist die Stadt auf dem Berg, die Stadt des Friedens und des Segens, wie sie bereits von den Propheten des Alten Testaments geschaut wurde. Es ist das Reich Gottes.

- Damit diese neue Sozialordnung (*polis*) realisiert wird, sind von ihren Bewohnern gewisse Haltungen und Handlungen gefordert: Tugenden, die den Charakter ausmachen und zu entsprechender Lebensgestaltung führen. Diese Tugenden werden gleich einleitend in den sogenannten Seligpreisungen vorgestellt.[151]
- Und nun kommt bzw. käme nach griechischer Vorlage das Einüben dieser Tugenden. In der Bergpredigt kommt das Kapitel 6, und da schlägt die Bergpredigt einen anderen Weg vor.[152]

Das Kapitel 6 kommt auf zwei Tugenden zu sprechen, die man Kardinaltugenden nennen könnte. Das vom lateinischen *cardo* (Türangel, Dreh- und Angelpunkt) abgeleitete Wort Kardinaltugend bezeichnet seit dem 4. Jahrhundert diejenigen Tugenden, an denen alles andere hängt. Aristoteles hat Tapferkeit, Gerechtigkeit, Klugheit und Mäßigkeit als zentrale Tugenden definiert.[153] In der christlichen Tradition wurden Glaube, Liebe und Hoffnung als Kardinaltugenden vorgeschlagen.[154] Von der Mitte der Bergpredigt her schlage ich vor, Gelassenheit und Entschiedenheit als Kardinaltugenden zu sehen. Sie sind beide in den letzten Sätzen des Kapitels angelegt, auf die das ganze Argument des Kapitels hinausläuft:

> Trachtet (sucht, strebt) vielmehr zuerst nach seinem Reich und seiner Gerechtigkeit, dann wird euch das alles dazugegeben werden. Sorgt euch also nicht um den morgigen Tag, denn der morgige Tag wird für sich selber sorgen. Jeder Tag hat genug an seiner eigenen Last.
>
> *Matthäus 6,33–34* (Zürcher Bibel)

Hier werden die beiden Tugenden, von denen ich spreche, »trachten« und »nicht sorgen« genannt. Wir werden am Schluss dieses Kapitels darauf zurückkommen. Zuerst werden wir uns nun aber zwei Hindernissen widmen müssen, die es auf dem Weg dahin zu bewältigen gilt: Die falschen Absichten der Heuchler (*hypokritai*, 6,2.5.16) und die zerstörerischen Sorgen der Heiden (*ethnikoi*, 6,7.32). In beiden Fällen geht es um eine falsche Haltung gegenüber Gott und daraus folgt falsches gottesdienstliches Verhalten. Und das hat charakterformende Wirkung.

Falscher Gottesdienst verdirbt den Charakter

Keine Schauspielerei

In beiden Fällen, beim *heuchlerischen* wie auch beim *heidnischen* Gottesdienst, ist Befreiung nötig und diese Befreiung ist nicht das Resultat von eigener Anstrengung und Training, sie ist vielmehr die Frucht der Beziehung zum »Vater im Himmel, der weiß, was wir brauchen«. Er wird in diesem Textabschnitt zwölf Mal genannt. Im Zentrum dieser Vater-Beziehung steht das Gespräch mit ihm, das Gebet. Hier scheint mir der wohl wesentlichste Unterschied zu den griechischen Vorstellungen vom Einüben der Tugenden zu liegen.

Befreiung von einer *heuchlerischen* Frömmigkeit: Der Beginn von Kapitel 6 lenkt unsere Aufmerksamkeit auf drei klassische Praktiken der Frömmigkeit: Almosen geben, beten und fasten. Das sind im Judentum jener Zeit die drei wichtigsten Frömmigkeitsübungen.[155] Was sind Ziel und Zweck von Gottesdienst und geistlichen Übungen? Jesus kritisiert diejenigen, die die allgemein erwarteten religiösen Praktiken öffentlich zur Schau stellen. Sie geben Almosen, sie beten und sie fasten, um dadurch wahrgenommen und respektiert zu werden. Sie wollen sich damit ihre Ehre und ihr Ansehen sichern. Jesus nennt sie *hypokritai*, ein Wort, das an sich wertneutral im Zusammenhang mit Schauspielerei und Rollenspielen verwendet wird.[156] Hier aber ist das Wort negativ gemeint. Es beschreibt Menschen, die durch ihre frommen Praktiken den Menschen und Gott etwas vorspielen. Sie sind Heuchler. Schein und Sein klaffen auseinander. Sie tun so, also ob ihr Blick auf Gott gerichtet wäre, er ist aber auf andere, ja, letztlich auf sich selbst gerichtet. Sie schielen auf die Reaktionen der anderen und möchten gelobt werden. Ja sie erhoffen sich sogar Belohnung von Gott. Mitmenschen mögen auf die zur Schau gestellte Frömmigkeit hereinfallen, doch Gott kann man nicht täuschen. Der »Vater im Himmel« sieht »ins Verborgene« und sieht die wahren Motive.

Während es bei den verschiedenen Bereichen der Lebensgestaltung in Kapitel 5 ausdrücklich heißt, dass diese für alle sichtbar sein sollen wie eine Stadt auf dem Berg, damit die Menschen, die das sehen, Gott ehren, heißt es nun von den Frömmigkeitsübungen, dass diese im Verborgenen geschehen sollen. Sie zielen nicht auf öffentliche Wahrnehmung und schon gar nicht auf die Ehrung dessen, der sie praktiziert. Sie gehören in die Beziehung zum Vater im Himmel und dienen seiner Ehre.

Es geht hier nicht darum, den Anweisungen zu verantwortlichem ethischen Handeln, denen wir in Kapitel 5 begegnet sind, nun weitere Handlungsanweisungen für die Frömmigkeitspraxis hinzuzufügen. Es geht vielmehr darum, die tiefste innerste Ausrichtung des Menschen ins Lot zu bringen. Da werden die elementarsten Bedürfnisse und Sehnsüchte angesprochen: der Wunsch nach Anerkennung und Wertschätzung, nach Annahme und Ehrung. Beim Heuchler sind diese elementaren Bestrebungen fehlgeleitet. Durch eigene Leistungen und durch Zur-Schau-Stellen dieser Leistungen will der Heuchler Anerkennung holen, wo nichts zu holen ist. Anstatt sich ungeteilt auf den Vater im Himmel auszurichten, schielt der Heuchler auf Menschen und sucht ihre Anerkennung. Anstatt sich in die Hand des Vaters im Himmel fallen zu lassen, baut der Heuchler auf das Schauspiel eigener Frömmigkeitsleistungen. Das Resultat ist fatal, denn die fromme Heuchelei hat tugend- und charakterbildende Wirkung. Es werden Untugenden kultiviert, die einen schlechten Charakter hervorbringen: Sein und Schein klaffen auseinander,[157] äußere Wahrnehmung bestimmt das Handeln, die eigene Ehre ist treibende Kraft. Ehrlichkeit, Transparenz und Integrität stehen auf dem Spiel. Solche Menschen geben vor, nach Gottes Musik zu tanzen (fromm zu sein), in Tat und Wahrheit tanzen sie aber zur Musik der Menschen, denen sie gefallen möchten, ja zutiefst tanzen sie zur Musik des eigenen Ego. Solche Praxis geistlicher Übungen verdirbt den Charakter und das hat Auswirkungen auf die ganze Lebensgestaltung.

Keine frommen Leistungen

Befreiung vom *heidnischen* Sorgen: Etwas anders gelagert ist die Problematik bei den *Heiden* (*ethnikoi*) (Matthäus 6,7–8; 32), das heißt, den Menschen, die den Gott Israels nicht kennen. Sie versuchen, die Götter mit ihren frommen Übungen zum Handeln zu bewegen. Auch in den Glauben des Gottesvolkes hat sich offensichtlich heidnisches Denken eingeschlichen. Das sind altbekannte religiöse Muster, mit denen sich schon das Alte Testament auseinandersetzt.[158] Die Menschen fühlen sich der Willkür der Götter ausgeliefert und versuchen, sie durch religiöse Praktiken zu besänftigen und damit zu bewegen. Das mag sehr geistlich wirken, bleibt aber letztlich auf den Menschen zentriert. Hier sind Existenzängste (Sorgen) der Motor der religiösen Betätigung. Gottesdienst dient dazu, die Götter in Bewegung zu setzten, damit sie uns segnen. Gottesdienst wird so zur Leistung, die zu erbringen ist, um Gottes Handeln zu bewirken. Deshalb sind lange, »plappernde« Gebete (Matthäus 6,7) an der Tagesordnung. Die Götter müssen sozusagen durch unsere Gebete aufgeweckt und bewegt werden. Man kann fast sagen: Wir machen die Musik und die Götter sollen danach tanzen.

Der »Vater im Himmel« ist nicht wie die Götter der »Heiden«, die oft fern sind und willkürlich handeln und die man deshalb mit langen Gebeten und aufwändigen Ritualen beschwichtigen und beschwören muss. Der Gott der Bibel, der sich in Jesus offenbart, kennt die Menschen, ist ihnen grundsätzlich liebevoll zugewandt und hat sich ihnen in einem verlässlichen Bund verpflichtet. Gebete haben deshalb nicht den Sinn, ihn zu informieren und durch religiöse Aktivitäten in Bewegung zu setzen. Er weiß, was wir brauchen, und ist uns wohlwollend zugewandt, bevor wir auch nur einen Satz beten. Das verändert Haltung und Inhalt des Betens grundlegend.

Wahrer Gottesdienst kultiviert guten Charakter

Innere Klarheit gewinnen

Die Bergpredigt bietet den Menschen in der Jesusschule Befreiung von *heuchlerischer* Frömmigkeitspraxis und *heidnischem* Sorgen. Wir finden Zugang zu dieser Alternative durch den Türspalt eines kleinen und unscheinbaren Wortes, das wir beim ersten Lesen gerne übersehen. In Matthäus 6,22 wird im griechischen Text das Wort *haplous* verwendet. Ich lasse es absichtlich im Moment in der griechischen Sprache, um unsere Gedanken nicht zu schnell in falsche Richtungen abschweifen zu lassen. Es heißt dort (Matthäus 6,22–23):

> Die Lampe des Leibes ist das Auge; wenn nun dein Auge *haplous* ist, so wird dein ganzer Leib licht sein; wenn aber dein Auge schlecht ist, so wird dein

> ganzer Leib finster sein. Wenn nun das Licht, das in dir ist, Finsternis ist, wie groß die Finsternis!

Es geht hier also um das Auge. Nicht nur um das äußere Auge, sondern vielmehr um das innere Auge. Es geht darum, was wir uns *einbilden*, welche Bilder unser Inneres prägen und so unser Leben steuern. Dieses Auge soll *haplous* sein, dann wird es mit dem ganzen Leben gut. Wenn das Auge aber »schlecht« ist, dann läuft das ganze Leben in die Finsternis. Dann werden wir zu Stolperern.

Wenn der Mensch sein Stolperer-Sein überwinden und wieder Gottestänzer werden will, muss er auf seine Augen achten. Da beginnt es. Das Auge muss *haplous* werden. Er muss darüber Kontrolle gewinnen, was er sich *einbildet*, denn »was wir im Auge haben, das prägt uns, da hinein werden wir verwandelt« (Spaemann).

Was aber heißt nun *haplous*? Unsere Bibelübersetzungen sagen »gut« (NGÜ), »klar« (Elberfelder), »lauter« (Luther 2017) oder »gesund« (Einheitsübersetzung). Das Lexikon sagt »einfach, schlicht, aufrichtig, einfältig« (TBNT). Diese letzte Übersetzung – »einfältig« – ist etymologisch am treffendsten, wohl aber deutsch missverständlich. Wörtlich heißt es im Griechischen »zusammen-falten«. Nimm ein Blatt Papier und falte es der Länge nach einmal. Das ist nun ein »einfältiges« Blatt Papier. Es ist *einmal* zusammengefaltet. So soll also unser Auge sein. Einfältig. Gerade. Ausgerichtet. Klar in der Orientierung.

Wo ist dein »Thesaurus«?

Jesus gibt hier aber nicht einfach ein allgemeines Prinzip bekannt, er spricht vom *einfältigen* Auge in einem ganz konkreten Zusammenhang, der uns vor Augen geführt wird, wenn wir die Verse 19–24 im Zusammenhang lesen (Neue Genfer Übersetzung):

> Sammelt euch keine Reichtümer hier auf der Erde, wo Motten und Rost sie zerfressen und wo Diebe einbrechen und sie stehlen. Sammelt euch stattdessen Reichtümer im Himmel, wo weder Motten noch Rost sie zerfressen und wo auch keine Diebe einbrechen und sie stehlen. Denn wo dein Reichtum ist, da wird auch dein Herz sein.

> Das Auge gibt dem Körper Licht. Ist dein Auge gut (*haplous*), dann ist dein ganzer Körper im Licht. Ist dein Auge jedoch schlecht, dann ist dein ganzer Körper im Finstern. Wenn nun das Licht in dir Finsternis ist, was für eine Finsternis wird das sein!
>
> Ein Mensch kann nicht zwei Herren dienen. Er wird dem einen ergeben sein und den anderen abweisen. Für den einen wird er sich ganz einsetzen, und den anderen wird er verachten. Ihr könnt nicht Gott dienen und zugleich dem Mammon.

Es geht beim *einfältigen* Auge also um unsere innere Blickrichtung hinsichtlich der Sicherung des Lebens durch materiellen Besitz. Im ersten Teil des Textes ist vom *thésauros* die Rede, meistens mit »Reichtümer« oder »Schätze« übersetzt. Das Wort »Thesaurus« ist uns nicht unbekannt, wir verwenden es zum Beispiel für einen elektronischen Wortspeicher. »Speicher« ist denn auch eine sehr treffende Übersetzung. Schatzkammer, Speicher und Tresor sind entsprechende deutsche Worte.[159]

Die Macht dieses »Schatzes« ist lebensbestimmend. »Wo dein Schatz ist, da ist auch dein Herz«, lesen wir. In anderen Worten: Da, wo du deine letzte Sicherheit suchst, da ist auch deine Lebensmitte, daraufhin ist dein Leben letztlich ausgerichtet.

Dabei geht es immer um Sicherheit und Absicherung. Es ist die urmenschliche Frage, wie ich mein Leben sichern kann. Habe ich genug? Wird es reichen – auch für morgen und erst recht im Alter? Dazu kommt die Sorge um Gesundheit und Unversehrtheit. Wie kann ich mich gegen Unfall und Krankheit absichern? Ja letztlich steht angesichts des unabwendbaren Todes das Leben überhaupt auf dem Spiel.

Worum es Jesus letztlich geht, wird in Vers 24 deutlich. »Man kann nicht gleichzeitig zwei Herren dienen«, sagt Jesus, »Gott und dem Mammon«. Der Hintergrund des Wortes »Mammon« ist unsicher. Vermutlich stammt es aus dem Aramäischen und verweist auf das, worauf man sich letztlich verlässt, auf die letzte Sicherheit, und zwar immer im Sinn von materiellem Besitz.[160] Damit begibt man sich unter die Herrschaft des Mammon. Man wird ein Sklave des materiellen Strebens. Man »dient« dem Mammon. Materielle Sicherheit wird zum eigentlichen Götzen. Mammon wird hier personifiziert, als Macht, die zu Gott in Konkurrenz steht.

Die Botschaft von Jesus befreit aus dieser Versklavung. Der erlösende Satz lautet: »Euer Vater im Himmel weiß, was ihr braucht« und er wird für euch sorgen (6,32). Ihr braucht euch also nicht zu »zersorgen«, indem ihr euch dem Mammon in die Arme werft und Sklaven materieller Güter werdet.

In der Zuspitzung heißt das (Matthäus 6,27): »Wer von euch kann dadurch, dass er sich Sorgen macht, sein Leben auch nur um eine einzige Stunde verlängern?« Die Einsicht, dass mein Leben schlichtweg nicht zu sichern ist, sondern jede Stunde von Gottes Zuwendung abhängt, mag bedrohlich wirken, ist aber letztlich befreiend.

Diese Befreiung von falschem und sinnlosem Sorgen um die Sicherung des Lebens setzt Menschen frei, sich »mit Eifer« für ein Leben einzusetzen, das den Werten des Gottesreiches entspricht. Es geht mir dann nicht mehr zuerst um mich und meine Lebenssicherung, sondern um Gottes Herrschaft und seine Gerechtigkeit (6,33). In meinen Worten: Wenn wir aufhören, nach der Musik des Mammon zu tanzen, dann werden wir freigesetzt, um nach der Musik des Himmels zu tanzen.

Der Weg dahin heißt »einfältig« werden, innerlich auf den richtigen, heilsamen Ort der Lebenssicherheit ausgerichtet.

Fassen wir das bisher Gesagte zusammen: Es scheint so, dass der Mensch zum Stolperer wird, weil er in die falsche Richtung nach dem Ausschau hält, was seinem Leben letzten Halt gibt. In der Sorge um sich selbst hängt er sein Leben an den Nagel materieller Sicherheiten – doch der Nagel vermag die Last des Lebens nicht zu tragen. Das Leben kann letztlich nicht gesichert werden. Der *Heide* bemüht sich, durch religiöse Praktiken die Willkür der Götter unter Kontrolle zu bringen. Er muss erkennen, dass ihn religiöse Leistungen nicht von der Sorge ums Leben zu befreien vermögen. Er bleibt mit all seinem Gebets-Geplapper am Ende doch auf sich selbst fixiert.

Auch religiöse Bemühungen des *Heuchlers* vermögen nicht aus dem Gefängnis des Sorgens herauszuführen. Heuchlerische Zurschaustellung religiöser Praktiken vermag vielleicht die Mitmenschen, aber sicher nicht Gott zu beeindrucken. Der Mensch bleibt auf sich selbst fokussiert und muss erkennen, dass selbst größte religiöse Anstrengungen ihn nicht vom Streben nach Selbstwert und Annahme zu befreien mögen. Der Mensch tanzt nach der Musik der eigenen Eitelkeit – und wird zum Stolperer.

Der Weg aus der Tretmühle des Sorgens, das heißt aus der Fixierung auf mich selbst, führt über das »einfältige Auge«, das heißt, über eine Neuausrichtung des Blicks. Wie kann das geschehen? Jetzt stoßen wir zur Mitte der Bergpredigt vor, zum Unservater-Gebet.

Mit Jesus beten lernen

Im Gegensatz zur unter Christen immer noch oft vertretenen Meinung, es handle sich hier um ein von Jesus neu eingeführtes, eigenständig christliches Gebet, weiß man heute, dass es sich um ein durch und durch jüdisches Gebet handelt. Hier betet der Jude Jesus.[161] Das Besondere liegt darin, dass dieser Jude Jesus der verheißene Messias Israels ist, dass er die Mission des Sohnes Gottes zum Ziel geführt hat, dass er der Menschensohn ist, der ungeteilt den Vater im Himmel angebetet hat, und dem deshalb alle Macht im Himmel und auf der Erde gegeben ist. Es ist deshalb nicht das Gebet um ein irgendwann in der Zukunft anbrechendes Gottesreich, es ist das Gebet dessen, der die Ankunft der Königsherrschaft Gottes *in persona* repräsentiert.[162]

Wir dürfen das Vaterunser nicht isoliert lesen, wie müssen es vielmehr in den Zusammenhang des Matthäusevangeliums stellen. Die Sendungsworte Jesu auf dem Berg in Galiläa (Matthäus 28,16–20) sehen folgenden Weg der Realisierung der Königsherrschaft Gottes: Der Messias hat als Sohn Gottes die Mission Israels zum Ziel geführt (Licht für die Völker). Als der Gottesknecht hat er die ganze Sündhaftigkeit und Schuld Israels und der ganzen Welt auf sich genommen. Als wahrer Menschensohn hat er den Vater im Himmel ungeteilt angebetet, wurde deshalb durch den Tod hindurch gerettet, und alle Macht im Himmel und auf der Erde wurde ihm übertragen. Bereits die Formulierung »im Himmel und auf der Erde« sollte uns hellhörig machen, denn sie kommt in der dritten Bitte des

Vaterunser bereits vor: »Dein Wille geschehe, wie im Himmel, so auch auf der Erde.« Dazu später mehr.

Die *de jure* gültige Christusherrschaft, die vom Auferstandenen proklamiert wird (Matthäus 28,28), soll nun *de facto* in dieser Welt realisiert werden, indem die Leute der Jesusschule hingehen und alle Völker in die Lerngemeinschaft des Messiaskönigs Jesus rufen. Das wird elementarisiert in zwei Schritten dargestellt: Tauft sie und lehrt sie halten alles, was Jesus geboten hat. Diese Kurzversion bildet den Weg ab, der in den ersten Kapiteln des Evangeliums vorgezeichnet wird. Wer der Einladung der gesandten Jesusleute folgt, tritt gewissermaßen in die Fußstapfen von Jesus (Nachfolge). Im Rahmen des »Glaubensgrundkurses« von Matthäus heißt das, dass er oder sie vorn im Evangelium beginnt, mit Jesus zu gehen. Das führt in einem ersten Schritt zur Taufe, wo vom Himmel her der Identität stiftende Zuspruch erklingt: »Du bist mein geliebter Sohn, meine geliebte Tochter.«[163] Dann führt der Weg zur Bergpredigt und natürlich darüber hinaus zum ganzen Leben und Lehren von Jesus. Wenn wir im Folgenden das Gebet näher betrachten, müssen wir es von diesem Rahmen her deuten. Es ist ein Gebet, das ganz und gar aus jüdischem Boden gewachsen ist, jedoch durch diesen Rahmen eine jesuanische[164] bzw. christliche Zuspitzung erhält.

Das Gebet »leistet« im Hinblick auf unser Thema gewissermaßen drei Dinge:

- Es stiftet Identität, indem es zusammen mit Jesus die Betenden mit dem Vater im Himmel in persönliche Beziehung bringt.
- Es fokussiert das Leben der Betenden auf das eine große Ziel: das Reich Gottes.
- Es schafft Raum, Sorgen, Schuld und Angst, die das Leben beschlagnahmen können, in die Hand des himmlischen Vaters zu legen, damit Kopf, Herz und Hände frei werden, um sich ganz für Gottes Reich und seine Gerechtigkeit zu investieren.

1. Mit der Anrede *»Unser Vater im Himmel«* nimmt Jesus seine Schüler mit hinein in seine Gemeinschaft mit seinem Vater. Schon das Alte Testament und das Judentum kennen zwar die Anrede »unser Vater« oder sogar »unser Vater

im Himmel«,[165] aber als Gebet *von* Jesus *mit* seiner Gemeinschaft bekommt die Anrede »Abba« (aramäisch) einen besonderen Klang.[166] Schon in der jüdischen Tradition bringt die Gottesbezeichnung »Vater« die »Nähe, Fürsorge, Barmherzigkeit und Liebe« Gottes zum Ausdruck.[167]

Von Paulus wissen wir, dass sich Menschen, die Jesus vertrauen, als Söhne und Töchter (Kinder) Gottes verstehen und Gott mit eben diesem Abba-Namen anrufen dürfen (Römer 8,15; Galater 4,6).

Wir sollten deshalb im »Unser« nicht nur einen Hinweis auf die Vielzahl individueller Beterinnen und Beter und auf die betende Gemeinde sehen, sondern auch auf die Gemeinschaft mit Jesus. Jesus lässt uns durch dieses Gebet an seiner Beziehung zu seinem Vater Anteil haben. Wir werden Brüder und Schwestern von Jesus, wie es dann ja auch später im Evangelium heißt:

> Dann wies er mit der Hand auf seine Jünger und fuhr fort: »Seht, das sind meine Mutter und meine Brüder! Denn wer den Willen meines Vaters im Himmel tut, der ist mein Bruder, meine Schwester und meine Mutter.«
>
> *Matthäus 12,49–50* (Neue Genfer Übersetzung)

Die damit zum Ausdruck gebrachte Zugehörigkeit zur Familie des himmlischen Vaters, der weiß, was wir bedürfen, ist der tiefste Halt, den ein Mensch finden kann. Diese Zugehörigkeit ist der Urgrund von Identität und Menschwerdung, und damit auch der Charakterbildung.

Martin Buber betont, dass Charakterbildung den Menschen »vor das Angesicht Gottes« stellt.[168] Der Weg der wahren Menschwerdung beginnt für ihn deshalb auch bei dieser Begegnung der Geschöpfe mit dem Schöpfer[169] – dazu mehr in Kapitel 7.

Die Anrede im »Unservater« nimmt uns in diese persönliche Gottesbeziehung hinein.

2. Die drei ersten Bitten richten unser Inneres auf diesen Vater im Himmel aus: *Dein* Name werde geheiligt. *Dein* Reich komme. *Dein* Wille geschehe, wie im Himmel, so auch auf der Erde. Das Gebet gibt dem Leben sogleich eine bestimmte Richtung (Einfalt): Nicht Ich, Ich, Ich, sondern Du, Du, Du. Die drei Aussagen

stehen nicht einfach unverbunden nebeneinander, sondern fließen ineinander: Gott wird verherrlicht, indem sein Reich realisiert wird und sein Reich wird realisiert, indem sein Wille getan wird. Das zielt alles auf den ersten Satzteil von Vers 33: »Trachtet vielmehr zuerst nach seinem Reich und seiner Gerechtigkeit.« Im Bild gesprochen: Die Musik des Himmels wird laut aufgedreht. Sie soll das Leben derer bestimmen, die zur Jesus-Gemeinschaft gehören.

Damit wird eine zweite Grundlage der Charakterbildung gelegt: Die ungeteilte (einfältige) Ausrichtung auf das Ziel des guten Lebens.

3. Der zweite Teil des Gebets hat den zweiten Teil von Vers 33 im Blick: »... dann wird euch das alles dazugegeben werden.« Es geht um Sorge, Schuld und Angst. Das sind die drei Mächte, die das Leben dermaßen in Beschlag nehmen können, dass eine einfältige Ausrichtung auf den Vater im Himmel und sein Reich auf der Strecke bleibt. Diese Musik muss abgestellt werden. An erster Stelle die Sorge um die zum Leben nötigen materiellen Mittel (das tägliche Brot). Dann aber auch die drückende Last der unabänderlichen Vergangenheit (Schuld) und die Angst vor der unabsehbaren Zukunft (Bewährung angesichts des Bösen).

Alle Appelle, ein besserer Mensch zu werden, können ihr Ziel nicht erreichen, wenn der Mensch nicht Befreiung von diesen Mächten erfährt, die das Leben total bestimmen können. Da wo Sorgen, Schuld und Angst die Seele beschlagnahmen, kann es nicht zur klaren (einfältigen) inneren Fokussierung auf das gute Leben kommen.

Der Mensch scheint überfordert, diese Störsender in eigener Kraft abzustellen. Das Vaterunser gibt uns Raum, Sorgen, Schuld und Angst in die Hand des Vaters im Himmel zu legen, dem, der weiß, was wir bedürfen und in dessen Hand unser Leben letztlich liegt.

Im Zentrum der Charakterbildung

Was hat das alles mit Charakterformation zu tun? Wir sind hier beim Kern dessen, was geschehen muss, damit es mit dem Menschen wieder stimmt. Schon früh in der Geschichte der Christenheit haben Ausleger erkannt, dass es sich beim Vaterunser nicht nur um eine »Anleitung zum Beten« handelt, sondern vielmehr eine

»Anleitung zu einem gottseligen Leben« (Gregor von Nyssa).[170] Der Weg zurück zur Gottebenbildlichkeit, zum Tanz nach der Musik des Himmels, braucht mehr als Belehrung, mehr Gesetze, Appelle und Gehorsam, mehr als Training. Das ist geistliche Übung, das, was wir heute oft Spiritualität nennen. Damit ist nicht eine Verinnerlichung gemeint, die den Glauben auf eine innere, religiöse Erfahrung reduziert. Aber es wird klar, dass die Transformation des Menschen seine menschlichen Möglichkeiten und Bemühungen übersteigt (transzendiert). Das Unservater-Gebet führt ihn über sich selbst hinaus in die Begegnung mit dem himmlischen Vater. So findet er zur Einfalt. Dabei werden die zwei genannten Kardinaltugenden kultiviert:

1. Wer diesen von Jesus gezeigten Weg geht, findet zur *Gelassenheit*. Der Begriff der Gelassenheit hat eine lange und reiche geistliche Tradition. In der antiken Philosophie, in der hebräisch-christlichen Tradition und auch in manchen anderen Religionen findet man dieses Prinzip. Offensichtlich stecken (im deutschen Wort) Gedanken wie loslassen oder hingeben dahinter. Es geht um eine innere Ruhe, die ihren Grund in tiefen Erfahrungen von Annahme, Geborgenheit und Getragensein hat. Ich muss nicht mehr hetzen und jagen, um mein Leben zu sichern – weder durch religiöse Bemühungen, noch durch materielles Streben. Gelassenheit darf nicht mit Gleichgültigkeit, Apathie oder gar Faulheit verwechselt werden. Gelassene Menschen haben Kopf, Herz und Hände frei für Wesentliches. Gesunde Gelassenheit befreit zu hingebungsvollem Engagement (vgl. Matthäus 6,33).

Was Gelassenheit ist, wird in den verschiedenen Traditionen auch unterschiedlich definiert, und zwar sowohl hinsichtlich ihrer Quelle als auch ihres Wesens und ihrer Ziels. Eine jesuanische Gelassenheit wurzelt im Unservater-Gebet. Sie lebt aus dem Zuspruch des Vaters im Himmel, der unserem Leben letzten Halt zusagt, und sie zielt auf das Reich Gottes und seine Gerechtigkeit, das heißt, auf eine Lebensgestaltung nach der Musik des Himmels, wie wir sie im letzten Kapitel (zu Matthäus 5) kennengelernt haben.

2. Eine zweite Tugend ist im ersten Satzteil von Vers 33 beschrieben: »Trachtet zuerst …« oder »sucht vor allem anderen …«. Da stecken die Elemente Zielorientierung und Entschiedenheit drin. Ich habe diese Tugend deshalb *Zielstrebigkeit*

oder *Engagement* genannt. Man könnte auch von Fokussiert-Sein sprechen. Es ist die innere Stärke, ein Ziel vor Augen zu haben, und dieses entschieden und mit aller Kraft anzustreben. Es ist die Bereitschaft, alles andere loszulassen, um dieses eine Ziel zu erreichen. Natürlich kann diese Tugend auf gute und schlechte Ziele ausgerichtet sein. Hier ist sie auf die Gerechtigkeit des Reiches Gottes ausgerichtet, das heißt, auf die Haltungen und Handlungen, die die neue Sozialordnung der Stadt auf dem Berg hervorbringen. Voraussetzung ist, dass die Störsender Sorge, Schuld und Angst abgestellt werden. Das Unservater bietet den Raum, sie in Gottes Hand zu geben und den Reich-Gottes-Sender laut aufzudrehen, um nach dieser Musik zu tanzen.

Diese beiden Tugenden sind als Paar zu sehen. Ähnlich wie in Aristoteles' Betonung der »rechten Mitte« halten sich die beiden Tugenden in der Balance und verhindern so ungesunde Einseitigkeiten.[171] Gelassenheit kann nämlich zur Gleichgültigkeit werden und Engagement zur Verbissenheit. Als *gelassenes Engagement* oder *engagierte Gelassenheit* wächst eine Kombitugend, die tatsächlich Dreh- und Angelpunkt aller in Matthäus 5 vorgestellten Tugenden ist.

Es besteht offensichtlich ein Zusammenhang zwischen der inneren Verwurzelung eines Menschen, seinen Haltungen und Tugenden, die den Charakter formen, den Handlungen, die daraus erwachsen, und den Auswirkungen, die das in der Gesellschaft haben kann.

Der Jesuit Willi Lambert hat das aus seiner ignatianischen Tradition heraus treffend in ein deutsches Wortspiel gefasst:[172]

- Was ist mein letzter HALT? Worauf kann und will ich mich verlassen, bauen, hoffen?
- Daraus erwachsen HALTUNGEN wie Großzügigkeit, Güte, Vertrauen, Freiheitlichkeit, Versöhnlichkeit und Hoffnung.
- Diese lenken mein VERHALTEN.
- Und dieses wiederum trägt zur Gestaltung der VERHÄLTNISSE bei, in denen ich lebe.

In der Lehre von Jesus, wie wir sie in der Bergpredigt finden, wurzelt eine solche erneuerte Lebensgestaltung in der Spiritualität des Unservater-Gebets. Im größeren Kontext der biblischen Dramaturgie zielt alles darauf hin, dass der Mensch wieder ein Gottestänzer wird und dadurch Bestimmung und Glück findet – nicht nur als Einzelner, sondern in Gemeinschaft.

VORSICHT! STOLPERGEFAHR (MATTHÄUS 7)

Vorsicht! Missverständnis

Ich weiß nicht, wie viele Examen du in deinem Leben schon hast durchlaufen müssen. Aufnahmeprüfungen. Zwischentests. Abschlussexamen. Die wenigsten Leute haben gute Erinnerungen an Examen und Prüfungen. Stell dir einmal folgendes Schreckensszenario vor: Bei einer Zulassungsprüfung zu einem Studium oder einer Ausbildung werden aus Versehen die Abschlussexamen ausgeteilt anstatt die Zulassungsexamen. Die Kandidaten müssen also vor dem Eintritt nachweisen, dass sie bereits beherrschen, was sie eigentlich erlernen wollen. Die Chancen stehen schlecht.

So kann man leicht auch die Bergpredigt missverstehen. Drei Mal ist vom »Hineinkommen ins Himmelreich« die Rede:

> 5,20: Denn ich sage euch: Wenn euer Leben der Gerechtigkeit Gottes nicht besser entspricht als das der Schriftgelehrten und Pharisäer, werdet ihr mit Sicherheit nicht ins Himmelreich hinein kommen (*eiserchomai*).
>
> 7,13: Geht durch das enge Tor hinein (*eiserchomai*)! Denn das weite Tor und der breite Weg führen ins Verderben, und viele sind auf diesem Weg.
>
> 7,21: Nicht jeder, der zu mir sagt: »Herr, Herr!«, wird ins Himmelreich hinein kommen (*eiserchomai*), sondern nur der, der den Willen meines Vaters im Himmel tut.

Die Bergpredigt ist aufgrund dieser Texte auch immer wieder als eine Art Eintrittsexamen zum Reich Gottes verstanden worden. Selbst renommierte Ausleger der Bergpredigt, wie etwa Albert Schweitzer, haben in der Bergpredigt nicht die Ethik des Reiches Gottes gesehen, sondern die als Eintrittsbedingung geforderten Haltungen und Handlungen.[173]

Da haben wir alle schlechte Karten. Eduard Schweizer bringt es kurz und treffend auf den Punkt: »Die schwerste Frage, die die Bergpredigt stellt, ist die nach ihrer Erfüllbarkeit.«[174] Da es niemand schafft, den hohen Maßstäben der Bergpredigt zu genügen, bleibt uns allen der Zugang zum Himmelreich verwehrt. Um das Problem zu lösen, hat man verschiedene Wege gewählt:[175]

Das Scheitern an den Maßstäben der Bergpredigt soll uns in die Arme von Jesus treiben. Im Glauben an ihn wird uns seine Gerechtigkeit angerechnet. So sagt es eine etwas simpel formulierte Version der lutherischen Lehre von der Rechtfertigung.

Andere haben die Bergpredigt einfach in ein zukünftiges Gottesreich verschoben. Gilt uns nicht – also brauchen wir uns nicht darum zu kümmern, dass wir an der Bergpredigt scheitern.

Wieder andere (zum Beispiel Albert Schweitzer) vertreten die These, dass Jesus damit rechnete, dass das Reich Gottes bald anbrechen würde, und dass sich die Juden deshalb mit einer radikalen Umkehr ganz auf das kommende Reich vorbereiten sollten, um dem Gericht Gottes zu entgehen. Die Bergpredigt setzte dafür den Standard. Das ist aber alles nur als kurzes Zwischenspiel (ein Interim) gedacht. Als die christliche Gemeinde dann merkte, dass das Ende dieser Weltzeit und der Anbruch des Gottesreiches nicht sofort kamen, musste sie selbstverständlich den Standard der Bergpredigt etwas relativieren. Man könne ja eine Gesellschaft langfristig nicht nach den Prinzipien von Barmherzigkeit, Gewaltfreiheit, Feindesliebe und Sorglosigkeit gestalten.

Meines Erachtens scheitern all diese Erklärungsversuche an den Worten von Jesus, die Matthäus uns am Schluss seiner Evangelienerzählung überliefert. Mit der Auferweckung ist Jesus (als dem Menschensohn nach Daniel 7) »alle Macht im Himmel und auf der Erde« gegeben. In diesem Sinn ist die Königsherrschaft Gottes in der verheißenen Art und Weise realisiert. Sie ist aber in dieser Welt noch nicht *de facto* durchgesetzt. Jesus Christus wird sie auch nicht im Stile eines weltlichen Machthabers mit Gewalt durchsetzen. Er will vielmehr, dass Menschen aller Völker in die Beziehung zu Jesus und in seine Gemeinschaft eingeladen werden. Da sollen sie lernen, »alles zu halten, was er geboten« hat. Das Halten der Weisungen von Jesus ist also nicht Eintrittsbedingung ins Reich von Jesus Christus, sondern Lernprogramm in der Jesusgemeinschaft. Das Reich Gottes darf von Matthäus 28,16–20 her weder vergeistigt noch in die Zukunft abgeschoben werden. Es ist dabei, realisiert zu werden. Es hat schon begonnen (Auferstehung von Jesus), aber es ist noch nicht vollendet (erst bei der Wiederkunft von Jesus Christus).

Wir sollten uns das Reich Gottes nicht als Ort vorstellen, zu dem wir Zutritt erlangen, wenn wir bei der Passkontrolle Zeugnisse vorlegen, die dokumentieren, dass wir nun in unserer Lebensgestaltung die »bessere Gerechtigkeit« des Himmelreiches erlangt haben. Wir können uns das Reich Gottes vielmehr als die Sphäre vorstellen, in der Gott durch Jesus Christus Herr ist. In dieser Sphäre lebt man in dem Maße, in dem man seinen Willen tut. Wer sich zu Jesus Christus bekennt und seine Herrschaft anerkennt, ist grundsätzlich in diese Sphäre eingetreten. Das wird – so Matthäus 28,19 – durch die Taufe zum Ausdruck gebracht. Damit ist ein Mensch in die *Jesusschule* eingetreten, in der er nun lernt, die Haltungen und Tugenden des Reiches Gottes zu verinnerlichen, sodass sie sein Handeln mehr und mehr bestimmen.

Die hier vorgeschlagene Deutung der Bergpredigt, insbesondere der drei genannten Texte, eröffnet sich, wenn wir die Bergpredigt aus der Perspektive der Charakterbildung lesen.[176] Es geht dann nicht darum, einen durch Gesetze definierten Mindeststandard zu erreichen, sondern darum, in der *Jesusschule* einen Prozess der Charaktertransformation zu erfahren. So gewinnt die Sphäre der Herrschaft von Jesus Christus immer mehr Gestalt in unserem Leben.

Vor diesem Hintergrund lesen wir nun den dritten Teil der Bergpredigt, das Kapitel 7 im Matthäusevangelium. Dieser Teil der Bergpredigt scheint thematisch weniger einheitlich und strukturell weniger klar als die früheren Teile. Die Ausleger tappen etwas im Nebel, wenn sie diesen Text interpretieren. Das kann man auch an den thematischen Überschriften erkennen, die vorgeschlagen werden:[177]

- »Die Relevanz des Tuns für die Teilhabe am Himmelreich« (Wengst)
- »Aussonderung der Jüngergemeinde« (Bonhoeffer)
- »Die Gefährdung der Jüngerschaft« (Schweizer)
- »Abschließende Mahnungen« (Luz)
- »Instructions and Warnings for the life in the Kingdom« (Driver)

Eines ist allerdings klar: In diesem Schlussabschnitt der Bergpredigt läuft alles aufs Tun hinaus. Das Abschlussgleichnis vom Haus, das auf Sand oder auf Fels gebaut wird, setzt den Schlusspunkt: Wer hört und tut, hat sicheren Boden unter den Füßen. Wer hört und dann doch nicht entsprechend handelt, baut auf Sand.

Kaum einer hat es konsequenter formuliert als Dietrich Bonhoeffer:[178]

> Menschlich gesehen gibt es unzählige Möglichkeiten, die Bergpredigt zu verstehen und zu deuten. Jesus kennt nur eine einzige Möglichkeit: einfach hingehen und gehorchen.

Es wird also einigermaßen ernst, wenn wir uns auf diesen Schluss der Rede von Jesus einlassen.

Ich blicke wiederum aus der Perspektive der Tugend- und Charakterbildung auf diesen Teil der Bergpredigt und sehe, dass hier eine Reihe von Stolpersteinen angesprochen werden. Auf dem Weg zum Ziel, wieder Gottestänzer zu werden, gibt es schier unzählige Stolpersteine. Um einige davon geht es nun.

Eigentlich geht es um eine einzige Tugend: Die innere Entschiedenheit, das zu tun, von dem ich weiß, dass ich es tun muss.

Manchmal ertappe ich mich dabei, wie ich in meinen inneren Gesprächen zu mir selbst sage, dass ich nicht weiß, was ich tun soll. Fromm ausgedrückt: Ich möchte gerne den Willen Gottes in einer bestimmten Situation erfahren. Wenn ich aber mit mir selber ganz ehrlich bin, weiß ich nur zu gut, was ich eigentlich tun sollte – aber das will ich gar nicht tun. Mein Fragen nach Wegweisung ist also nur eine Scheinfrage. Das ist eine Untugend. Daraus ergibt sich der charakterbildende Lernprozess: Ich muss mit diesem Spiel aufhören und die innere Stärke entwickeln, das zu tun, von dem ich weiß, dass ich es tun sollte.

Es gibt immer tausend Argumente dafür, etwas nicht, oder mindestens noch nicht jetzt, zu tun. Unter dem Stichwort »Wie man Jesus kaltstellt« haben Fritz und Christian Schwarz vor fast 40 Jahren eine Liste gängiger Argumente vorgelegt:[179]

- Das überlegene Lächeln oder: Wie man sich die Probleme vom Leibe hält

- Die Angst vor Gesetzlichkeit oder: Wie man Verbindlichkeit verhindert
- Die Lehre von der Sünde oder: Wie man vor der Sünde die Knie beugt
- Die Angst vor den Kommunisten oder: Wie man seinen Besitzstand wahrt
- Der neue Himmel und die neue Erde oder: Wie man verhindert, dass sie jetzt schon beginnen
- Der christliche Auftrag für die Welt oder: Wie man ihn privatisiert
- Die Angst vor Fehlern oder: Wie man sich vor dem Tun drückt
- Die moralische Entrüstung oder: Wie man sich dem persönlichen Engagement entzieht
- Unsere Glaubwürdigkeit oder: Wie man den augenblicklichen Zustand aufrechterhält
- Die Rettung der Kirche oder: Wie man die christliche Botschaft preisgibt
- Die Not der anderen oder: Wie man sich nicht von ihr beeindrucken lässt

Wenn wir einen guten Charakter entwickeln wollen, geht es also darum, die Ausweich- und Ablenkungsmanöver (Untugenden) zu erkennen und uns von ihnen zu verabschieden und uns im Gegenzug dem zuzuwenden, was getan werden muss. Aus dieser Perspektive gelesen, sehe ich im letzten Teil der Bergpredigt Hinweise auf acht häufige Stolpersteine auf dem Weg zum Tun.

Acht Stolpersteine

Stolperstein Nr. 1 (Matthäus 7,1–5)

> Verurteilt niemand, damit auch ihr nicht verurteilt werdet. Denn so, wie ihr über andere urteilt, werdet ihr selbst beurteilt werden, und mit dem Maß,

> das ihr bei anderen anlegt, werdet ihr selbst gemessen werden. Wie kommt es, dass du den Splitter im Auge deines Bruders siehst, aber den Balken in deinem eigenen Auge nicht bemerkst? Wie kannst du zu deinem Bruder sagen: »Halt still! Ich will dir den Splitter aus dem Auge ziehen« – und dabei sitzt ein Balken in deinem eigenen Auge? Du Heuchler! Zieh zuerst den Balken aus deinem eigenen Auge; dann wirst du klar sehen und kannst den Splitter aus dem Auge deines Bruders ziehen.
>
> (Neue Genfer Übersetzung)

Die These lautet: Hör auf zu sagen: »Die anderen sollten einmal …« Beginn bei dir selbst!

Da wird ein Vorgang beschrieben, den heute die Psychologen als »Projektion« bezeichnen: Ich projiziere meine Defizite in den anderen hinein. Ich sehe beim anderen das Defizit, das ich eigentlich auch bei mir wahrnehme, mir aber nicht eingestehen kann.[180] Ein solches Verhalten kann als Untugend gesehen werden. Sie bringt mich vom Weg zum Ziel ab. Ich werde zum Stolperer anstatt zum Gottestänzer. Die Tugend, die kultiviert werden soll, heißt: Beginn zuerst bei dir!

Stolperstein Nr. 2 (Matthäus 7,6)

> Gebt das Heilige nicht den Hunden, werft eure Perlen nicht vor die Schweine! Sie könnten sonst eure Perlen zertrampeln und sich dann gegen euch selbst wenden und euch zerreißen.
>
> (Neue Genfer Übersetzung)

Was soll das bedeuten? Die Ausleger raufen sich die Haare. Einer der umfangreichsten und gründlichsten wissenschaftlichen Kommentare zum Matthäusevangelium (von Ulrich Luz) verzichtet überhaupt auf eine Auslegung. Der Sinn dieses Spruchs ist für ihn ein Rätsel.[181]

Aufgrund anderer Texte in den Evangelien (Matthäus 15,26–27; Markus 7,27–28) wird gelegentlich davon ausgegangen, dass sich »Hunde« und »Schweine« auf Menschen außerhalb der Glaubensgemeinschaft bezieht.[182] Solche Menschen verstehen die Ziele und Werte des Himmelreiches nicht und werden sie womöglich in den Schmutz ziehen. Das sind natürlich keine schmeichelhaften Bezeichnungen für Menschen, die eigentlich liebevoll in die Gemeinschaft mit Jesus eingeladen werden sollen (Matthäus 28,19).

Vielleicht kann die These so lauten: Hör auf zu sagen: »Niemand versteht die Bergpredigt. Niemand nimmt sie ernst.« Beginn *du dein* Leben von der Bergpredigt her zu leben!

Stolperstein Nr. 3 (Matthäus 7,7–11)

> Bittet, und es wird euch gegeben; sucht, und ihr werdet finden; klopft an, und es wird euch geöffnet. Denn jeder, der bittet, empfängt, und wer sucht, findet, und wer anklopft, dem wird geöffnet. Oder würde jemand unter euch seinem Kind einen Stein geben, wenn es ihn um Brot bittet? Würde er ihm eine Schlange geben, wenn es ihn um einen Fisch bittet? Wenn also ihr, die ihr doch böse seid, das nötige Verständnis habt, um euren Kindern gute Dinge zu geben, wie viel mehr wird dann euer Vater im Himmel denen Gutes geben, die ihn darum bitten.
>
> (Neue Genfer Übersetzung)

Die These lautet: Hör auf zu sagen: »Ich schaff es nicht.« Beginn zu beten. Gott wird dir beistehen.

Die Aussage dieses Spruchs erhellt sich, wenn wir auch lesen, wie Lukas den Schlusssatz dieser Aussage von Jesus überliefert hat (Lukas 11,13): »… wie viel mehr wird dann der Vater im Himmel denen den Heiligen Geist geben, die ihn darum bitten.« Es geht also um die Transformation durch die Kraft des Heiligen Geistes. Wer möchte, dass die Tugenden des Himmelreichs in seinem Leben Gestalt gewinnen, ist also nicht auf sein Vermögen bzw. Unvermögen zurückgeworfen, sondern ermutigt, Gottes verändernde Kraft zu erbitten.

Stolperstein Nr. 4 (Matthäus 7,12)

> Behandelt eure Mitmenschen in allem so, wie ihr selbst von ihnen behandelt werden wollt. Das ist es, was das Gesetz und die Propheten fordern.
>
> (Neue Genfer Übersetzung)

Ich schlage folgende These vor: Hör auf zu sagen: »Das ist alles viel zu komplex und zu kompliziert.« Halte dich an die einfachen Grundregeln und beginne, entsprechend zu leben.

Es ist bemerkenswert, wie Jesus an mehreren Stellen die differenzierte und komplexe jüdische Gesetzgebung sozusagen aushebelt, indem er auf ganz einfache Grundprinzipien verweist – und darin explizit die Thora und die Propheten erfüllt sieht. Es verwundert deshalb nicht, dass er dasselbe auch beim sogenannten »größten Gebot« tut:

> »Meister, welches ist das wichtigste Gebot im Gesetz?« Jesus antwortete: »Du sollst den Herrn, deinen Gott, lieben von ganzem Herzen, mit ganzer Hingabe und mit deinem ganzen Verstand!‹ Dies ist das größte und wichtigste Gebot. Ein zweites ist ebenso wichtig: ›Liebe deine Mitmenschen wie dich selbst!‹ Mit diesen beiden Geboten ist alles gesagt, was das Gesetz und die Propheten fordern.«
>
> *Matthäus 22,36–40* (Neue Genfer Übersetzung)

Die sogenannte »goldene Regel« (Matthäus 7,12) und das größte Gebot sind deshalb so etwas wie die Elementarisierung des ganzen Komplexes an Weisungen und Ordnungen, die Israel mit dem Begriff »Thora und Propheten« zusammengefasst hat.

Natürlich wissen wir, dass die Konkretion dann oft tatsächlich vielschichtig ist. Aber der Hinweis auf die Komplexität kann auch ein Fluchtweg sein, der mich davon ablenken soll, das zu tun, was klar ist und getan werden soll. Menschen mit Charakter haben die Fähigkeit entwickelt, sich nicht mit dem Komplexitätsargument aus der Verantwortung zu stehlen, sondern zwei einfache handlungsleitende Fragen zu stellen: Behandle ich andere so, wie ich auch behandelt werden möchte? Was ist zu tun, wenn ich Gott liebe, und wenn ich den konkreten Menschen liebe, so wie ich mich selber liebe?

Stolperstein Nr. 5 (Matthäus 7,13–14)

> Geht durch das enge Tor! Denn das weite Tor und der breite Weg führen ins Verderben, und viele sind auf diesem Weg. Doch das enge Tor und der bedrängende[183] Weg führen ins Leben, und nur wenige finden diesen Weg.
>
> (Neue Genfer Übersetzung)

Meine These lautet: Hör auf, zu sagen: »Aber das bringt mich doch in Bedrängnis.« Sei bereit, den Preis für ein Leben nach den Maßstäben Gottes zu bezahlen.

Das Wort, das den Weg als eng, schmal oder bedrängend bezeichnet, wird in der Bibel oft im Zusammenhang mit der Bedrängnis gebraucht, die Nachfolgerinnen und Nachfolger von Jesus in dieser Welt erfahren. »In der Welt kommt ihr in Bedrängnis«, sagt Jesus im Johannesevangelium (Johannes 16,33). Gottestänzer und solche, die es werden wollen, stehen in dieser Welt nicht selten im Gegenwind. Nach der Musik des Himmels zu tanzen, ist nicht »Mainstream«. Das hat seinen Preis.

Zum Charakter der Menschen, die Jesus nachfolgen, das heißt, die in die Jesusschule eingetreten sind, gehört deshalb die Widerstandskraft angesichts der Konfrontationen und Bedrängnisse. So erging es auch Jesus, und denen, die ihm nachfolgen, ergeht es nicht anders. Dafür verwendet das Evangelium auch die Formel »das Kreuz auf sich nehmen«.

Stolperstein Nr. 6 (Matthäus 7,15–20)

> Hütet euch vor den falschen Propheten! Sie kommen im Schafskleid zu euch, in Wirklichkeit aber sind sie reißende Wölfe. An ihren Früchten werdet ihr sie erkennen. Erntet man etwa Trauben von Dornbüschen oder Feigen von Disteln? So trägt jeder gute Baum gute Früchte; ein schlechter Baum hingegen trägt schlechte Früchte. Ein guter Baum kann keine schlechten Früchte tragen; ebenso wenig kann ein schlechter Baum gute Früchte tragen. Jeder Baum, der keine guten Früchte trägt, wird umgehauen und ins Feuer geworfen. Deshalb sage ich: An ihren Früchten werdet ihr sie erkennen.
>
> (Neue Genfer Übersetzung)

Die These könnte lauten: Hör auf zu sagen: »Ja, aber dieser sagt … und jener sagt …« Schau auf ihre Lebensgestaltung. Wenn nicht die Früchte eines Lebens nach der Bergpredigt sichtbar werden, haben solche Propheten keine Autorität für dich.

Zu jeder Zeit hat es Menschen gegeben, die aufgetreten sind und im Namen Gottes gesprochen haben. Sie können eine enorme Faszination auslösen. Wie aber können wir wissen, ob ihre Musik vom Himmel ist oder ob hier fremde Rhythmen getrommelt werden?

Jesus gibt ein Beurteilungskriterium: Man erkennt es an den Früchten und diese wiederum sind Haltungen und Handlungen, die der Bergpredigt entsprechen. Nicht große Reden im Namen Gottes begründen ihre Autorität, sondern ihr Lebenswandel.

Menschen mit Charakter entwickeln ein gesundes Auge in der Beurteilung aller Arten von Propheten.

Stolperstein Nr. 7 (Matthäus 7,21–23)

> Nicht jeder, der zu mir sagt: »Herr, Herr!«, wird ins Himmelreich kommen, sondern nur der, der den Willen meines Vaters im Himmel tut. Viele werden an jenem Tag zu mir sagen: »Herr, Herr! Haben wir nicht in deinem Namen prophetisch geredet, in deinem Namen Dämonen ausgetrieben und in deinem Namen viele Wunder getan?« Dann werde ich zu ihnen sagen: »Ich habe euch nie gekannt. Geht weg von mir, ihr mit eurem gesetzlosen Treiben!«
>
> (Neue Genfer Übersetzung)

Ich schlage folgende These vor: Hör auf, zu sagen: »Christus ist Herr. Christus ist Herr.« Lass dich nicht von großen Bekenntnissen beeindrucken. Beginne, dein Denken und Handeln an den Worten und am Leben von Jesus zu orientieren.

Steile Bekenntnisaussagen sind schnell formuliert. Fromme nehmen zu gerne den Mund etwas voll. Jesus mahnt: Lass dich von frommen Worten in Liedern und Gebeten, in Bekenntnissen und Reden nicht bluffen. Bei dir nicht und bei anderen nicht. Was zählt, sind nicht die steilen Bekenntnisse, sondern das Tun!

Nicht einmal Wundertaten im Namen Gottes können als Leistungsnachweis besonderer Frömmigkeit geltend gemacht werden. Was einzig zählt, sind Taten, die den Tugenden des Reiches Gottes entspringen.

Menschen mit Reich-Gottes-Charakter verabschieden sich von Wort-Fassaden und beginnen schlicht und einfach zu tun, was Jesus gesagt und gelebt hat.

Stolperstein Nr. 8 (Matthäus 7,24–27)

> Darum gleicht jeder, der meine Worte hört und danach handelt, einem klugen Mann, der sein Haus auf felsigen Grund baut. Wenn dann ein Wolkenbruch niedergeht und die Wassermassen heranfluten und wenn der Sturm tobt und mit voller Wucht über das Haus hereinbricht, stürzt es nicht ein; es ist auf felsigen Grund gebaut. Jeder aber, der meine Worte hört und nicht danach handelt, gleicht einem törichten Mann, der sein Haus auf sandigen Boden baut. Wenn dann ein Wolkenbruch niedergeht und die Wassermassen heranfluten und wenn der Sturm tobt und mit voller Wucht über das Haus hereinbricht, stürzt es ein und wird völlig zerstört.
>
> (Neue Genfer Übersetzung)

Die These lautet: Hör auf, zu sagen: »Aber ich lese doch die Bibel und höre jeden Sonntag die Predigt.« Sei nicht nur ein Hörer. Beginne, zu tun, was du gehört hast.

Damit sind wir wieder bei dem, was ich als Grundaussage dieses letzten Teils der Bergpredigt verstehe: Menschen mit Charakter sind Menschen, die ihre Ausreden und Fluchtwege wahrnehmen und sich von ihnen verabschieden. Es sind Menschen, welche die innere Kraft aufbringen, das zu tun, was sie als richtig erkannt haben.

Ich schließe mit den Sätzen am Schluss von Dietrich Bonhoeffers Auslegung der Bergpredigt:[184]

> Neben dem Tun gibt es nur noch das Nichtstun. Es gibt aber kein Tunwollen und doch nicht tun. Wer mit Jesu Wort irgendanders umgeht als durchs Tun, gibt Jesus unrecht, sagt Nein zur Bergpredigt, tut sein Wort nicht. Alles

Fragen, Problematisieren und Deuten ist Nichttun. Der reiche Jüngling, der Schriftgelehrte aus Lk 10 kommen in Sicht. Und wenn ich meinen Glauben, meine grundsätzliche Anerkennung diesem Wort gegenüber noch so sehr beteuerte, Jesus nennt das Nichttun. Das Wort aber, das ich nicht tun will, ist mir kein Fels, auf den ich ein Haus bauen kann. Hier ist keine Einheit mit Jesus. Er hat mich noch nie erkannt. Darum, wenn der Sturm jetzt kommt, dann geht mir das Wort schnell verloren, dann erfahre ich, dass ich in Wahrheit nie geglaubt habe. Ich hatte nicht Christi Wort, sondern ein Wort, das ich ihm entwunden und zu meinem eigenen gemacht hatte, indem ich darüber nachdachte, es aber nicht tat. Nun tut mein Haus einen großen Fall, weil es nicht auf Christi Wort ruht.

„Und das Volk entsetzte sich ...« Was war geschehen? Der Sohn Gottes hatte geredet. Er hatte das Weltgericht in seine Hand genommen. Und seine Jünger standen an seiner Seite.

TEIL 3

KONSEQUENZEN

Gib, dass wir unser Dasein leben
nicht wie ein Schachspiel, bei dem alles berechnet ist,
nicht wie einen Lehrsatz, bei dem wir uns den Kopf zerbrechen,
sondern wie ein Fest ohne Ende,
bei dem man dir immer wieder begegnet,
wie einen Ball, wie einen Tanz,
in den Armen deiner Gnade,
zu der Musik allumfassender Liebe.[185]
Madeleine Delbrêl

Wie kann es mit dem Menschen wieder stimmen, so dass es auch mit der Welt wieder stimmt? Das ist die Frage, die uns seit der einleitenden Geschichte vom »Kleinen Bub« begleitet hat. Im ersten Teil haben wir uns von Christoph Stückelberger, Dietrich Bonhoeffer und Martin Buber in einer Bühnenbesichtigung unserer Welt leiten lassen. Im zweiten Teil haben wir im Sinne von Martin Bubers »hebräischem Humanismus« nach dem biblischen Drehbuch gefragt. Wir haben aus hebräisch-christlicher Perspektive Antwort auf die Fragen erhalten, warum es mit dem Menschen und der Welt so steht, wie es steht, und welche Perspektiven sich für den Menschen und die Welt von Jesus und der Bergpredigt her eröffnen. Nun, in einem dritten Teil, betreten wir wieder die Bühne unserer Zeit und fragen nach den Konsequenzen. Wie können wir Menschsein nach Gottes Drehbuch so »inszenieren«, dass es mit uns Menschen und dann auch mit der Welt wieder »stimmt«?

Ich lasse zuerst noch einmal Martin Buber und Dietrich Bonhoeffer zu Wort kommen. Beide haben nicht nur eine Analyse der Weltbühne vorgelegt, sondern auch wegweisend aufgezeigt, wie der Mensch zum Menschen werden kann. Wenn wir nach Konsequenzen fragen, gehen sie uns voran.

Abschließend werde ich vom bisher Erarbeiteten her Licht auf einige aktuelle Themen in Kirche und Theologie werfen.

MARTIN BUBER: »DER WEG DES MENSCHEN«

Wir haben den Juden Martin Buber bereits in Teil 1 kennen gelernt und sind ihm auf unserer Reise durch die Bibel auch da und dort als Ausleger der hebräischen Bibel begegnet. Ich erinnere an die doppelte Grundthese, die seinen Vortrag »Über Charaktererziehung« rahmt. Der Vortrag beginnt mit dem Satz:[186]

> Erziehung, die diesen Namen verdient, ist wesentlich Charaktererziehung. Denn der echte Erzieher hat nicht bloß einzelne Funktionen seines Zöglings im Auge, wie der, der ihm lediglich bestimmte Kenntnisse und Fertigkeiten beizubringen beabsichtigt, sondern es ist ihm jedesmal um den ganzen Menschen zu tun.

Und er schließt mit der These:[187]

> Der Erzieher, der dazu hilft, den Menschen wieder zur eigenen Einheit zu bringen, hilft dazu, ihn wieder vor das Angesicht Gottes zu stellen.

Damit ist bereits eine Grundausrichtung für die Inszenierung des menschlichen Lebens gegeben: Es wird um Charakterbildung gehen müssen, und diese hat ihre Mitte in der Begegnung des Geschöpfs mit seinem Schöpfer.

Wir haben von Buber auch gelernt: Menschen mit Charakter sind Menschen, die von Kollektivzwängen befreit sind. Sie sind eigenständige Persönlichkeiten, jedoch verbunden und verantwortlich. Sie sehen die Wirklichkeit unverstellt. Sie können Schein von Sein unterscheiden und übernehmen in der Welt Verantwortung. Es sind Menschen, die nicht bei beobachtender und betrachtender Analyse stehen bleiben, sondern sich von der Wirklichkeit ansprechen, berühren und bewegen lassen. Sie gehen über sachliche Ich-Es-Beziehungen hinaus und machen sich verletzlich in Ich-Du-Beziehungen. Sie fliehen nicht in eine Welt der Träume und Ideen, sie realisieren vielmehr das Leben verantwortlich in dieser Welt. In diesem Sinne schultern sie das Leben.

Buber verwendet nicht in allen seinen Texten den Begriff Charakter. Es geht aber immer darum, wie der Mensch Mensch werden kann, das heißt, was Menschsein im Vollsinn des Wortes ausmacht. Nun stellt sich natürlich die Frage, wie denn Menschen zu dieser Verwirklichung des vollen Menschseins gelangen können. Gibt es für Buber einen Weg dorthin?

Im Jahr 1948 publizierte Buber einen Aufsatz mit dem Thema »Der Weg des Menschen«.[188] Ich sehe darin so etwas wie Stationen auf dem Weg zum Menschsein – eine Art Charakterschule. Der Text ist eine Einladung, über unseren eigenen Lebensweg nachzudenken. Bubers Texte erschließen sich oft nicht sofort, aber es lohnt sich, manche Passagen im Originalton zu hören.

Buber beginnt jeden Abschnitt mit einer chassidischen Geschichte. An verschiedenen Stellen hat Buber gesagt: »Ich habe keine Lehre, ich führe ein Gespräch.« Die Geschichten erzählen oft von Gesprächen und sie nehmen uns auch mit in ein Gespräch hinein. In diesem Sinn sind sie ein bedeutungsvolles pädagogisches Mittel. Hier beginnt Buber mit folgender Geschichte:

> Als Rabbi Schnëur Salman, der Raw[189] von Reußen, weil seine Einsicht und sein Weg von einem Anführer der Mitnagdim[190] bei der Regierung verleumdet worden waren, in Petersburg gefangen saß und dem Verhör entgegensah, kam der Oberste der Gendarmerie in seine Zelle. Das mächtige und stille Antlitz des Raws, der ihn zuerst, in sich versunken, nicht bemerkte, ließ den nachdenklichen Mann ahnen, welcher Art sein Gefangener war. Er kam mit ihm ins Gespräch und brachte bald manche Frage vor, die ihm beim Lesen der Schrift aufgetaucht war. Zuletzt fragte er: »Wie ist es zu verstehen, dass Gott der Allwissende zu Adam spricht: ›Wo bist du?‹« »Glaubt Ihr daran«, entgegnete der Raw, »daß die Schrift ewig ist und jede Zeit, jedes Geschlecht und jeder Mensch in ihr beschlossen sind?« »Ich glaube daran«, sagte er. »Nun wohl«, sprach der Zaddik[191], »in jeder Zeit ruft Gott jeden Menschen an: ›Wo bist du in deiner Welt? So viele Jahre und Tage von den dir zugemessenen sind vergangen, wie weit bist du derweilen in deiner Welt gekommen?‹ So etwa spricht Gott: ›Sechsundvierzig Jahre hast du gelebt, wo hältst du?‹« Als der Oberste die Zahl seiner Lebensjahre nennen hörte, raffte er sich zusammen, legte dem Raw die Hand auf die Schulter und rief: »Bravo!« Aber sein Herz flatterte.

Martin Buber kommentiert:

> Wenn Gott so fragt, will er von Menschen nicht etwas erfahren, was er noch nicht weiß, er will im Menschen etwas bewirken, was eben nur durch eine solche Frage bewirkt wird, vorausgesetzt, dass sie den Menschen ins Herz trifft, dass der Mensch sich von ihr ins Herz treffen lässt.

In der Folge beschreibt Buber den Weg des Menschen, den er gehen muss, um ganz Mensch zu werden. Das ist ja Bubers Grundphilosophie, dass der Mensch nicht *vom* Menschsein erlöst, sondern *zum* Menschsein befreit werden soll. Dazu muss er zu seiner göttlichen Bestimmung als Geschöpf finden (Gottesebenbildlichkeit). Den Weg dahin beschreibt er in sechs Stationen:

1. Station: **Selbstbesinnung**. Der Weg zur Menschwerdung beginnt mit der Anrede durch Gott – so wie in der chassidischen Erzählung: Mensch, wo bist du? Wo bist du auf dem Lebensweg? Wohin hast du dich auf deiner Lebensreise manövriert?

Diese Anfrage an den Menschen führt diesen in eine Selbstbesinnung, die für Buber Ausgangspunkt der menschlichen Reifung ist:

> Selbstbesinnung ist der Beginn des Weges im Leben des Menschen, immer wieder der Beginn des menschlichen Weges. Aber entscheidend ist sie eben nur dann, wenn sie zum Weg führt. Denn es gibt auch eine unfruchtbare Selbstbesinnung, die nirgends hinführt als zu Selbstquälerei, Verzweiflung und noch tieferer Verstrickung.

Die Selbstbesinnung kann demnach auch unfruchtbar sein, nämlich – so Buber –, wenn eine dämonische Scheinfrage die Selbstbesinnung steuert:

> Sie ist daran zu erkennen, dass sie nicht bei dem »Wo bist du?« innehält, sondern fortfährt: »Von da heraus, wo du hingeraten bist, führt kein Weg mehr.«

Solche Selbstbesinnung blockiert den Menschen auf dem Weg der Menschwerdung.

Die Selbstbesinnung kann jedoch auf den Weg Menschwerdung führen, wenn ich mich der Anrede stelle und antworte. Wenn der Mensch auf den Anruf Gottes antwortet, eröffnen sich neue Wege. Deshalb sagt Buber:

> Alles kommt nun darauf an, ob der Mensch sich der Frage stellt.

Mit einem anderen rabbinischen Weisheitswort rundet Buber den Gedanken ab:

> Betrachte drei Dinge: Wisse, woher du kamst und wohin du gehst und vor wem du dich zu verantworten hast.

Dies sind Leitfragen der Selbstbesinnung an der ersten Station auf dem Weg der Menschwerdung.

2. Station: **Der besondere Weg**. Nun geht es Buber darum, dass jeder Mensch seinen eigenen Weg findet, denn wir sind alle Originale, nicht Kopien. Er beginnt auch diesen Abschnitt mit einer chassidischen Geschichte:

> Rabbi Baer von Radoschiß bat einst seinen Lehrer, den ›Seher‹ von Lublin: »Weiset mir einen allgemeinen Weg zum Dienste Gottes!« Der Zaddik antwortete: »Es geht nicht an, dem Menschen zu sagen, welchen Weg er gehen soll. Denn da ist ein Weg, Gott zu dienen durch Lehre, und da durch Gebet, da durch Fasten und da durch Essen. Jedermann soll wohl achten, zu welchem Weg ihn sein Herz zieht, und dann soll er sich diesen mit ganzer Kraft erwählen.«

Buber geht es um die Originalität jedes einzelnen Lebens. Das drückt er so aus:

> Mit jedem Menschen ist etwas Neues in die Welt gesetzt, was es noch nicht gegeben hat, etwas Erstes und Einziges.

Und etwas später:

> Dieses Einzige und Einmalige ist es, was jedem vor allem auszubilden und ins Werk zu setzen aufgetragen ist, nicht aber, noch einmal zu tun, was ein anderer, und sei es der größte, schon verwirklicht hat.

Rabbi Susja soll gesagt haben – so Buber:

> In der kommenden Welt wird man mich nicht fragen: »Warum bist du nicht Mose gewesen?« Man wird mich fragen: »Warum bist du nicht Susja gewesen?«

Deshalb gilt nach Buber:

> Hier kann, wie gesagt, nur irreführen, wenn einer darauf schaut, wie weit es ein anderer gebracht hat, und es ihm nachzutun trachtet; denn dabei entgeht ihm eben, wozu er und nur er allein berufen ist.

»Der besondere Weg«, das ist die zweite Station auf dem Weg der Menschwerdung. Sie führt mich dazu, dass ich *mein* Leben vor Gott lebe und nicht darauf fixiert bin, andere zu kopieren.

3. Station: **Innere Einheit und Entschlossenheit.** Hier beginnt Buber mit einer merkwürdigen chassidischen Erzählung:

> Ein Chassid des Lubliners fastete einmal von Sabbat zu Sabbat. Am Freitagnachmittag überkam ihn ein so grausamer Durst, dass er meinte, sterben zu müssen. Da erblickte er einen Brunnen, ging hin und wollte trinken. Aber sogleich besann er sich, um einer kleinen Stunde willen, die er noch zu ertragen hätte, würde er das ganze Werk dieser Woche vernichten. Er trank nicht und entfernte sich vom Brunnen. Stolz flog ihn an, dass er die schwere Probe bestanden habe. Wie er dessen inne ward, sprach er zu sich: »Besser, ich gehe hin und trinke, als dass mein Herz dem Hochmut verfällt.« Er kehrte um und trat an den Brunnen. Schon wollte er sich darüber neigen, um Wasser zu schöpfen, da merkte er, dass der Durst von ihm gewichen war. Nach Sabbatanbruch betrat er das Haus seines Lehrers. »Flickarbeit!«, rief ihm der an der Schwelle zu.

Buber gesteht, dass ihm diese Erzählung ungerecht erschien, als er sie in seiner Jugend zum ersten Mal hörte. Ist der Meister nicht zu hart mit seinem Schüler? Erst später, sagt Buber, sei ihm aufgegangen, dass es nicht darum gehe, den jungen Mann für sein inneres Ringen zu schelten. Vielmehr wolle der Meister darauf hinweisen, dass er seine Tat nicht aus »geeinter Seele« unternommen habe – aus einem Guss, wie Buber das nennt. Nur eine innere Klärung der Motive, Absichten und Ziele kann die Seele so einen, dass sie zu klaren Taten leitet und nicht zu einem »Zickzackcharakter des Tuns« führt.

Buber kritisiert den jungen Mann dafür, dass er aus falschen Motiven fasten wollte, nämlich um eine »höhere Stufe der Seele« zu erlangen. Askese als geistliche Leistung soll den Menschen voranbringen. Ein solcher Weg musste scheitern. Es fehlte an innerer Klärung. Widersprüchliche Motive und Ziele zerreißen die Seele. Nur eine »geeinte Seele«, das heißt, die innere Klärung, kann zu einer Entschlossenheit führen, aus der dann auch eine konsequente Tat erwachsen kann. So wird das ganze Leben aus »einem Guss«.

Buber glaubt, dass der Mensch den »vielfältigen, komplizierten, widerspruchsvollen« Kräften in seiner Seele nicht ausgeliefert ist. Seine Überzeugung lautet:

> Das Innerste dieser Seele, die Gotteskraft in ihrer Tiefe vermag auf sie einzuwirken, sie zu ändern, die einander befehdenden Kräfte aneinanderzubinden, die auseinander strebenden Elemente ineinanderzuschmelzen, es vermag sie zu einen.

Bubers Gedanke ist vielleicht nicht einfach zu verstehen. Ich kann allerdings nachvollziehen, dass die Entschlossenheit, die nicht ungesunden Motiven und falschen Zielen entspringt, sondern innerlich gereift und geeint ist, zu klaren und konsequenten Taten führt.

Wie auch immer: Für Martin Buber sind *innere Einheit* und *Entschlossenheit* eine dritte Station auf dem Weg des Reifens zum Menschsein. In den Worten der Bergpredigt: Es geht darum, dass wir *einfältig* werden.

4. Station: **Bei sich beginnen**. Auch hier zuerst eine chassidische Erzählung:

> Einige Große in Israel waren einmal bei Rabbi Jizchak von Worki zu Gast. Man sprach vom Wert eines rechtschaffenen Dieners für die Führung des Hauses; wenn er gut sei, wende sich alles zum Guten, wie man an Josef sehe, in dessen Hand alles gedieh. Rabbi Jizchak widersprach. »So habe auch ich einst gemeint«, sagte er, »dann aber zeigte mir mein Lehrer, dass alles am

> Hausherrn hangt. In meiner Jugend nämlich hatte ich große Bedrängnis von meinem Weibe, und ob auch ich selbst es tragen mochte, so erbarmte ich mich doch des Gesindes. Darum fuhr ich zu meinem Lehrer, Rabbi David von Lelow, und befragte ihn, ob ich meinem Weibe entgegentreten solle. Er antwortete mir: ›Was redest du zu mir? Rede zu dir selber!‹ Ich mußte mich auf das Wort eine Zeit besinnen, bis ich es verstand; ich verstand es aber, als ich mich auf ein Wort des Baalschemtow besann: ›Es gibt den Gedanken, das Wort, die Handlung. Der Gedanke entspricht der Ehefrau, das Wort den Kindern, die Handlung dem Gesinde. Wer die drei in sich zurechtschafft, dem wandelt sich alles zum Guten!‹ Da verstand ich, was mein Lehrer gemeint hatte: dass alles an mir selber hangt.«

Auch hier liegt der Sinn der Erzählung nicht gleich auf der Hand. Buber geht es um den Umgang mit Konflikten und er sieht den Schlüssel zur Geschichte in der bildhaften Deutung am Ende. In Konfliktsituationen sind viele »Mitspieler« involviert – wir selber und eine Anzahl »externer«. In der Geschichte ist es ein Großhaushalt: der Hausherr, seine Frau, die Kinder und das Gesinde.

Die Szene des Beziehungsgeflechts im Haushalt ist – so Buber – jedoch lediglich ein Bild für unser Innenleben. Und da muss der Mensch beginnen – in seiner eigenen Seele. Das klingt dann so:

> Der Mensch soll zuerst selbst erkennen, dass die Konfliktsituationen zwischen ihm und den andern nur Auswirkungen der Konfliktsituationen in seiner eigenen Seele sind, und dann soll er diesen seinen inneren Konflikt zu überwinden suchen, um nunmehr als ein Gewandelter, Befriedeter zu seinen Mitmenschen auszugehen und neue, gewandelte Beziehungen zu ihnen einzugehen.

Buber will sagen: Der Mensch muss auf seinem Weg lernen, selber Verantwortung zu übernehmen, bei sich selber zu beginnen, und nicht zu erwarten, dass die externen Faktoren sich ändern müssen, damit das Problem gelöst wird. Heute würden wir vielleicht sagen: Wir müssen das Problem systemisch angehen. Ich muss meine Rolle im System wahrnehmen. Bei mir kann ich anfangen. Bei mir kann ich etwas ändern. Veränderungen beginnen bei mir.

Deshalb lautet die vierte Station auf dem Weg zur Menschwerdung »bei sich beginnen«.

5. Station: **Sich *nicht* mit sich befassen**. Martin Buber räumt gleich zu Beginn dieses Kapitel ein, dass das wohl wie ein Widerspruch zu Station 4 klingen mag. Zuerst soll man sich mit sich befassen – und dann doch wieder nicht. Was meint er damit? Es beginnt wieder mit einer chassidischen Geschichte.

> Als Rabbi Chajim von Zans seinen Sohn der Tochter des Rabbis Elieser vermählt hatte, trat er am Tage nach der Hochzeit beim Brautvater ein und sagte: »Schwäher,[192] ihr seid mir nahegekommen, und ich darf euch sagen, was mein Herz peinigt. Seht, Haupt- und Barthaar sind mir weiß geworden, und noch habe ich nicht Buße getan!« »Ach, Schwäher«, erwiderte ihm Rabbi Elieser, »ihr habt nur euch im Sinn. Vergesst euch und habt die Welt im Sinn!«

Was ist denn hier falsch? Warum soll sich der gute Mann »der Welt« zuwenden, anstatt sein Leben zu betrachten und über vergangenes Fehlverhalten Buße tun? Buber erklärt:

> Man braucht nur eine Frage zu fragen: »Wozu?« Wozu soll ich mich auf mich selbst besinnen, wozu meinen besondern Weg erwählen, wozu mein Wesen zur Einheit bringen? Die Antwort lautet: nicht um meinetwillen. Darum hieß es auch das vorigemal: bei sich selbst beginnen. Bei sich beginnen, aber nicht bei sich enden; von sich ausgehen, aber nicht auf sich abzielen; sich erfassen, aber sich nicht mit sich befassen.

Buber hört deshalb den Erzähler sagen:

> Du sollst dich nicht immerzu mit dem quälen, was du falsch gemacht hast, sondern die Seelenkraft, die du auf solche Selbstvorwürfe verwendest, sollst du der Tätigkeit an der Welt zuwenden, für die du bestimmt bist. Nicht mit dir sollst du dich befassen, sondern mit der Welt.

Buber äußert sich in diesem Zusammenhang auch kritisch gegenüber dem Christentum, dem es immer nur um das Seelenheil gehe:

> Wer sich unablässig damit peinigt, dass er noch nicht hinreichend Buße getan habe, dem ist es wesentlich um das Heil seiner Seele, also um sein persönliches Los in der Ewigkeit zu tun. Der Chassidismus zieht nun eine Folgerung aus der Lehre des Judentums überhaupt, wenn er diese Zielsetzung ablehnt. Dies ist ja einer der Hauptpunkte, an denen sich das Christentum vom Judentum geschieden hat: dass es für jeden Menschen sein eigenes Seelenheil zum höchsten Ziele machte. Für das Judentum ist jede menschliche Seele ein dienendes Glied in der Schöpfung Gottes, die durch das Werk des Menschen zum Reiche Gottes werden soll; so ist denn keiner Seele ein Ziel in ihr selbst, in ihrem eigenen Heil gesetzt. Wohl soll jede sich erkennen, sich läutern, sich vollenden, aber nicht um ihrer selber willen, wie nicht um ihres irdischen Glücks, so auch nicht um ihrer himmlischen Seligkeit willen, sondern um des Werkes willen, das sie an der Welt Gottes vollbringen soll. Man soll sich vergessen und die Welt im Sinne haben.

Und Buber setzt gleich noch einen obendrauf, wenn er sagt: »Das Abzielen auf das eigene Seelenheil gilt hier nur als die sublimste Gestalt des Abzielens auf sich selbst.« Bubers Kritik trifft wohl manche Strömungen der Christenheit, wohl aber kaum Jesus und seine Vorstellung vom Reich Gottes, die uns in der Bergpredigt begegnet ist. Heilsegoismus hat auch im Christentum keinen Platz.

Und so unterscheidet Buber mit Verweis auf Rabbi Bunam im Hinblick auf die Erlösung zwischen zwei Menschenarten,

> dem Hochmütigen, der, und sei es in der erhabensten Form, sich selbst meint, und dem Demütigen, der bei allem die Welt meint. Erst wenn der Hochmut sich der Demut beugt, wird er erlöst; und erst wenn er erlöst wird, kann die Welt erlöst werden.

Dass wir uns nicht (nur) mit uns und unserem Seelenheil befassen, sondern der Welt zuwenden, das ist für Buber die fünfte Station auf dem Weg der Menschwerdung.

6. Station: **Hier, wo man steht**. Und wie könnte es anders sein, auch die letzte Station beginnt mit einer chassidischen Geschichte:

> Den Jünglingen, die zum erstenmal zu ihm kamen, pflegte Rabbi Bunam die Geschichte von Rabbi Eisik, Sohn Rabbi Jekels in Krakau, zu erzählen. Dem war nach Jahren schwerer Not, die sein Gottvertrauen nicht erschüttert hatten, im Traum befohlen worden, in Prag unter der Brücke, die zum Königsschloss führt, nach einem Schatz zu suchen. Als der Traum zum drittenmal wiederkehrte, machte sich Rabbi Eisik auf und wanderte nach Prag. Aber an der Brücke standen Tag und Nacht Wachtposten, und er getraute sich nicht zu graben. Doch kam er an jedem Morgen zur Brücke und umkreiste sie bis zum Abend. Endlich fragte ihn der Hauptmann der Wache, auf sein Treiben aufmerksam geworden, freundlich, ob er hier etwas suche oder auf jemanden warte. Rabbi Eisik erzählte, welcher Traum ihn aus fernem Land hergeführt habe. Der Hauptmann lachte: »Und da bist du, armer Kerl, mit deinen zerfetzten Sohlen einem Traum zu Gefallen hergepilgert! Ja, wer den Träumen traut! Da hätte ich mich ja auch auf die Beine machen müssen, als es mir einmal im Traum befahl, nach Krakau zu wandern und in der Stube eines Juden, Eisik Sohn Jekels sollte er heißen, unterm Ofen nach einem Schatz zu graben. Eisik Sohn Jekels! Ich kann mir's vorstellen, wie ich drüben, wo die eine Hälfte der Juden Eisik und die andere Jekel heißt, alle Häuser aufreiße!« Und er lachte wieder. Rabbi Eisik verneigte sich, wanderte heim, grub den Schatz aus und baute das Bethaus, das Reb Eisik Reb Jekels Schul heißt.

Rabbi Bunam, so weiß Buber zu erzählen, hätte dann jeweils noch hinzugefügt.

> Merke dir diese Geschichte und nimm auf, was sie dir sagt: dass es etwas gibt, was du nirgends in der Welt, auch nicht beim Zaddik, finden kannst, und dass es doch einen Ort gibt, wo du es finden kannst.

Martin Buber deutet das so:

> Es gibt etwas, was man an einem einzigen Ort in der Welt finden kann. Es ist ein großer Schatz, man kann ihn die Erfüllung des Daseins nennen. Und der Ort, an dem dieser Schatz zu finden ist, ist der Ort, wo man steht.

Buber stellt fest, dass wir nach der Erfüllung unseres Daseins suchen, und wir suchen

> irgendwo, in irgendeinem Bezirk der Welt oder des Geistes, nur nicht da, wo wir stehen, da, wo wir hingestellt worden sind — gerade da und nirgendwo anders aber ist der Schatz zu finden.

Und noch einmal greift er auf eine jüdische Erzählung zurück, um den Punkt zu vertiefen:

> Von einem talmudischen Lehrmeister ist überliefert, die Bahnen des Himmels seien ihm erhellt gewesen wie die Straßen seiner Heimatstadt Nehardea. Der Chassidismus kehrt den Spruch um: größer ist es, wenn einem die Straßen der Heimatstadt erhellt sind wie die Bahnen des Himmels. Denn hier, wo wir stehen, gilt es, das verborgene göttliche Leben aufleuchten zu lassen.
>
> Und hätten wir Macht über die Enden der Erde, wir würden an erfülltem Dasein nicht erlangen, was uns die stille hingegebene Beziehung zur lebendigen Nähe geben kann. Und wüssten wir um die Geheimnisse der oberen Welten, wir hätten nicht so viel wirklichen Anteil am wahren Dasein, als wenn wir im Gang unseres Alltags ein uns obliegendes Werk mit heiliger Intention verrichten. Unterm Herd unseres Hauses ist unser Schatz vergraben.

Buber schließt diese sechste Station mit dem bekannten Satz von Rabbi Mendel von Kozk: »Gott wohnt, wo man ihn einlässt.« Und er fügt hinzu:

> Das ist es, worauf es letzten Endes ankommt: Gott einlassen. Man kann ihn aber nur da einlassen, wo man steht, wo man wirklich steht, da, wo man lebt, wo man ein wahres Leben lebt. Pflegen wir heiligen Umgang mit der uns anvertrauten kleinen Welt, helfen wir, im Bezirk der Schöpfung, mit der wir leben, der heiligen Seelensubstanz zur Vollendung zu gelangen, dann stiften wir an diesem unserm Ort eine Stätte für Gottes Einwohnung, dann lassen wir Gott ein.

Dem ist nichts mehr hinzuzufügen.

Was können wir von Martin Bubers Text »Der Weg des Menschen« für die Kultivierung unseres Charakters lernen?

- Menschwerdung im Sinne der Kultivierung von Charakter ist ein Weg. Man kann Charakterbildung nicht in einem Crashkurs erlangen und es gibt kein Instant-Verfahren zur Menschwerdung.
- Menschwerdung beginnt mit der Begegnung des Geschöpfs mit seinem Schöpfer – konkret damit, dass sich der Mensch von Gott die Frage stellen lässt: Wo bist du hingekommen in deinem Leben?
- Der Charakter des Menschen wird durch Geschichten geformt, nicht durch Dogmen. Bubers Erzählungen geben nicht schlüssige Antworten auf alle Fragen des Verstandes, aber sie regen zum Nachdenken an. Sie fördern die Selbstreflexion und damit die innere Reifung des Menschen.
- Auf diesem Weg der menschlichen Reifung gibt es konkrete Stationen – Hausaufgaben sozusagen –, die der Mensch bewusst »abarbeiten« muss, wenn sein Charakter geformt werden soll.
- Und dann ist da noch etwas, das in »Der Weg des Menschen« nur indirekt zum Ausdruck kommt: Buber nimmt uns gewissermaßen in ein Gespräch hinein. Man hat nicht den Eindruck, dass er uns top-down belehrt, sondern, dass er sich mit uns über das Leben unterhält. Da müssen wir noch einmal genauer nachfragen.

Der »Ort« der Menschenbildung bzw. der Charakterformation ist für Buber das Gespräch auf der Ich-Du-Ebene. Wir sind diesem Gedanken bereits in Teil 1 begegnet. Wir müssen nun aber an dieser Stelle, wo es um die Verwirklichung von Charakterbildung hier und heute geht, noch einmal betonen: Der Charakter des Menschen wird in Beziehungen geformt. Kaum einer hat das so pointiert gesehen und gefordert wie Martin Buber.[193] Es können hier nicht alle von Buber eingeführten Begriffe und Konzepte erklärt werden. Zusammengefasst unter dem Oberbegriff »Das dialogische Prinzip« redet er vom »Ich und Du«, von der »Zwiesprache« und von den »Elementen des Zwischenmenschlichen«.[194]

Bildung ereignet sich für Buber in Beziehungen. In »Elemente des Zwischenmenschlichen« benennt Buber die Dimensionen echter Beziehungen, die den

Ort und den Nährboden der Menschwerdung, das heißt der Charakterformation bilden:[195]

- Echte Beziehungen entstehen da, wo Menschen aus dem sozialen Kollektiv des bloßen »Miteinander« (Es) hinaustreten und einander als Personen (als Du) gegenüber treten. Sie stehen nun nicht mehr (nur) nebeneinander an einer gemeinsamen Sache, sondern einander gegenüber in einer Person-zu-Person-Begegnung.
- Buber sieht ein Grundproblem echter Begegnung in der Tatsache, dass es uns schwerfällt, in Beziehungen zum Ausdruck zu bringen, was und wie wir sind (Sein), und nicht nur, wie wir von anderen gerne gesehen werden wollen (Schein). Je mehr wir in unseren Beziehungen vom Schein zum Sein gelangen, umso tiefer werden die Beziehungen.
- Buber beklagt, dass das meiste, was wir heute »Gespräch« nennen, besser als »Gerede« bezeichnet werden sollte. Was er bemängelt, ist die Tatsache, dass wir oft gar nicht präsent sind, den anderen gar nicht als Du wahrnehmen, sondern unsere Agenda einem Es, das uns gegenübersteht, an den Kopf werfen. So kann es nicht zu echter Begegnung kommen, sagt Buber, und plädiert für engagierte Präsenz, die den anderen intensiv wahrnimmt. Buber nennt das die »personale Vergegenwärtigung«.
- Des Weiteren sieht Buber ein Hemmnis wahrer Begegnung in der Tatsache, dass wir zu oft dem anderen unsere Lebensphilosophie »auferlegen«, anstatt ihm zu helfen, das in ihm Angelegte zu »erschließen«. Buber meint damit nicht einen gott-losen Individualismus, vielmehr vertraut er darauf, dass der Mensch als Geschöpf Gottes gerade dann seinen persönlichen Weg findet, wenn er dem Schöpfer begegnet.
- Wenn es Menschen gelingt, sich auf dieser Ebene zu begegnen, geschieht zwischen ihnen etwas, das über das hinausgeht, was sie je einzeln sind. Buber nennt es »das Zwischenmenschliche«. Es werden

> für alle Beteiligten Tiefen des Menschseins erschlossen, die sonst verborgen bleiben.

Martin Buber spricht in diesem Zusammenhang nicht direkt von Charakterbildung und Menschwerdung. Wenn ich seine Ausführungen jedoch zum »Weg des Menschen« und zu seinen Texten zur Pädagogik in Beziehung setze, scheint mir klar, dass im Gelingen echter Begegnung der Schlüssel zur Charakterbildung liegt. Hier kommt der »hebräische Humanismus« Bubers zum Tragen, der sich am Drehbuch der biblischen Story orientiert.

DIETRICH BONHOEFFER: »STATIONEN AUF DEM WEG ZUR FREIHEIT«

Auch Dietrich Bonhoeffer haben wir bereits im ersten Kapitel kennengelernt. Von verschiedenen Texten her haben wir Tugenden und Charakter entdeckt, die es, laut Bonhoeffer, braucht, damit Menschen auch in Krisenzeiten »brauchbar« bleiben.

Am Ende der Lektüre des Textes »Nach 10 Jahren« stieg die Frage auf: Aber wie? Wie können wir solche Menschen werden? Wie wird Charakter geformt? Dietrich Bonhoeffer hat diese Frage nirgends ausdrücklich und systematisch beantwortet. Wenn wir durch seine Briefe, Bücher und Textfragmente lesen, hören wir jedoch durchaus, wie er diese Charakterschulung selber erfahren hat und wie er sich auch dafür eingesetzt hat.

Dabei ist uns aufgefallen, wie Bonhoeffer der persönlichen Lebenswende, wie er sie in manchen Briefen beschreibt, grundlegend Bedeutung für sein Leben beimisst. Dabei geht es nicht zuletzt darum, der Bibel als Gottes Wort zu vertrauen und ein Leben mit der Bibel einzuüben. Im Zentrum steht dabei für Bonhoeffer die Bergpredigt.

In seinem Buch *Nachfolge* hat er dann auch eine umfangreiche Auslegung der Bergpredigt vorgelegt. Da läuft alles auf das radikale Tun hinaus. Das haben wir in Teil 2 bereits gesehen.

Nun möchte ich anhand weiterer Texte von Bonhoeffer der Frage nachgehen, wie Bonhoeffer sich Charakterbildung konkret vorgestellt hat. Dabei verwendet er das Wort »Charakterbildung« nicht direkt, er spricht aber durchaus von der Sache.

»Wer bin ich?«[196]

Charakterbildung hat zutiefst auch mit *Identitätsfindung* zu tun. »Wer bin ich?« Wer diese Frage in seinem Leben geklärt hat, ist auf gutem Weg, einen starken Charakter zu entwickeln. »Wer bin ich?« – genau diese Frage hat sich auch Bonhoeffer gestellt – sicher mehrmals in seinem Leben.

Wer bin ich?

Wer bin ich? Sie sagen mir oft,
ich träte aus meiner Zelle
gelassen und heiter und fest
wie ein Gutsherr aus seinem Schloss.

Wer bin ich? Sie sagen mir oft,
ich spräche mit meinen Bewachern
frei und freundlich und klar,
als hätte ich zu gebieten.

Wer bin ich? Sie sagen mir auch,
ich trüge die Tage des Unglücks
gleichmütig, lächelnd und stolz,
wie einer, der Siegen gewohnt ist.

Bin ich das wirklich, was andere von mir sagen?
Oder bin ich nur das, was ich selbst von mir weiß?
Unruhig, sehnsüchtig, krank, wie ein Vogel im Käfig,
ringend nach Lebensatem, als würgte mir einer die Kehle,
hungernd nach Farben, nach Blumen, nach Vogelstimmen,
dürstend nach guten Worten, nach menschlicher Nähe,
zitternd vor Zorn über Willkür und kleinlichste Kränkung,
umgetrieben vom Warten auf große Dinge,
ohnmächtig bangend um Freunde in endloser Ferne,
müde und leer zum Beten, zum Denken, zum Schaffen,
matt und bereit, von allem Abschied zu nehmen?

Wer bin ich? Der oder jener?
Bin ich denn heute dieser und morgen ein andrer?
Bin ich beides zugleich? Vor Menschen ein Heuchler
und vor mir selbst ein verächtlich wehleidiger Schwächling?
Oder gleicht, was in mir noch ist, dem geschlagenen Heer,
das in Unordnung weicht vor schon gewonnenem Sieg?

Wer bin ich? Einsames Fragen treibt mit mir Spott.
Wer ich auch bin, Du kennst mich, Dein bin ich, o Gott!

Identität – die Gewissheit, wer ich bin – ist für Bonhoeffer kein Besitz, nicht etwas, das ein für alle Mal geklärt ist. Und das bis zum Lebensende. Er hat den Text in seinem letzten Lebensjahr, im Juni 1944 verfasst. Er erarbeitet sich die Gewissheit, wer er ist, sozusagen, indem er sich durch mögliche Wege und Irrwege der Identitätsfindung hindurchdenkt, getrieben von der Frage: Welchen Stimmen kann ich trauen? Dem, was andere über mich sagen, oder dem, was ich selber fühle und erfahre? Er findet seine Identität erst in dem Moment, indem er sie loslässt und in Gottes Hand gibt.

»Stationen auf dem Weg zur Freiheit«[197]

In einem anderen Text aus dem Jahr 1944 beschreibt Bonhoeffer einen Weg – wohl auch seinen eigenen –, den man als Weg der Charakterreifung bezeichnen kann:

Zucht

Ziehst du aus, die Freiheit zu suchen, so lerne vor allem
Zucht der Sinne und deiner Seele, dass die Begierden
und deine Glieder dich nicht bald hierhin, bald dorthin führen.
Keusch sei dein Geist und dein Leib, gänzlich dir selbst unterworfen,
und gehorsam, das Ziel zu suchen, das ihm gesetzt ist.
Niemand erfährt das Geheimnis der Freiheit, es sei denn durch Zucht.

Tat

Nicht das Beliebige, sondern das Rechte tun und wagen,
nicht im Möglichen schweben, das Wirkliche tapfer ergreifen,
nicht in der Flucht der Gedanken, allein in der Tat ist die Freiheit.
Tritt aus ängstlichem Zögern heraus in den Sturm des Geschehens
nur von Gottes Gebot und deinem Glauben getragen,
und die Freiheit wird deinen Geist jauchzend umfangen.

Leiden

Wunderbare Verwandlung. Die starken tätigen Hände
sind dir gebunden. Ohnmächtig einsam siehst du das Ende
deiner Tat. Doch atmest du auf und legst das Rechte
still und getrost in stärkere Hand und gibst dich zufrieden.

Nur einen Augenblick berührtest du selig die Freiheit,
dann übergabst du sie Gott, damit er sie herrlich vollende.

Tod

Komm nun, höchstes Fest auf dem Wege zur ewigen Freiheit,
Tod, leg nieder beschwerliche Ketten und Mauern
unsres vergänglichen Leibes und unsrer verblendeten Seele,
dass wir endlich erblicken, was hier uns zu sehen missgönnt ist.
Freiheit, dich suchten wir lange in Zucht und in Tat und in Leiden.
Sterbend erkennen wir nun im Angesicht Gottes dich selbst.

Es begegnen uns hier Wesenszüge, die wir – vielleicht in anderen Worten – schon in »Nach 10 Jahren« gesehen haben. Hier wird nun aber die Charakterschulung als vier Stufen der Freiheit gesehen:

- *Die Befreiung von Triebhaftigkeit und Vermassung*: »Zucht« ist heute ein missverständliches oder doch zumindest schwerverständliches Wort. Vielleicht ist das, was Bonhoeffer meint, gut mit dem heute geläufigeren Begriff »Selbstführung« zu erfassen. Der Mensch mit Charakter hat gelernt, sich nicht einfach treiben zu lassen, sondern sich selbst zu führen. Er ist frei davon, sich von innen durch seine Triebe und von außen durch die »Vermassung« bestimmen zu lassen. Er gestaltet sein Leben frei und verantwortlich.
- *Die Befreiung von Ängstlichkeit und Passivität*: Das befreit ihn auch zur Tat. Er lässt sich von der Wirklichkeit nicht lähmen, zieht sich nicht weltflüchtig aus der Verantwortung und schaut nicht einfach passiv zu, wenn die Dinge schief laufen. Er redet auch nicht ständig nur unverbindlich in der Möglichkeitsform – man sollte, man müsste, man könnte –, er schreitet zur Tat und übernimmt Verantwortung.
- *Befreiung von Gelingensdruck und Allmachtsvorstellungen*: Bonhoeffer hat selber erlebt, dass ein so geführtes Leben Widerstand und gar Leiden provozieren kann. Jetzt muss er lernen loszulassen. Die Tatkraft hat Grenzen. Ebenso die Freiheit. Vieles liegt letztlich nicht in unserer

Hand. Wir sind nicht allmächtig und es gelingt nicht alles. Der Mensch mit Charakter erkennt auch seine Begrenzungen, nimmt sie an und legt die Dinge in Gottes Hand.

- *Befreiung von Vergänglichkeit und Verblendung*: Schließlich sieht Bonhoeffer am Horizont bereits den Tod. Er lernt, in ihm nicht ein Gefängnis, sondern die letzte Freiheit zu sehen – die Freiheit, im Angesicht Gottes alle Dinge in neuem Licht zu sehen.

»Von guten Mächten«[198]

Dieses letzte Vertrauen in Gott kommt dann auch in dem bekannten Gebet zum Ausdruck, das Bonhoeffer an Silvester 1944 geschrieben hat:

Von guten Mächten treu und still umgeben,
Behütet und getröstet wunderbar,
So will ich diese Tage mit euch leben
Und mit euch gehen in ein neues Jahr.

Noch will das alte unsre Herzen quälen,
Noch drückt uns böser Tage schwere Last.
Ach, Herr, gib unsern aufgeschreckten Seelen
Das Heil, für das Du uns geschaffen hast.

Und reichst Du uns den schweren Kelch, den bittern
Des Leids, gefüllt bis an den höchsten Rand,
So nehmen wir ihn dankbar ohne Zittern
Aus Deiner guten und geliebten Hand.

Doch willst Du uns noch einmal Freude schenken
An dieser Welt und ihrer Sonne Glanz,
Dann wolln wir des Vergangenen gedenken
Und dann gehört Dir unser Leben ganz.

Lass warm und hell die Kerzen heute flammen,
Die Du in unsre Dunkelheit gebracht.
Führ, wenn es sein kann, wieder uns zusammen.
Wir wissen es, Dein Licht scheint in der Nacht.

Wenn sich die Stille nun tief um uns breitet,
So lass uns hören jenen vollen Klang
Der Welt, die unsichtbar sich um uns weitet,
All Deiner Kinder hohen Lobgesang.

Von guten Mächten wunderbar geborgen,
Erwarten wir getrost, was kommen mag.
Gott ist bei uns am Abend und am Morgen
Und ganz gewiss an jedem neuen Tag.

Wenn es so ist, dass Bonhoeffers Charakterstärke letztlich in diesem Gottvertrauen verwurzelt ist, dann wird deutlich: Charakterbildung und Spiritualität gehören zusammen, sind aber nicht austauschbar. Es geht also weder um Charakterstärke als rein menschlichen Kraftakt, noch um eine verinnerlichte Spiritualität ohne Auswirkungen im Leben. Es geht vielmehr um eine tiefe geistliche Verwurzelung als Grundlage und Kraftquelle einer aufrechten und charakterstarken Gestaltung des Lebens in dieser Welt und für diese Welt. Es geht nicht um *Erlösung vom Menschsein*, sondern um *Befreiung zum Menschsein.*

»Gemeinsames Leben«[199]

Wenn wir uns abschließend fragen, ob Bonhoeffer so etwas wie eine Strategie hatte, wie solche Menschen herangebildet werden können, die in den Krisen »standhalten« und »brauchbar« sind, dann denke ich zuerst an das Predigerseminar in Finkenwalde, dessen Leitung er 1935 übernahm und bis zu seiner Schließung im September 1937 innehatte.

Was auf den ersten Blick wie ein ganz nach innen gerichtetes geistlich-gemeinschaftliches Projekt erscheinen mag, war im Grundkonzept von Bonhoeffer als Ort der Sammlung für eine Sendung gedacht. Bereits in seinem Antragsschreiben an den Rat der Evangelischen Kirche formuliert er ausdrücklich:[200] »Nicht klösterliche Abgeschiedenheit, sondern innerste Konzentration für den Dienst nach außen ist das Ziel.«

Die Fokussierung auf das geistliche Leben – einsam und gemeinsam –, auf das gemeinschaftliche Leben und die Charakterbildung im Hinblick auf den Dienst,[201] sind nicht als Rückzug von der Welt zu verstehen, sondern als Zubereitung für die äußerst herausfordernde Situation der 1930er-Jahre. Wir erkennen die doppelte Betonung »Beten und Tun des Gerechten«, die bei Bonhoeffer wie die zwei Seiten einer Münze zusammengehören. Nicht Erlösung *vom* Menschsein, sondern Zurüstung *zum* Menschsein – zum verantwortlichen Handeln in der gegebenen historischen Situation.

Es sollte uns nicht verwundern, dass dieses Verständnis von Spiritualität und Charakterbildung, wie ich es oben skizziert habe, Bonhoeffers ganze Lebensgestaltung nachhaltig geprägt hat. Es geht hier eben weder um ein rein humanistisch motiviertes Engagement für Gerechtigkeit und Frieden, noch um eine weltabgewandte Frömmigkeit. Es geht bei Bonhoeffer um ein verantwortungsvolles Handeln in der geschichtlichen Situation, das aus dem Glauben und einem tiefen Vertrauen in Gottes Wort herauswächst. In seiner vielzitierten Wendung von 1944 bringt er es auf den Punkt:[202]

> Unser Christsein wird heute nur in zweierlei bestehen: im Beten und im Tun des Gerechten unter den Menschen. Alles Denken, Reden und Organisieren in den Dingen des Christentums muss neu geboren werden aus diesem Beten und diesem Tun.

Dieses handlungsorientierte Verständnis des christlichen Glaubens wird in seinen großen Werken zur *Nachfolge* und zur *Ethik* deutlich. Man darf bei der Lektüre dieser bekannten Werke von Bonhoeffer jedoch nie aus den Augen verlieren, dass die Ethik, die bei ihm so konsequent auf das verantwortliche Handeln ausgerichtet ist, nur auf dem Fundament der Spiritualität und der Charakterbildung verstanden werden kann, die er an anderer Stelle in Briefen, Gebeten und Notizen formuliert hat.

TISCHGESPRÄCHE

Ich habe in den letzten Jahren und Jahrzehnten an unzähligen Gesprächen teilgenommen – mit Theologen und Theologinnen, mit Verantwortlichen in Kirchen und mit Studierenden. Mit Glaubenden und mit solchen, die sich vom christlichen Glauben verabschiedet oder den Zugang dazu gar nie gefunden haben.

In solchen Gesprächen sind immer wieder grundlegende Fragen zur Sprache gekommen:

- Was ist eigentlich das Evangelium?
- Wozu Mission?
- Was ist der Sinn von Kirche und Gottesdienst?
- Was ist die Verantwortung der Christen in der Welt?
- Was soll theologische Bildung leisten?

Am Ende der Reise dieses Buches möchte ich mich mit den oben genannten Menschen an den Tisch setzen und aufzeigen, welchen Beitrag meine Beobachtungen und Überlegungen zu diesen Fragen leisten können. Ich hoffe, dass es ein konstruktiver Beitrag zu einem weiterführenden Gespräch ist.

Auch wenn das Gespräch im Rahmen dieses Buches virtuell ist, möchte ich es so realitätsnah wie möglich gestalten und bei jeder Frage auf eine ganz konkrete Gesprächserfahrung Bezug nehmen.

Was ist eigentlich das Evangelium?

Während ich an diesem Kapitel des Buches schreibe, kommt der Flyer einer Tagung auf meinen Schreibtisch, an der ich einen Vortrag halten soll. Thema: »Die christliche Botschaft in der Welt der Bildung. Wie wir das Evangelium weitergeben können.« Organisator ist der christliche Hochschulverein VBG in der Schweiz. Er will das »Evangelium« in der »Welt der Bildung« bezeugen. An diesem Studientag soll es darum gehen, neu zu klären, was das Evangelium ist und wie es für Studierende und Schüler heute relevant sein kann.

Ich wurde angefragt, einen Vortrag zum Thema »Der Kern des Evangeliums« zu halten. Ich soll klären, wie das Evangelium heute anschlussfähig formuliert werden kann.[203] Ich habe meinen Vortrag mit dem Titel »Befreiung zum Menschsein« überschrieben. Wer dieses Buch bis hierher gelesen hat, wird leicht erkennen, worauf ich hinaus will.

»Evangelium« heißt ja von der Wortbedeutung her »gute Nachricht« – aber was genau ist das Gute an dem, was Christen zu sagen haben? Dieses Gute wird in der christlichen Tradition mit dem Begriff »Heil« ausgedrückt – ein in der deutschen Sprache eher zwiespältiges Wort.[204] Es geht in den biblischen Sprachen um Errettung und Erlösung. Aber wovon sollen wir befreit und erlöst werden? Was ist das Unheil? Wer den Menschen das Evangelium als Heilsbotschaft verkündet, setzt eine Unheilsituation voraus. Bevor wir die Frage beantworten, was denn das Evangelium bzw. das Heil ist, müssen wir definieren, was das Unheil ist. Was ist die Krankheit, unter der die Menschheit leidet und die durch das Evangelium therapiert werden soll?

Traditionelle Definitionen des Unheils und des Heils gehen etwa so: Der Mensch wird vor allem negativ definiert; als von der Erbsünde verdorben und deshalb für die ewige Verdammnis bestimmt. Gott kann und will den Menschen nur annehmen, wenn dieser in fehlerloser Gerechtigkeit vor sein Gericht tritt. Das aber kann der Mensch nicht leisten. Er ist vor den Gesetzen des gerechten Gottes ein Versager. Er hat keine Chance. Der Zorn Gottes trifft ihn gnadenlos. Doch Gott liebt den Menschen eigentlich und will ihn nicht verdammen, ist aber an seine eigenen Prinzipien gebunden. Er sendet deshalb seinen Sohn in die Welt. Dieser wird zum Stellvertreter der Menschen. An dessen Stelle leistet er dem Vater im Himmel die gewünschte Gerechtigkeit (vollkommener Gehorsam) und nimmt als sündloser Mensch gleichzeitig den Zorn des Gottesgerichts auf sich. Wer sich vertrauensvoll an Jesus wendet, kommt in den Genuss der von Jesus geleisteten Gerechtigkeit, die vor Gott gilt, und entgeht so dem Zorngericht Gottes, das Jesus bereits stellvertretend auf sich genommen hat.

Es scheint, dass es der westlichen Christenheit immer weniger gelingt, dieses Narrativ plausibel zu kommunizieren. Die Menschen unserer modernen, aufgeklärten Kultur verabschieden sich in rasendem Tempo vom christlichen Glauben. Kritiker sagen sogar, dass die Kirchen den Menschen eine Krankheit diagnostizieren, die sie nicht haben, um ihnen dann eine Medizin zu verschreiben, die sie nicht brauchen.[205] Wer das durchschaut, wird sich kaum für die angebotene Therapie interessieren.

Im liberalen Flügel der Christenheit andererseits hat man sich in den letzten 200 Jahren sukzessive von diesen klassischen Dogmen verabschiedet. Erbsünde, Zorn Gottes, Opfertod, Sühne und ewige Verdammnis sind für den aufgeklärten Menschen nicht mehr »denkbar«. An die Stelle des klassischen Narrativs tritt ein Jesus, der uns als Vorbild auf dem Weg der Humanisierung vorangeht. Doch auch diese Version hat ihre Attraktivität verloren. Wenn Jesus lediglich ein Vorbild ist, ist der Glaube an ihn bestenfalls eine Möglichkeit, aber sicher keine Heilsnotwendigkeit.[206]

Nun ist es aber tatsächlich so, dass das »Evangelium von Jesus Christus, dem Sohn Gottes« (Markus 1,1), das Zentrum der christlichen Botschaft ist. Es führt deshalb für die Christen kein Weg daran vorbei zu klären, wie dieses Evangelium als gute und frohmachende Botschaft zu verstehen ist. Das muss so geschehen, dass dabei dem biblischen Zeugnis vollumfänglich Rechnung getragen wird, und dass dieses Evangelium gleichzeitig den Zeitgenossen als gute Nachricht plausibel dargelegt werden kann.

Seit Jahrzehnten versuchen Theologen mit alternativen Deutungen des Lebens und des Todes von Jesus dem Evangelium zu neuer Plausibilität zu verhelfen. Die zahlreichen Entwürfe können hier nicht vorgestellt und diskutiert werden.[207] Ich will lediglich versuchen, von der in diesem Buch dargelegten Perspektive aus einen Beitrag zu dieser Diskussion zu formulieren.

Der hebräisch-christliche Glaube, wie ihn die Bibel bezeugt, geht davon aus, dass der Mensch unfreiwillig und unentrinnbar ein Geschöpf des einen Gottes ist, der alles gemacht hat, was ist, und in dessen Hand das ganze Universum liegt. Als Geschöpf dieses einen Gottes findet der Mensch in Beziehung zu seinem Schöpfer seine Bestimmung. Der biblische Begriff »Schalom« bezeichnet in umfassender Weise das gute und heile Leben des Menschen in allen seinen Lebensbezügen (Gott, sich selbst, die Mitmenschen, die Schöpfung). Im Bild, das ich in diesem Buch gebraucht habe: Der Mensch ist zum Gottestänzer bestimmt. Es wird dann mit seinem Leben gut, wenn er auf die Musik des Himmels hört und danach tanzt.

Die Tatsache, dass der Mensch grundsätzlich frei ist, sein Leben in Beziehung zu seinem Schöpfer zu leben oder autonom seine eigenen Wege zu gehen, mag als Menschenwürde oder als Katastrophe gesehen werden. Es würdigt sicher den Menschen, dass er nicht als Roboter, sondern als handlungsfähiges Gegenüber zum Schöpfergott geschaffen wurde. Gott ist damit allerdings ein erhebliches Risiko eingegangen, denn sein Geschöpf konnte sich auch entscheiden, ohne ihn, den Schöpfer, leben zu wollen.

Die biblischen Berichte sagen uns denn auch, dass dies geschehen ist. Der Mensch hat sich entschieden, ohne Gott sein Glück zu suchen. Damit hat er sich allerdings von seiner Lebensquelle abgeschnitten. Ohne den Schöpfer ist das Geschöpf bald erschöpft. Der Gottestänzer, der seine Schritte nicht mehr an der Musik des Himmels ausrichtet, wird zum Stolperer. Dass damit die ganze Menschheit und gar die ganze Schöpfung seit Menschengedenken ins Elend gerissen wurden, ist nicht nur das Zeugnis der Bibel, sondern die traurige Tatsache, die uns in Geschichtsbüchern und Tagespresse vor Augen geführt wird. Das ist das Unheil, dem wir tagtäglich begegnen. Man muss kein notorischer Pessimist und kein konservativer Christ sein, um das zu sehen.

Das Unheil darf also nicht darauf reduziert werden, dass das Individuum bei einer Art Endabrechnung am Tag des Todes vor Gott nicht wird bestehen können, es geht vielmehr um die Tatsache, dass es mit dieser Welt wahrnehmbar »nicht stimmt«, weil es mit dem Menschen »nicht stimmt«. Das, was »nicht stimmt«, drückt sich im Verlust von Tugenden und Charakter aus, was zu destruktiven Handlungen führt, die nicht nur den Einzelnen, sondern die ganze Gesellschaft einschließlich der Umwelt ins Elend reißen. Die Diagnosen von Stückelberger, Buber und Bonhoeffer, die wir in Teil 1 zur Kenntnis genommen haben, sprechen für sich. So kann man mit Dietrich Bonhoeffer fragen: Sind wir noch brauchbar? Und – so lautet die biblische Diagnose – es stimmt mit dem Menschen und mit der Welt nicht, weil die Menschen aufgegeben haben, nach der Musik des Schöpfers zu tanzen. Sie haben dem Tanz ins Leben den Tanz in den Tod vorgezogen.

Gibt es nach dieser schlechten Nachricht auch eine gute Nachricht? Gibt es Hoffnung – für den Menschen – für die Welt?

Jenseits eines weltflüchtigen, auf Seelenrettung und Himmel ausgerichteten konservativen Christentums einerseits, und eines liberalen, innerweltlichen Humanismus andererseits kann uns Martin Bubers »hebräischer Humanismus« Wege eröffnen. »Der Weg des Menschen« heraus aus seinen Verstrickungen (Adam im Gebüsch) beginnt damit, dass sich das Geschöpf der Anfrage des Schöpfers stellt: »Mensch, wo bist du hingeraten?« Der Weg aus den Verstrickungen heraus ist nicht die Anrechnung einer »Gerechtigkeit, die vor Gott gilt«, und beim zukünftigen Gericht der Seele den Weg in den Himmel garantiert. Es ist der Weg der Menschwerdung. In Beziehung zu seinem Schöpfer kann das Geschöpf wieder werden, wozu es bestimmt ist. Das hat nicht zuletzt mit der Kultivierung von Tugenden und Charakter zu tun. Wenn der Mensch wieder seinen letzten *Halt* in Gott findet, können sich *Haltungen* entfalten, die zu neuem *Verhalten* führen, so dass sich schlussendlich auch die *Verhältnisse* zum Guten verändern.[208]

Die gute Nachricht der biblischen Erzählung besteht darin, dass der Schöpfer sein Geschöpf nicht aufgibt, sondern trotz hartnäckiger Ablehnung in großer Treue und Barmherzigkeit immer wieder neu sucht. Die Geschichte Israels von Abraham bis an die Schwelle des Neuen Testaments bezeugt dieses Evangelium. Soweit kann uns Buber führen.

Das biblische Zeugnis führt uns aber noch einen Schritt weiter: Weil das Projekt Israel gemäß dem biblischen Zeugnis als gescheitert betrachtet werden muss (zum Beispiel Nehemia 9), ist ein erneutes Eingreifen Gottes von ganz anderer Qualität erforderlich, und die Propheten des Alten Testaments »schauen« in ihren Visionen dieses zukünftige Eingreifen Gottes denn auch wie ein Licht, das in der Finsternis erscheint (Jesaja 9,1; 60,1; 62,1). Es ist die Vision von einem »Gesalbten Gottes«, der Gottes Geschichte mit den Menschen zum Durchbruch verhelfen wird.

Das Neue Testament bekennt, dass diese Vision in Jesus von Nazareth realisiert wurde. Wir haben entlang der Erzählung des Matthäusevangeliums aufgezeigt:

Auf dem Weg eines neuen Exodus tritt er in die Fußstapfen Israels. Er proklamiert den Anbruch der Gottesherrschaft – nicht mit Gewalt, sondern barmherzig, dienend und in großer Liebe. Er ruft die Menschen auf, umzudenken, und sich neu im Herzen und im Handeln an der Musik des Himmels zu orientieren. Er beruft Menschen in seine Gemeinschaft und beginnt mit ihnen eine Charakterschulung (Bergpredigt), die in der Beziehung zum himmlischen Vater ihren *Halt* hat (Matthäus 6; Vaterunser) und daraus *Haltungen* (Tugenden) kultiviert (Seligpreisungen), die das *Verhalten* in allen Lebensbereichen durchdringen.

Doch das ist nicht alles. Durch sein Leben, das er ungeteilt als Gottestänzer lebt, und durch sein Sterben am Kreuz, in dem er die ganze Gottfeindlichkeit und Gottverlassenheit der Welt auf sich nimmt, besiegt er alle destruktiven Todesmächte (Kolosser 2,15). Weil er dem Bösen in seinem ganzen Leben nie Recht gegeben hat, hat das/der Böse kein Anrecht an seinem Leben. Der Tod kann ihn nicht halten – er wird zu neuem Leben auferweckt (Apostelgeschichte 2,24).

Die Zeugen des Neuen Testaments bekennen deshalb: Christus ist der Durchbruch zum Leben. Er ist der Grund der Hoffnung, nicht nur für ein persönliches Seelenheil, sondern für die ganze Schöpfung, die zurzeit noch »seufzt« (Römer 8,18–27).

Wer sein Vertrauen auf Jesus setzt und in der Jesusgemeinschaft diese lebensverändernde Hoffnung erkennt und erfährt, wird nicht schweigen können: »Seid jederzeit bereit, jedem Rede und Antwort zu stehen, der euch auffordert, Auskunft über die Hoffnung zu geben, die euch erfüllt« (1. Petrus 3,15). Damit sind wir beim Stichwort Mission.

Wozu Mission?

»Mission gehört zutiefst zum Wesen der Kirche. Darum ist es für jeden Christen und jede Christin unverzichtbar, Gottes Wort zu verkünden und seinen/ihren Glauben in der Welt zu bezeugen.«[209] Das ist kein Missionsappell einer aggressiv missionierenden evangelikalen Gruppe, sondern die Einleitung zu einem historisch einmaligen internationalen Konsensdokument ökumenischer, katholischer und evangelikaler Christen. Das scheint also offizieller Konsens zu sein: Das Christentum ist wesensmäßig missionarisch.

Nun muss das international erarbeitete Dokument national und lokal aufgenommen, diskutiert und umgesetzt werden. In Deutschland geschieht das unter dem Titel *MissionRespekt*.[210] Ich hatte Gelegenheit, an einigen Stellen in den Prozess involviert zu sein. Unvergessen bleibt mir die Konsultation in Elstal/Berlin im Juni 2016. Im Dialog mit Vertretern aller Konfessionen wird nämlich schnell klar: Trotz klarem Eingangsstatement im internationalen Dokument gehen die Meinungen weit auseinander, wie denn diese Mission zu definieren und auszuführen sei.

Auch bei diesem Thema werde ich hier nicht die ganze kontroverse Diskussion der vergangenen Jahrzehnte nachzeichnen und diskutieren können. Es reicht, wenn ich holzschnittartig zeige, dass die Debatten hauptsächlich zwischen denjenigen verlaufen, die unter Mission vor allem Evangelisierung verstehen, und denjenigen, die vor allem soziale Verantwortung und Gesellschaftstransformation betonen. Der Streit zwischen diesen beiden Positionen ist vor allem in der zweiten Hälfte des 20. Jahrhunderts vehement ausgefochten worden und hat tiefe Gräben zwischen »Ökumenikern« und »Evangelikalen« aufgerissen. In den letzten drei Jahrzehnten gab es aber immer mehr Stimmen, die ein sogenanntes »ganzheitliches«, »holistisches« oder »integrales« Missionsverständnis anstreben. Auch hier gibt es viele Spielarten, die uns im Moment aber nicht interessieren müssen.

In den meisten dieser Diskussionen geht es vor allem um zwei divergierende Verständnisse des Heils, des Evangeliums und infolgedessen auch der Mission. Auf der einen Seite wird das persönliche Seelenheil betont und in diesem Zusammenhang die Frage nach dem ewigen Schicksal des Menschen – Himmel oder Hölle. Das Heil wird hier vor allem individuell, geistlich, jenseitig verstanden. Die christliche Hoffnung bezieht sich auf das »ewige Leben«, das als Leben nach dem Tod in der Gemeinschaft mit Gott verstanden wird. Zwischen dieser Welt und der zukünftigen Welt wird die Diskontinuität betont: Weltuntergang und Erschaffung einer neuen Erde durch Gott.

Auf der anderen Seite wird die Kontinuität zwischen alter und neuer bzw. erneuerter Schöpfung betont. Heil ist deshalb nicht (nur) geistlich-jenseitig und nicht (nur) individuell. Es geht vielmehr darum, dass in dieser Welt die sozialen Verhältnisse und unser Umgang mit der Schöpfung Befreiung und Erlösung erfahren. Es geht um »Gerechtigkeit, Frieden und Bewahrung der Schöpfung«.[211]

Auf die Defizite beider Modelle ist immer wieder hingewiesen worden, prägnant zum Beispiel vom südafrikanischen Missionswissenschaftler David Bosch, der das erste Modell ein »abgespecktes Evangelium« und das zweite Modell ein »verwässertes Evangelium« nennt.[212] Bosch selber gehört zu denen, die ein ganzheitliches bzw. integratives Missionsverständnis vorschlagen. Das ist grundsätzlich zu begrüßen. Oft bleiben diese ganzheitlichen Vorschläge jedoch bei einer Art Addition stehen: Das Beste aus beiden Modellen wird zusammengebracht. Damit bleibt man aber oft in der Polarität von Evangelisierung und sozialer Verantwortung stecken, nur dass die beiden nun nicht mehr als Feinde, sondern als sich ergänzende Freunde gesehen werden.

Durch die Beschäftigung mit dem Thema Charakterbildung und bei der Lektüre von Martin Bubers »hebräischem Humanismus« ist in mir die Überzeugung gewachsen, dass sich hier eine Perspektive auf die Missionsdiskussion eröffnet, die über die bisherigen Positionen hinausführt. Ich nenne einige Punkte, die mir relevant scheinen:

- Bubers »hebräischer Humanismus« hat das Humane, das Menschliche, das heißt, den Menschen in seiner irdischen Existenz im Blickfeld und fragt nach der Realisierung wahren Menschseins. Er tut das aber nicht gott-los und nicht durch einen Rückbezug auf die römischen und griechischen Denker (wie das der europäische Humanismus tat). Er will vielmehr beim Grundlagendokument des hebräischen (und christlichen) Glaubens ansetzen. Wenn er von Charakterbildung und Menschwerdung spricht, führt das immer vor das Angesicht Gottes, des Schöpfers. Wahre Humanität wird von Gott her entfaltet. Damit sind das Spirituelle und die Lebens- und Weltgestaltung aufeinander bezogen. Mit dem Begriffspaar »Realität« und »Realisierung« (Wirklichkeit und Verwirklichung) führt Buber sowohl in die Selbstwahrnehmung des Menschen vor Gott und von da aus zur Realisierung des Menschseins in der Welt. Es geht nicht um Erlösung aus Menschsein und Welt heraus, sondern um Befreiung zum Menschsein in der Welt. In allen Bemühungen um Gerechtigkeit, Frieden und Bewahrung der Schöpfung wird der Mensch deshalb immer vor das Angesicht Gottes geführt werden müssen. Und wo immer durch Evangelisierung Menschen zur Versöhnung mit Gott eingeladen werden, muss ihre Menschwerdung und die sich daraus ergebende Weltverantwortung im Blick sein. Evangelisierung und soziale Verantwortung stehen deshalb nicht einfach als Freunde nebeneinander, sie sind aufs Engste aufeinander bezogen und ineinander verwoben.

- Das führt zum Thema Charakterbildung. Wenn das Evangelium Erlösung *zum* Menschsein bedeutet, und wenn Menschwerdung wesentlich die Kultivierung von Tugenden und damit Charakterbildung ist, muss Charakterbildung ein Thema der Mission sein. Evangelisierung, das heißt, die Einladung an Menschen, sich der Anfrage Gottes »Wo bist du in deinem Leben hingeraten?« (Buber) zu stellen und sich mit Gott auf den Weg der Menschwerdung zu machen, muss die Kultivierung von Tugenden und Charakter im Blick haben. Das führt konsequenterweise zur Ethik. Damit werden aber zwei Bereiche miteinander in Verbindung gebracht, die in der Gliederung der theologischen Disziplinen traditionellerweise auf fatale Weise getrennt wurden: Mission und Ethik. Vertreter eines Missionsverständnisses, das auf Evangelisation zielt, sehen durchaus die Bedeutung der Ethik, allerdings außerhalb der Zuständigkeit der Mission. George W. Peters, ein konservativer amerikanischer Missionstheologie, macht eine klare Unterscheidung zwischen dem Schöpfungsmandat (»philanthropischer oder humaner Dienst«) und dem Missionsauftrag (Evangelisierung).[213] Eine Vermischung der beiden hält er für eine unbiblische Verwirrung. Peters' Buch *Missionarisches Handeln und biblischer Auftrag* hat an den konservativ-evangelikalen Ausbildungsstätten im deutschsprachigen Raum weite Verbreitung gefunden und die evangelikale Sichtweise in den letzten Jahrzehnten des 20. Jahrhunderts wirkungsvoll geprägt. Aus der Perspektive eines »hebräischen Humanismus«, der – wie ich in diesem Buch dargelegt habe – von Jesus nicht abgeschafft, sondern zur Fülle entwickelt wurde, ist eine solche Trennung in zwei Mandate nicht haltbar. Im Matthäusevangelium gehören Missionsauftrag und Bergpredigt unauflöslich zusammen.

- Das führt uns zum Konzept des »Jüngermachens« bzw. der Nachfolge. Laut Matthäus 28,16–20 besteht die Kernaufgabe der christlichen Mission im »Jünger machen«. Alle Menschen sollen in die Jesus-Schule eingeladen werden, um so zu Menschen zu werden. Der Eintritt in die Jesusbeziehung und in seine Gemeinschaft ist durch die Taufe markiert. Der Weg in der Jesusgemeinschaft steht unter dem Auftrag: »lehrt sie alles halten, was ich geboten habe«. Das weist im Kontext des Matthäusevangeliums unmissverständlich auf die Bergpredigt zurück. Wie ich gezeigt habe, geht es dabei keineswegs lediglich um moralisch-ethische Anweisungen, das heißt, um das Vermitteln von Verhaltensregeln. Vielmehr geht es um die Umgestaltung des Lebens durch eine geistlich gegründete (Matthäus 6) Kultivierung von Tugenden und Charakter, die zu einem neuen Handeln in allen Lebensbereichen führt (Matthäus 5). Der »Ort« dieser Schulung zur Menschwerdung ist, wie wir gesehen haben, die Jesusgemeinschaft – die Stadt auf dem Berg. Das führt uns in einem weiteren Gespräch zu Sinn und Auftrag von Kirche und Gottesdienst.

Was ist denn Sinn und Auftrag von Kirche und Gottesdienst?

Viele Jahre habe ich an theologischen Seminaren und in Kirchengemeinden (vor allem in freikirchlichen Kontexten) zu Themen der Gemeindeentwicklung, der Verkündigung (Homiletik) und der Gottesdienstgestaltung (Liturgik) gelehrt und mit Studierenden und Teilnehmenden diskutiert. Vor allem in den letzten

Jahren, in denen wir uns der Tatsache immer mehr bewusst werden, dass wir in einer »Nach-Christentumszeit« leben, brechen neue Fragen zu Wesen und Gestalt von Kirche auf. Traditionelle Kirchen werden infrage gestellt und neue Formen christlicher Gemeinden erscheinen. Ob es sich um *Emerging Churches*, Hauskirchen, missionale Gemeinschaften oder *Fresh Expressions of Church* handelt, immer brechen dieselben grundlegenden Fragen auf: Was ist Wesen und Auftrag der Kirche? Was ist Ziel und Zweck von Gottesdiensten? Was sollen Predigten leisten?

Die Diskussionen der letzten Jahrzehnte kreisen vor allem um drei grundlegende Verhältnisbestimmungen:

- In welchem Verhältnis steht die Kirche zum Reich Gottes? Im Hintergrund steht dabei oft der Satz des dissidenten katholischen Theologen Alfred Loisy: »Jesus hat das Reich Gottes verkündet, gekommen aber ist die Kirche.« Auch von solchen, die weder die Herkunft noch den Kontext des Zitats kennen, ist dieses gerne gebraucht worden, um zu betonen, dass Reich Gottes und Kirche zwei Größen sind, die man nicht vermischen sollte. Auf der anderen Seite stehen diejenigen, für die Reich Gottes und Kirche fast identisch sind – sie reden von »Gemeinde bauen« und »Reich Gottes bauen« in einem Atemzug.
- Eine zweite Verhältnisbestimmung betrifft Kirche und Mission. Vor allem im 19. Jahrhundert entwickelte sich Mission als kirchliches Expansionsprojekt, das an Spezialeinheiten (Missionare und Missionsgesellschaften) delegiert wurde. Diese westlich-koloniale Denkweise wurde im 20. Jahrhundert in einem mühsamen Prozess überwunden und es ist heute weitgehend Konsens, dass Mission primär Gottes Mission ist und dass die Kirche in dieses Gottesprojekt hineingenommen ist. Das ist sie als Ganzes und deshalb ist sie in ihrem Wesen »missionarisch« oder, wie heute oft gesagt wird, »missional«.
- Schließlich geht es um die Verhältnisbestimmung von Kirche und Heil. Platt ausgedrückt: Ist Kirche heilsnotwenig? Auf der einen Seite steht da der katholische Satz: »Außerhalb der Kirche kein Heil«, auf

der anderen Seite ein erwecklicher Individualismus, bei dem alles auf die persönliche Bekehrung zielt und Kirchenmitgliedschaft oft wie eine schwer zu begründende, fakultative Zugabe erscheint.

Von den in diesem Buch entfalteten Gedanken her muss die Frage lauten: Wie hat Jesus Gemeinde gewollt?[214] Die Antwort habe ich primär vom Matthäusevangelium und dort von Bergpredigt und Missionsauftrag her gegeben. Aus dieser Perspektive ist die Kirche als Jesusgemeinschaft unauflöslich mit dem Christsein als Nachfolge bzw. Jüngerschaft und diese wiederum mit Mission verbunden. Das alles geschieht im Horizont der Bitte: »Dein Reich komme, dein Wille geschehe«. Das ist das Heil, welches wir als gute Nachricht (Evangelium) bezeugen. Auch wenn Begriffe wie Kirche, Reich Gottes, Mission und Heil unterschieden werden können, ist es nicht statthaft, diese biblischen Konzepte auseinanderzureißen. Sie sind wesenhaft miteinander verbunden und aufeinander bezogen. Was heißt das konkret im Hinblick auf Kirche und Gottesdienst?

- Die Frage, ob Jesus Kirche gewollt hat, scheint mir müßig. Das ganze Projekt »Gottesreich« ist aus der Perspektive hebräisch-alttestamentlichen Hintergrunds unauflöslich mit der Berufung und Sammlung einer Gemeinschaft verknüpft. Jesus ruft nicht Individuen zu einem individualistischen Seelenheil, er sammelt eine Reich-Gottes-Gemeinschaft. Die Kirche ist die Gemeinschaft derer, die sich in ihrem ganzen Sein neu ausrichten (umkehren), sich entschieden an der Musik des Himmels ausrichten und nun beginnen, miteinander die Tanzschritte einer neuen Lebensmöglichkeit einzuüben. Das ergibt sich aus der Bergpredigt und dem Schluss des Matthäusevangeliums. Dass gleichzeitig der Herrschaftsbereich Gottes über die Kirche hinausgeht, ist selbstverständlich, muss aber immer wieder in Erinnerung gerufen werden.
- Ich habe vorgeschlagen, Kirche als Tanzschule zu verstehen. Ich habe früher darauf hingewiesen, dass Nachfolge/Jüngerschaft heute mancherorts im Anschluss an David Heywood als »Kingdom Learning« verstanden wird.[215] Ich finde das eine äußerst treffende Formulierung.

Wenn ich die christliche Gemeinde Tanzschule nenne, dann meine ich Charakterschule à la Bergpredigt. Der Satz in Matthäus 28,20: »Lehrt sie alles halten, was ich euch aufgetragen habe«, darf weder auf ein kognitives Erlernen dogmatischer Inhalte, noch auf den Gehorsam gegenüber moralisch-ethischen Normen reduziert werden. Wenn dieser Satz von der Bergpredigt her gefüllt wird, muss es um die Kultivierung von Tugenden und Charakter gehen, gegründet in der Spiritualität des Vaterunser-Gebets.

- Damit sind wir beim »Gottesdienst«. Über Zweck und Zweckfreiheit des Gottesdienstes ist viel gesagt und geschrieben worden. Dabei wird meistens – und zu Recht – gegen eine religiöse Instrumentalisierung des Gottesdienstes als menschliche Leistung, um von Gott etwas zu erhalten, argumentiert. Wenn allerdings im Namen der Ablehnung falscher Instrumentalisierungen jegliche pädagogische Funktion des Gottesdienstes in Abrede gestellt wird, wird das Kind mit dem Bad ausgeschüttet. Ich schlage vor, die Funktion des Gottesdienstes von der Bergpredigt her zu definieren, insbesondere von Matthäus 6 her. Spiritualität, das heißt, die innere Ausrichtung auf Gott, dient der Realisierung des Reiches Gottes. Dabei gibt es eine Wechselwirkung: Anbetung gibt dem »Vater im Himmel« als Schöpfer, Erhalter und Erlöser die ihm gebührende Ehre und gleichzeitig kultiviert diese innere Ausrichtung auf Gott die Gelassenheit und das Engagement, die ich als jesuanische Kardinaltugenden bezeichnet habe. Ein so orientierter Gottesdienst dient der Realisierung des Reiches Gottes (»dein Reich komme«), will nach der Musik des Himmels tanzen (»dein Wille geschehe«) und damit dazu beitragen, dass die Absichten des Himmels in der Welt Gestalt gewinnen (»wie im Himmel, so auch auf der Erde«). Die Qualität eines Gottesdienstes kann demnach letztlich weder an der Verkündigung der »reinen Lehre« (*Input*), noch an der »Gottesdiensterfahrung« der Teilnehmenden (*Output*) gemessen werden, sondern letztlich nur an der transformativen Langzeitwirkung (*Impact*). Die

> ultimative Frage ist: Kultiviert der Gottesdienst die Tugenden und den Charakter im Sinne des Gottesreiches? Dient er der Befreiung *zum* Menschsein? Macht er Menschen fit für die Welt, das heißt, befähigt er sie, im Alltag Gottestänzer zu sein? Es scheint, dass die Gottesdienste in den ersten Jahrhunderten genau diese Qualität hatten und gerade deshalb auch eine enorme gesellschaftliche Wirkung.[216]

Dieser letzte Gedanke führt uns zur Frage nach der Verantwortung der Christen bzw. der Kirche in der Welt.

Was ist die Verantwortung der Christen in der Welt?

Im vergangenen Jahr traf ich mich mit einer Gruppe christlicher Unternehmer. Sie hatten mich eingeladen, um über Fragen zu sprechen, die sie bewegen. Es war nicht zum ersten Mal, dass ich hörte, wie Menschen, die in verantwortungsvollen und herausfordernden Tätigkeiten in Wirtschaft und Gesellschaft tätig sind, daran leiden, dass die beiden Welten »Kirche« und »Gesellschaft« so weit voneinander entfernt sind. Vielen fällt es schwer, das, was sie in Kirche und Gottesdienst hören und erfahren, in ihre beruflichen und gesellschaftlichen Verantwortungen einfließen zu lassen. Und umgekehrt bringen viele zum Ausdruck, dass Herausforderungen und Fragestellungen, die ihnen im beruflichen Alltag begegnen, nur schwer innerhalb der Kirche zu vermitteln seien. Ich habe dasselbe auch in Gesprächen mit christlichen Politikern gehört.

Ich hatte für dieses Treffen mit christlichen Unternehmern das Thema gewählt »Gesucht: Menschen mit Charakter«. Ich bin davon überzeugt, dass wir mit diesem Thema eine Schnittstelle zwischen Kirche und Welt, zwischen Glaube und Leben in der Gesellschaft benennen, die wir bislang oft unterschätzt haben.

Die Diskussionen der vergangenen Jahrzehnte um die Beziehung von Kirche und Welt haben sich ja oft zwischen zwei Polen abgespielt: Da sind auf der einen Seite diejenigen, die mit einer Art Rettungsboot-Mentalität Menschen für das ewige, himmlische Heil herausrufen wollen. Ihre These ist: Die Welt wird untergehen und sie ist für den Christen lediglich ein Ort des Bösen, den er heil überstehen muss. Wichtig ist deshalb die Sicherung des ewigen Heils. Reich Gottes ist eine jenseitige und zukünftige Größe, mehr oder weniger identisch mit »Himmel«. Auf der anderen Seite gab und gibt es die kirchlichen Kreise, die ihren Auftrag vor allem darin sehen, einen Beitrag zu einer humanistisch motivierten Weltverbesserung beizusteuern. Hier gewinnt man den Eindruck, dass die Welt das Ein-und-Alles ist, das durch menschliche Bemühungen gerettet werden muss. Reich Gottes ist hier eine völlig diesseitige Größe. Natürlich ist das eine karikierende Schwarz-Weiß-Darstellung und es haben sich gerade in den letzten Jahren auch viele hoffnungsvolle Zwischentöne entwickelt.

Ich habe die Überzeugung gewonnen und in diesem Buch dargelegt, dass der von Martin Buber ins Gespräch gebrachte »hebräische Humanismus« einen anderen Weg weisen kann. Es geht im hebräisch-christlichen Grundlagendokument – der Bibel – weder um eine weltflüchtige Erlösung vom Menschsein und dieser Welt, noch um gottlose Humanisierung und Weltverbesserung. Es geht vielmehr um die Erlösung des Geschöpfs zu wahrem Menschsein in der Begegnung mit dem Schöpfer. So bricht Gottes Herrschaft in diese Welt hinein. Das ist die Musik, die wir in der Bergpredigt, bei Buber und bei Bonhoeffer gehört haben.

Diese Erlösung des Menschen zu wahrem Menschsein führt zur Kultivierung von Tugenden (wie ich sie von der Bergpredigt her aufgezeigt habe), die zum Charakter des Menschen werden, der sein Leben in der Welt prägt. Solche Menschen werden zur Stadt auf dem Berg, zu Salz und Licht in der Welt.

Wenn ich Christoph Stückelberger, Dietrich Bonhoeffer, Martin Buber und viele andere mehr richtig verstehe, sind es genau solche Menschen mit Charakter, die unsere Welt dringend braucht. Um es noch einmal in den Worten von Stückelberger (nach Psalm 15) zu sagen, solche Menschen sind *geradlinig, ehrlich, wahrhaftig, in der Sprache kontrolliert, fair, gewaltfrei, mutig, an der Wahrhaftigkeit orientiert, Versprechen einhaltend, korruptionsfrei, standfest.*

Wo werden solche Menschen kultiviert? In der Gemeinschaft derer, die sich vor das Angesicht Gottes führen lassen (Buber), die sich an Gottes Weisungen orientieren (Psalm 1) und in der Jesus-Gemeinschaft die Gelassenheit finden, die sie dazu befreit, nach der Musik des Himmels zu tanzen (Bergpredigt). Kurz und bündig: In christlichen Gemeinschaften, in denen Jüngerschaft als »Kingdom Learning« praktiziert und erfahren wird.

Menschen, die in dieser Charakterschule geformt werden, werden »in der Welt« einen Unterschied machen. Es sind die Menschen, die durch Integrität den positiven Beitrag in Gesellschaft, Wirtschaft und Politik einbringen, den Stückelberger heute so schmerzlich vermisst. Es sind die Menschen, die »brauchbar« sind, um Bonhoeffers Formulierung aufzugreifen. Das sind die Menschen, die es nach Buber braucht, um eine blühende Gesellschaft aufzubauen.

Ich bin überzeugt, dass eine gezieltere Investition in Charakterbildung in Kirchen und christlichen Gemeinschaften kein individualistischer und weltfremder Nebenschauplatz ist, sondern vielmehr eine Investition mit großen gesellschaftsrelevanten Auswirkungen.

Wenn christliche Kirchen diese Perspektive des Bezugs zur Welt neu entdecken und fördern sollen, dann braucht es allerdings die entsprechend ausgebildeten pastoralen Führungskräfte. Das bringt mich zu meinem abschließenden Thema.

Was soll theologische Bildung leisten?

Vor einigen Jahren hat der in den USA lehrende Theologe Miroslav Volf in einem *Manifest* die Krise, in der die westliche akademische Theologie steckt, aufgezeigt und eine wesentliche Neuorientierung gefordert. Am *Studienzentrum für Glaube und Gesellschaft* der Universität Freiburg (Schweiz) wurde dieses Manifest mit Miroslav Volf diskutiert und ich hatte Gelegenheit, an diesem Prozess auch teilzunehmen.

Die Kritik an den neuen Entwicklungen der akademischen Theologie ist nicht neu und es fehlt nicht an Reformvorschlägen, die in den vergangenen 50 Jahren vorgelegt wurden. Die Hauptlinien dieser Diskussionen habe ich in meinem *Handbuch Theologische Ausbildung* vorgestellt.

In allen Diskussionen geht es letztlich immer um die Bestimmung von Ziel und Zweck theologischer Bildung (*purpose*). Da setzt auch Miroslav Volfs Kritik ein: Wissenschaftliche Theologie, so Volf, hat ihre Zielbestimmung (*purpose*) verloren! Er schlägt vor, die Zielbestimmung von Theologie und theologischer Bildung in der Förderung des »guten Lebens« (*good life*) zu sehen.[217] Andere haben

»*Human Flourishing*« (aufblühendes Menschsein) als Ziel einer christlichen Bildung genannt.[218] Das sind vieldeutige Begriffe, offen für Missverständnisse, wenn dieses »gute« bzw. »aufblühende« Leben nicht von einem »hebräischen Humanismus« her gefüllt wird.

Es ist bezeichnend, dass die Diskussion der Hochschulbildung in Europa vom Slogan »Fit for Purpose« dominiert ist. Bildung soll für einen bestimmten Zweck »fit« machen – aber wozu? Oft stehen sich auch hier zwei Bildungsverständnisse diametral gegenüber. Auf der einen Seite diejenigen, die am humanistischen Bildungsideal einer Menschenbildung im berufsentlasteten Raum festhalten wollen, auf der anderen Seite diejenigen, die wirtschaftliche Nützlichkeit im Blick haben.[219] Auch hier ist meine Überzeugung gewachsen, dass Charakterbildung im Sinne eines »hebräischen Humanismus« oft hüben wie drüben auf der Strecke bleibt.

Klassische Hochschulbildung ist heute weniger Menschenbildung im besten Sinne humanistischer Bildung, es ist vielmehr rational-analytische, wissenschaftliche Vertiefung in immer kleinere und detailliertere Sachgegenstände und Fragestellungen. Das ist genau der Punkt, den Volf an der wissenschaftlichen Theologie kritisiert.

Auf der anderen Seite wird eine kompetenzorientierte Bildung gefordert. Im Zentrum stehen Wissen und Fertigkeiten, die man »brauchen« kann, die zur Ausübung eines Berufs befähigen und die Anstellbarkeit (*employability*) sicherstellen. Eine solche Bildungsphilosophie droht allerdings unter das Diktat der Wirtschaft zu geraten. Ziel und Zweck der Bildung sind dann ihre ökonomische Verwertbarkeit. Auch theologische Bildungseinrichtungen sind von diesem Trend nicht unberührt geblieben. Alles muss »praxisrelevant« sein, wobei unter »Praxisrelevanz« vor allem »How-to-do« verstanden wird.

Einmal mehr behaupte ich, dass uns eine Rückbesinnung auf Menschenbildung im Sinne eines »hebräischen Humanismus« gut tun würde. Hier kommen Spiritualität und Rationalität, Kompetenzen und Tugenden sowie Wissen und Weisheit zusammen.

Auch theologische Bildung muss dann als »Kingdom Learning« verstanden werden, als die Kultivierung von Tugenden und Charakter, wie sie von Matthäus 28,18–20 her (»Jünger machen durch lehren«) in der Bergpredigt von Jesus vorgezeichnet ist. Oder vielleicht sollte ich besser sagen: Diese Art von jesuanischer Menschenbildung muss das Herzstück der theologischen Bildung sein. Dass dazu dann auch – je nach Bildungstyp – rigorose wissenschaftliche Forschung, die Aneignung von Fachwissen und das Einüben von beruflichen Fertigkeiten gehören, ist grundsätzlich nicht in Frage zu stellen. Aber das Herzstück ist die Menschenbildung im Sinne eines »hebräischen Humanismus«.

Insofern theologische Bildung auch Ausbildung für Leitungsaufgaben in Kirchen und christlichen Gemeinschaften ist, muss zu dieser grundsätzlichen Jesus-zentrierten Menschenbildung auch eine pädagogische Ausbildung kommen, die Absolventinnen und Absolventen dazu befähigt, andere auf dem Weg der Menschwerdung zu leiten und zu begleiten. Unsere Kirchen brauchen leitende Personen, die in der Lage sind, christliche Gemeinschaften zu kultivieren, die Tanzschulen Gottes sind, in denen Menschen lernen, auf die Musik des Himmels zu hören und hier und heute nach dieser Musik zu tanzen. Gemeinschaften, in denen Tugenden geformt und damit Charakter gebildet wird. Dazu muss theologische Bildung Menschen befähigen.

EPILOG

Stimmt es mit dem Menschen, dann stimmt es auch mit der Welt«. Mit der kleinen Geschichte von Johannes Niederer haben wir unsere Reise begonnen.

Christoph Stückelberger, Dietrich Bonhoeffer und Martin Buber haben uns geholfen, tiefer zu verstehen, was mit der Welt bzw. mit dem Menschen nicht stimmt.

Die biblische Dramaturgie hat uns gezeigt, dass es Gott nicht darum geht, uns *vom* Menschsein zu erlösen, er will uns vielmehr *zum* Menschsein befreien. Er will, dass wir wieder Gottestänzer werden, die die Musik des Himmels hören und wieder danach tanzen.

Unter dem biblischen Begriff der Gottesherrschaft (Reich Gottes) entfaltet die Bibel die Geschichte eines Schöpfergottes, der sich nichts sehnlicher wünscht als Geschöpfe, die auf seine Musik hören – damit ihr Leben aufblühen kann.

Von der Bergpredigt her haben wir gelernt, dass uns Jesus als »Retter« in die Tanzschule Gottes hineinführen will, so dass in uns die Tugenden kultiviert werden, die den Charakter hervorbringen, der zu wahrem Menschsein führt – individuell und gemeinschaftlich. Die geistliche Mitte der jesuanischen Tanzschule ist das Vaterunser-Gebet, das uns zur inneren Einfalt führt, die das Herzstück der Menschwerdung ist.

In alledem habe ich versucht zu zeigen, dass uns das, was Buber einen »hebräischen Humanismus« nennt, in manchen gegenwärtigen Fragestellungen und Diskussionen eine frische Perspektive eröffnen kann. Es entsteht eine Vision für das menschliche Leben, die jenseits von weltflüchtigen Erlösungsvorstellungen und völlig diesseitigen humanistischen Weltverbesserungsbemühungen liegt.

Es geht darum, dass wir Gottestänzer und -tänzerinnen werden. Kaum jemand hat das schöner ausgedrückt als Madeleine Delbrêl in ihrem Gebet »Der Ball des Gehorsams«. Mit einigen Passagen daraus schließe ich:[220]

Wenn wir wirklich Freude an dir hätten, o Herr,
Könnten wir dem Bedürfnis zu tanzen nicht widerstehen,
Das sich über die Welt hin ausbreitet,
Und wir könnten sogar erraten,
Welchen Tanz du getanzt haben willst,
Indem wir uns den Schritten deiner Vorsehung überließen.

Denn ich glaube, du hast genug von den Leuten,
Die ständig davon reden, dir zu dienen –
mit der Miene von Feldwebeln,
Dich zu kennen – mit dem Gehabe von Professoren,
Zu dir zu gelangen nach den Regeln des Sports,
Dich zu lieben, wie man sich nach langen Ehejahren liebt.

Um gut tanzen zu können – mit dir oder auch sonst,
Braucht man nicht zu wissen, wohin der Tanz führt.
Man muss ihm nur folgen,
Darauf gestimmt sein,
Schwerelos sein,
Und vor allem: man darf sich nicht versteifen.
Man soll dir keine Erklärungen abverlangen,
Über die Schritte, die du zu tun beliebst,
Sondern ganz mit dir eins sein – und lebendig pulsierend
Einschwingen in den Takt des Orchesters, den du auf uns überträgst.

Wir aber, wir vergessen so oft die Musik deines Geistes.
Wir haben aus unserem Leben eine Turnübung gemacht.
Wir vergessen, dass es in deinen Armen getanzt sein will,
Dass dein heiliger Wille von unerschöpflicher Fantasie ist.

Gib, dass wir unser Dasein leben
Nicht wie ein Schachspiel, bei dem alles berechnet ist,
Nicht wie ein Wettkampf, bei dem alles schwierig ist,

Nicht wie einen Lehrsatz, bei dem wir uns den Kopf zerbrechen,
Sondern wie ein Fest ohne Ende, bei dem man dir immer wieder begegnet,
Wie einen Ball,
Wie einen Tanz,
In den Armen deiner Gnade,
Zu der Musik allumfassender Liebe.

Herr, komm und lade uns ein.

LITERATURVERZEICHNIS

Aulén, Gustaf 1969. *Christus Victor*. New York: MacMillan Publishing.

Barth, Christoph 1987. *Die Errettung vom Tode in den individuellen Klage- und Dankliedern des Alten Testaments*. Zürich: EVZ (2. Auflage).

Bauder, W. 2010. Demut/Hochmut, in: *Theologisches Begriffslexikon zum Neuen Testament TBLNT*, S. 252–253 (2. Sonderauflage).

Beale, G. K. & Kim, Mitchell 2014. *God Dwells Among Us: Expanding Eden to the Ends of the Earth*. Downers Grove: InterVarsity Press.

Becker, Wilhard 1981. *Wahrnehmungen. Wie wir uns und andere neu sehen lernen*. Wuppertal und Kassel: Oncken Verlag.

Berner, Ursula 1985. *Die Bergpredigt. Rezeption und Auslegung im 20. Jahrhundert*. Göttingen: Vandenhoeck & Ruprecht.

Betz, Otto 1984. Der Friede Gottes in einer friedlosen Welt, in: Wilfried Veeser (Hg.), *Theologische Auseinandersetzung mit dem Denken unserer Zeit, Band 2*. Neuhausen-Stuttgart: Hänssler Verlag, S. 57.

Bockmühl, Klaus 1975. *Umweltschutz – Lebenserhaltung. Vom Umgang mit Gottes Schöpfung*. Gießen: Brunnen Verlag.

Bonhoeffer, Dietrich 2006a. *Dietrich Bonhoeffer Auswahl, Band 2: Gegenwart und Zukunft der Kirche 1933–1935*. (herausgegeben von Christian Gremmels und Wolfgang Huber). Gütersloh: Gütersloher Verlagshaus.

Bonhoeffer, Dietrich 2006b. *Dietrich Bonhoeffer Auswahl, Band 3: Entscheidungen 1936–1939* (herausgegeben von Christian Gremmels und Wolfgang Huber). Gütersloh: Gütersloher Verlagshaus.

Bonhoeffer, Dietrich 2006c. *Dietrich Bonhoeffer Auswahl, Band 4: Konspiration* (herausgegeben von Christian Gremmels und Wolfgang Huber), Gütersloh: Gütersloher Verlagshaus.

Bonhoeffer, Dietrich 2006d. *Dietrich Bonhoeffer Auswahl, Band 6: Aufzeichnungen aus der Haft 1943–1945* (herausgegeben von Christian Gremmels und Wolfgang Huber). Gütersloh: Gütersloher Verlagshaus.

Bonhoeffer, Dietrich 1966. *Gemeinsames Leben.* München: Kaiser Verlag (12. Auflage).

Bonhoeffer, Dietrich 1971. *Nachfolge.* München: Chr. Kaiser Verlag (10. Auflage).

Bosch, David 2011. *Ganzheitliche Mission. Theologische Perspektiven.* Marburg: Verlag der Francke-Buchhandlung.

Bright, John 1953. *The Kingdom of God.* New York: Abingdon Press.

Buber, Martin 2012. *Das dialogische Prinzip.* Gütersloh: Gütersloher Verlagshaus (12. Auflage).

Buber, Martin 2005a. *Schriften zu Jugend, Erziehung und Bildung* (Martin Buber Werkausgabe, Band 8, herausgegeben von Juliane Jacob). Gütersloh: Gütersloher Verlagshaus.

Buber, Martin 2005b. *Reden über Erziehung.* Gütersloh: Gütersloher Verlagshaus (11. Auflage).

Buber, Martin 1948. Der Weg des Menschen. *Neue Wege 42/7–8*, S. 315–331 (Im Internet unter http://doi.org/10.5169/seals-139108, besucht am 15.10.2017).

Buber, Martin 1936. *Königtum Gottes.* Berlin: Schockenverlag (2. Auflage).

Comte-Sponville, André 1996. *Ermutigung zu einem unzeitgemäßen Leben.* Reinbek: Rowohlt.

Davies, W. D. 1970. *Die Bergpredigt. Exegetische Untersuchungen ihrer jüdischen und frühchristlichen Elemente.* München: Claudius Verlag.

Deidenbach, Hans 1990. *Zur Psychologie der Bergpredigt.* Frankfurt: Fischer Taschenbuchverlag.

Delbrêl, Madeleine 2015. *Gott einen Ort sichern. Texte – Gedichte – Gebete.* Kevelaer: Verlagsgemeinschaft topos plus.

Driver, John 1980. *Kingdom Citizens.* Scottdale: Herald Press.

Egelkraut, Helmuth 1989. *Das Alte Testament. Entstehung – Geschichte – Botschaft.* Gießen und Basel: Brunnen Verlag.

Eichler, J. 2010. Armut/Reichtum, in: *Theologisches Begriffslexikon zum Neuen Testament TBLNT*, S. 72–74 (2. Sonderauflage).

Eichrodt, Walther 1968. *Theologie des Alten Testaments. Teil I.* Göttingen: Vandenhoeck & Ruprecht.

Eller, Vernard 1981. *Peace from Genesis to Revelation.* Scottdale: Herald Press.

Evangelisches Missionswerk und Internationales Katholisches Missionswerk 2014. *Studienausgabe zum ökumenischen Dokument: »Christliches Zeugnis in einer multireligiösen Welt«.* Hamburg/Aachen (Im Internet unter https://missionrespekt.de/fix/files/studienausgabe_christliches%20zeugnis-reduziert.pdf).

Gerlemann, G. 1979. *slm* genug haben, in: *Theologisches Handwörterbuch zum Alten Testament ThWAT, Band I.* München: Kaiser Verlag und Zürich: Theologischer Verlag Zürich, Sp. 919–935.

Grün, Anselm 2008. *Damit die Welt verwandelt wird. Die sieben Werke der Barmherzigkeit.* Gütersloh: Gütersloher Verlagshaus.

Grundmann, Walter 1972. *Das Evangelium nach Matth*äus I. Berlin: Evangelische Verlagsanstalt.

Gulin, E. G. 1925. Die Nachfolge Gottes. *Studia Orientalia* 1, S. 34–50 (Im Internet unter https://journal.fi/store/article/view/50078, aufgesucht am 25.7.2018).

Günther, W. 2010, Wahrheit/Lüge, in: *Theologisches Begriffslexikon zum Neuen Testament TBLNT*, S. 1847–1849 (2. Sonderauflage).

Hauerwas, Stanley 1985. *Character and the Christian Life.* Notre Dame: Notre Dame University Press (2. Auflage).

Von Henting, Hartmut 2004. *Rousseau oder Die wohlgeordnete Freiheit.* München: C. H. Beck.

Herbst, Michael 2018. Kingdom Learning. Ein deutsch-englischer Beitrag zum Thema ›lebendiges mündiges Christsein‹ (›discipleship‹), in: *Theologische Beiträge 49*, S. 220–242.

Heywood, David 2017. *Kingdom Learning. Experiential and Reflective Approaches to Christian Formation.* London: SCM Press.

Hillers, Delbert R. 1969. *Covenant: The History of a Biblical Idea.* Baltimore und London: The Johns Hopkins University Press.

Hacohen, Shmuel Avidor 1981. *Ratlos war der Rabbi nie. Chassidischer Humor.* Gütersloh: Gütersloher Verlagshaus.

Janzen, Waldemar 2001. *Werden, was wir sind, Biblische Menschenbilder und ihre Bedeutung.* Weisenheim: Agape Verlag.

Klappert, Bertold 2010. Reich, in: *Theologisches Begriffslexikon zum Neuen Testament TBLNT*, S. 1480–1494 (2. Sonderauflage).

Klement, Herbert 2012. Monarchiekritik und Herrscherverheißung. Alttestamentlich-theologische Aspekte zur Rolle des Königs in Israel, in: Herbert Klement und Julius Steinberg (Hrsg.): *Freude an Gottes Weisungen. Themenbuch zur Theologie des Alten Testaments.* Riehen/Basel: ArteMedia, S. 279–309.

Knieling, Reiner 2016. *Das Kreuz mit dem Kreuz. Sprache finden für das Unverständliche.* Gütersloh: Gütersloher Verlagshaus.

Kohn, Hans 1961. *Martin Buber.* Köln: Joseph Melzer Verlag (2. Auflage).

Kreider, Alan 2016. *The Patient Ferment of the Early Church.* Grand Rapids: Baker Academic.

Kreuzer, Siegfried 2010. Jesus Christus, in: *Theologisches Begriffslexikon zum Neuen Testament TBLNT*, S. 1090–1093 (2. Sonderauflage).

Künkler, Tobias 2011. *Lernen in Beziehungen. Zum Verhältnis von Subjektivität und Relationalität in Lernprozessen.* Bielefeld: transcript Verlag.

Lambert, Willi 2004. *Das siebenfache Ja. Exerzitien – ein Weg zum Leben.* Würzburg: Echter Verlag.

Lapide, Pinchas 1984. *Die Bergpredigt. Utopie oder Programm?* Mainz: Matthias-Grünewald-Verlag (8. Auflage).

Leuenberg, Martin 2012. Königtum Gottes AT, in: *Wissenschaftliches Bibellexikon WiBiLex* (im Internet unter http://www.bibelwissenschaft.de/stichwort/23808/, aufgesucht am 18.8.2018).

Lohfink, Gerhard 1988. *Wem gilt die Bergpredigt?* Freiburg: Herder Verlag.

Lohfink, Gerhard 1982. *Wie hat Jesus Gemeinde gewollt?* Freiburg: Herder Verlag.

Luz, Ulrich 1985. *Das Evangelium nach Matthäus (Matthäus 1–7) (EKK Neues Testament I/1).* Zürich: Benziger Verlag und Neukirchen: Neukirchener Verlag.

Martens, Elmer 1981. *God's Design.* Grand Rapids: Baker.

Mauser, Ulrich 1963. *Christ in the Wilderness.* London: SCM Press.

Mayer, Rainer & Zimmerling, Peter 1997. *Dietrich Bonhoeffer. Beten und Tun des Gerechten. Glaube und Verantwortung im Widerstand.* Gießen: Brunnen Verlag.

Mayordomo, Moisés 2008. Möglichkeiten und Grenzen einer neutestamentlich orientierten Tugendethik, in: *Theologische Zeitschrift* 64/3, S. 213–257.

Melzer, Friso 1965. *Das Wort in den Wörtern. Ein theo-philologisches Wörterbuch.* Tübingen: J. C. B. Mohr.

Mendenhall, George E. 1975. The Monarchy. *Interpretation* 29/2, S. 155–170.

Metaxas, Eric 2011, *Bonhoeffer. Pastor, Agent, Märtyrer und Prophet.* Holzgerlingen: SCM Hänssler.

Newbigin, Lesslie 1980. *Sign of the Kingdom.* Grand Rapids: Eerdmans.

Newbigin, Lesslie 1988. *Mission in der Nachfolge Christi. Weltmission heute Nr. 4.* Hamburg: Evangelisches Missionswerk.

Niederer, Johannes 1974. *Ein paar Zeilen zum Verweilen (Band 2).* Zürich: Verlag Schweizer Kongregations-Zentrale.

Nouwen, Henri J. M. 2005. *Dem vertrauen, der mich hält.* Freiburg: Herder Verlag.

Ott, Bernhard 2007. *Schalom – Das Projekt Gottes.* Weisenheim am Berg: Agape (2. Auflage).

Peters, Georg W. 1977. *Missionarisches Handeln und biblischer Auftrag.* Bad Liebenzell: Verlag der Liebenzeller Mission.

Ridez, Louis 1979. *Bergpredigt. Mensch sein nach Jesus.* Zürich: Benziger Verlag.

Riede, Peter 2012. Wüste (theologische Bedeutung), in: *Wissenschaftliches Bibellexikon WiBiLex* (im Internet unter https://www.bibelwissenschaft.de/stichwort/35046/, aufgesucht am 12.8.2018).

Sayers, Dorothy L. 1982. *Das größte Drama aller Zeiten.* Zürich: Theologischer Verlag Zürich.

Schmid-Grether, Susanne 1999. *Auge um Auge, Zahn um Zahn. Texte der Bergpredigt auf dem jüdischen Hintergrund unter die Lupe genommen.* Wetzikon: JCFV.

Schnädelbach, Herbert 2000. Der Fluch des Christentums. Die sieben Geburtsfehler einer alt gewordenen Weltreligion. Eine kulturelle Bilanz nach zweitausend Jahren. *DIE ZEIT* 11.5.2000 (Im Internet unter https://www.zeit.de/2000/20/200020.christentum_.xml, besucht am 3.1.2019).

Schulz, Anselm 1964. *Jünger des Herrn.* München: Kösel Verlag.

Schwarz, Fritz & Schwarz Christian A. 1981. *Überschaubare Gemeinde, Band 3: Programm des neuen Lebensstils für Leute, denen Jesus konkurrenzlos wichtig ist.* Gladbeck: Schriftenmissions-Verlag.

Schweitzer, Albert 1967. *Reich Gottes und Christentum.* Tübingen: J.C.B. Mohr (Paul Siebeck).

Schweizer, Eduard 1986. *Das Evangelium nach Matthäus.* Göttingen: Vandenhoeck & Ruprecht.

Selter, F. & Krüger, R. 2010. Armut/Reichtum, in: *Theologisches Begriffslexikon zum Neuen Testament TBLNT*, S. 74–75 (2. Sonderauflage).

Shenk, David W. 1994. *God's Call to Mission.* Scottdale: Herald Press.

Sneith, Norman H. 1975. *The Distinctive Ideas of the Old Testament.* New York: Schocken Books.

Söding, Thomas 2016. *Das Christentum als Bildungsreligion. Impulse des Neuen Testaments.* Freiburg: Herder Verlag.

Sohm, Kurt 1999. *Praxisbezogene Ausbildung auf Hochschulniveau.* Wien: Universitätsverlag.

Spears, Paul D. & Loomis, Steven R. 2009. *Education for Human Flourishing. A Christian Perspective.* Downers Grove: InterVarsity Press.

Spoerri, Theophil & Spoerri, Pierre 1975. *Die Kunst mit dem anderen zu leben.* Freiburg: Herder Verlag.

Stewart, John (Hg.) 1982. *Bridges not Walls. A book about interpersonal communication.* Reading: Addison-Wesley Publishing Company.

Stoebe, H. J. 1978. *tob* gut, in: *Theologisches Handwörterbuch zum Alten Testament ThWAT, Band I.* München: Kaiser Verlag und Zürich: Theologischer Verlag Zürich, Sp. 652–664.

Stückelberger, Christoph 2016a. Integrity Ethics. L'intégrité: vertu actuelle et globale, in: Christoph Stückelberger: *Global Ethics Applied, Vol. 4: Bioethics, Religion, Leadership, Ecclesiology, Methods, Bibliography.* Genf: Globethics.net, S. 149–165.

Stückelberger, Christoph 2016b. Integrität: Die Tugend der Tugenden. Der christliche Beitrag zu einer globalen Tugend für Wirtschaft und Politik. Abschiedsvorlesung an der Universität Basel, 2016. Unveröffentlichtes Manuskript.

Talbert, Charles H. 2004. *Reading the Sermon on the Mount. Character Formation and Decision Making in Matthew 5–7.* Grand Rapids: Baker Academic.

Triebel, Johannes 2013. Der Gott, der mitgeht, in: *Theologische Beiträge 44*, S. 122–124.

Ventur, Birgit 2003. *Martin Bubers pädagogisches Denken und Handeln.* Neukirchen: Neukirchener Verlag.

Volf, Miroslav & Croasmun, Matthew 2019. *For the Life of the World. Theology That Makes a Difference.* Grand Rapids: Brazos Press.

Volf, Miroslav & Croasmun, Matthew [o. J.]. Theology and the Good Life: A Manifesto. Unveröffentlichtes Manuskript.

Weber, Beat 2001. *Werkbuch Psalmen I.* Stuttgart: Kohlhammer Verlag.

Weber, Beat 2003. *Werkbuch Psalmen II.* Stuttgart: Kohlhammer Verlag.

Weber, Beat 2005. Psalm 1 und seine Funktion der Einweisung, in: Philipp Nanz (Hg.): *Der Erneuerung von Kirche und Theologie verpflichtet*. Riehen/Basel. ArteMedia, S. 175–212.

Weber, Beat 2007. Psalm 1 als Tor zur Tora JHWHs. Wie Ps 1 (und Ps 2) den Psalter an den Pentateuch anschließt, in: *Scandinavian Journal of the Old Testament* 21/2, S. 179–200.

Weber, Beat 2010. *Werkbuch Psalmen III. Theologie und Spiritualität des Psalters und seiner Psalmen*. Stuttgart: Kohlhammer Verlag.

Weber, Beat 2017. Halleluja, der Feind ist vernichtet. Was Rachepsalmen uns sagen – (un)zeitgemäße Überlegungen, in: Lukas Amstutz & Hanspeter Jecker (Hg.): *Fit für die Welt. Beiträge zu einer friedenskirchlichen Theologie und Gemeindepraxis*. Schwarzenfeld: Neufeld Verlag, S. 29–43.

Wengst, Klaus 2010. *Das Regierungsprogramm des Himmelreichs. Eine Auslegung der Bergpredigt in ihrem jüdischen Kontext*. Stuttgart: Kohlhammer.

Wolff, Hans Walter 1973. *Anthropologie des Alten Testaments*. Gütersloh: Chr. Kaiser/ Gütersloher Verlagshaus.

Wright, N. T. 2011. *Glaube – und dann? Von der Transformation des Charakters*. Marburg: Verlag der Francke-Buchhandlung.

Wright, N. T. 2015. *Reich Gottes, Kreuz, Kirche – Die vergessene Story der Evangelien*. Marburg: Verlag der Francke-Buchhandlung.

Zager, Werner 2002. *Bergpredigt und Reich Gottes*. Neukirchen-Vluyn: Neukirchener Verlag.

Zenger, Erich, u. a. 2001. *Einleitung in das Alte Testament*. Stuttgart: Kohlhammer.

ANMERKUNGEN

1 Niederer 1974, S. 7, mit ein paar kleinen sprachlichen Anpassungen.

2 von Hentig 2004, S. 48.

3 Verschiedene Definitionen des Begriffs bei Hauerwas 1985, S. 13–15.

4 Dazu Wright 2011, Kapitel 1 und 2.

5 Ebd., S. 40.

6 Die Geschichte dieser neueren Entwicklungen bei Mayordomo 2008.

7 Hauerwas 1985, Preface.

8 Aus dem 1943 verfassten Text »Nach zehn Jahren« in Bonhoeffer 2006b, S. 230.

9 Stückelberger 2016a, S. 149–165.

10 Stückelberger 2016b.

11 Spoerri & Spoerri 1975, S. 67.

12 Stückelberger 2016b, S. 7–8. Stückelberger zitiert in einer Kombination der Lutherübersetzung von 1912 mit der Gute Nachricht Bibel.

13 Stückelberger 2016b, S. 8.

14 Und entlang von paulinischen Texten skizziert er, wie die Bibel die Transformation des Menschen vom »alten Leben« zum »neuen Leben« sieht (Stückelberger 2016b, S. 4).

15 Stückelberger 2016b, S. 12. Formatierung und Hervorhebung: Bernhard Ott.

16 Zu Bubers Biografie im historischen Kontext: Kohn 1961. Insbesondere im Hinblick auf Bubers Beitrag zur Pädagogik auch Ventur 2003.

17 Band 8 der Martin Buber Werkausgabe enthält fast 50 Beiträge unter dem Titel *Schriften zu Jugend, Erziehung und Bildung* (Buber 2005a).

18 Buber 2005b.

19 Ebd., S. 86.

20 Ebd., S. 87.

21 Ebd., S. 88–89.

22 Ventur 2003, S. 54–70.

23 Buber 2005b, S. 55.

24 Ebd., S. 59.

25 Ebd., S. 60.

26 Ebd.

27 Ebd., S. 62.

28 Martin Buber, »Zwiesprache«, in Buber 2012, S. 161–163.

29 Ebd., 161.

30 Das ist alles ausführlich dargelegt in Bubers Klassiker *Ich und Du*, Buber 2012, S. 5–136.

31 Buber 2005b, S. 90.

32 Empfehlenswert ist die umfangreiche und spannende Bonhoeffer-Biografie von Eric Metaxas, *Bonhoeffer. Pastor, Agent, Märtyrer und Prophet* (Metaxas 2011).

33 In Bonhoeffer 2006c, S. 209–230.

34 Evtl. eine Anspielung auf das geplante Attentat auf Hitler, in dessen Planung er selber auch involviert war.

35 »Entwurf für eine Arbeit«, in Bonhoeffer 2006d, S. 165.

36 Es heißt, sie sei seine erste große Liebe gewesen.

37 »An Elisabeth Zinn«, in Bonhoeffer 2006b, S. 11–12 (Hervorhebung: Bernhard Ott).

38 »An Rüdiger Schleicher«, in Bonhoeffer 2006d, S. 13–17.

39 Vom kroatischen Theologen Peter Kuzmic. Zitiert von einer Spruchkarte. Genaue Quelle unbekannt.

40 Sayers 1982.

41 Ott 2007.

42 So zum Beispiel auch Bright 1953.

43 Newbigin 1980, S. 21. Ich verdanke Lesslie Newbigin wesentliche Einsichten zu den Themen Reich Gottes, Mission und Kirche. Das wird für Kenner der Materie auch in den folgenden Ausführungen deutlich.

44 Hacohen 1981, S. 29.

45 Die nicht ohne exegetischen Rückhalt ist, so etwa bei Hans Walter Wolff, der ausdrücklich darauf hinweist, dass es sich hier um eine *Anrede* des Menschen durch Gott handle (Wolff 1973, S. 234).

46 Vgl. Janzen 2001, S. 16, Fußnote 2.

47 Wolff 1973, S. 233.

48 Eller 1981, S. 21, 25.

49 Übersetzung: Bernhard Ott.

50 Wolff 1973, S. 235.

51 Ebd., S. 233.

52 Beale & Kim 2014.

53 Bockmühl 1975, S. 11–16.

54 Zur Exegese des Psalms Weber 2003, S. 15–23.

55 Diese Deutung erfolgt im Zusammenhang mit seinen Studien zu Bibel und Koran (Triebel 2013).

56 Shenk 1994, S. 27.

57 Oft werden lediglich drei große Epochen gesehen (Exodus – Monarchie – Exil). Die Erzvätergeschichten werden als eine Art Prolog verstanden. Elmer Martens gliedert dreiteilig »pre-monarchy era«, »era of the monarchy« und »post-monarchy era« (Martens 1981). Diese Gliederung vermag zwar die Vor-Exodus- und die Nach-Exil-Periode geschickt zu integrieren, sie stellt aber m. E. die Monarchie zu sehr ins Zentrum.

58 Man bedenke, dass im Neuen Testament für Lobpreis das Wort *homologeo* verwendet wird. Das bedeutet »gleich reden«, »in Übereinstimmung reden«. Lobpreis bringt in Worten zum Ausdruck, wie Gott ist. Die Musik des Himmels wird gewissermaßen respondiert.

59 Die *Neue evangelistische Übersetzung* kommentiert in der Fußnote korrekt: »Das heißt: Dann stimmt unser Verhältnis zu Gott, und auch unter uns wird es gerecht zugehen.«

60 Mein Lehrer Elmer Martens hat seine ganze Theologie des Alten Testamentes von dieser programmatischen Aussage her entfaltet (Martens 1981). Dabei interpretiert er das Statement viergliedrig: *Salvation*, *covenant community*, *knowledge of God*, und *land*. Ich sehe eher drei Schritte in dieser Dramaturgie

des Exodus: Rettung, Bund und Volk (einschließlich »erkennen« als Bundesbegriff) und Land.

61 Dass der siegreiche Gott in Exodus 15 auch als »Kriegsheld« gefeiert wird, der den Feind zerschmettert und die ägyptische Armee mit Personal und Kriegsgerät im Wasser versenkt hat, macht diesen König aus heutiger Sicht nicht besonders sympathisch. Es ist nicht einfach zu schlucken, wie das Vernichten der Feinde in der Exoduserzählung mit der Zusage zusammenpasst, die an Abraham erging, dass durch Israel alle Völker gesegnet werden sollen. Die damit verbundenen Anfragen an das Gottesbild der Bibel können hier nicht erörtert werden. Dazu erhellend Weber 2017.

62 Zum Ganzen Buber 1936, zum Begriff »Königsbund« S. 119.

63 Zu den Kernbegriffen des Bundes vgl. Hillers 1969 und Eichrodt 1968.

64 Zum Gedanken der »Nachfolge Gottes« vgl. Buber 1936, S. 85. Gulin (1925), auf dessen Studie Buber verweist, zeigt religionsvergleichend die alttestamentliche Verwendung des Motivs »Gott nachfolgen«.

65 Buber 1936, S. 119.

66 Das ist eines der Hauptargumente, die Buber in *Königtum Gottes* darlegt (Buber 1936, explizit S. 139). Diese These ist ebenfalls überzeugend begründet in Klement 2012.

67 Dazu Mauser 1963 und Riede 2012.

68 Barth 1987, S. 86.

69 Zum Psalm und zu seinem Kontext und seiner Datierung Weber 2001, S. 219–222.

70 Dazu ebd., S. 50. Insbesondere zur Verknüpfung von Psalm 1 und 2 auch Weber 2007, S. 179–200.

71 Klement 2012, S. 301–304.

72 In der Interpretation von Psalm 2 (im Zusammenhang mit Psalm 1) orientiere ich mich an Weber 2001, S. 52–55.

73 Mendenhall 1975; Bright 1953, S. 35–57. Klement 2012, S. 209–291 weist auf die Königsdynastie, das zentralisierte Verwaltungssystem und die Militärstruktur hin. Den Tempelbau beurteilt er positiver.

74 Zur Diskussion der Datierungs- und Autorenfrage Egelkraut 1989, S. 436–444.

75 Zu Hintergrund und Geschichte sogenannter »messianischer Titel« siehe Artikel »Jesus Christus« in: *Theologisches Begriffslexikon zum Neuen Testament*, S. 1046–1102.

76 Dazu Kreuzer 2010, S. 1093.

77 Wobei ich mir bewusst bin, dass auch das in der zwischentestamentlichen Zeit entstandene Judentum in Betracht gezogen werden muss.

78 Zenger 2001, S. 318.

79 Weber 2003, S. 45.

80 Weber 2010, S. 177.

81 Ebd., S. 178.

82 Ebd., S. 179–180.

83 Weber 2001, S. 45, 50. Weber 2010, S. 28–54. Weber behandelt die Psalmen 1–3 unter der Überschrift »Der Psalter-Eingang als Leseanleitung«.

84 Zur Verknüpfung der Psalmen mit der Bergpredigt vgl. Weber 2010, S. 184, 249.

85 Die verknüpfenden Elemente werden zum Beispiel von Weber dargelegt (2001, S. 54).

86 Vgl. Weber 2010, S. 178: »Neben dem Elternhaus lag der Schwerpunkt der Weisheit im Umfeld des Königshofes – angefangen bei Salomo (vgl. 1. Kön 3), der zur paradigmatischen Gestalt des Weisen in der Bibel wird – mit u. a. den Schreibern und Erziehern der Bildungseliten.«

87 Weber 2010, S. 28–54.

88 Stückelberger 2016b, S. 8.

89 Stoebe 1978, Sp. 652–664.

90 Gerlemann 1979, Sp. 922–929.

91 Betz 1984, S. 57.

92 Vgl. Weber 2001, S. 51.

93 Zur Struktur des Psalter und der Positionierung von Psalm 73 vgl. Weber 2001, S. 42–44; Weber 2003, S. 19–22.

94 Weber 2010, S. 16.

95 Mir ist bewusst, dass natürlich auch das Judentum, wie es in der Zeit zwischen den Testamenten entstanden ist, prägend hinter der Bergpredigt steht. Dieses Material kann hier aus Platzgründen nicht auch noch eingearbeitet werden. Da, wo es mir für das Verständnis der Bergpredigt wichtig scheint, werde ich ent-

sprechende Hinweise einfließen lassen. Dabei beziehe ich mich vor allem auf Wengst 2010.

96 Anschaulich vor Augen gemalt von Dietrich Bonhoeffer in *Nachfolge* (1971, S. 79).

97 Zur Diskussion von Autor und Entstehungsort Luz 1985, S. 59–62; 73–75.

98 In anderen Worten: Sie ist Teil des neutestamentlichen Kanons und muss in diesem Rahmen verstanden werden.

99 So der Buchtitel von Klaus Wengst, *Das Regierungsprogramm des Himmelreichs. Eine Auslegung der Bergpredigt in ihrem jüdischen Kontext* (Wengst 2010).

100 Newbigin 1980 und 1989.

101 Zum Aufbau der Bergpredigt vgl. Luz 1985, S. 185–187.

102 Grundmann sieht alle Teile der Bergpredigt auf das Vaterunser bezogen. Kapitel 5 ist den ersten drei Bitten abgebildet, Kapitel 7 in den zweiten drei Bitten (1972, S. 204–206).

103 Driver überschreibt Matthäus 6 mit dem Titel »The Spirituality of the Kingdom« (1980, S. 101).

104 Zum Bergmotiv bei Matthäus vgl. Luz 1985, S. 188, 197–198; Wengst 2010, S. 30–31.

105 Dass es auch für Jesus ein Lernprozess war, kann man in Hebräer 5,8 sehen: »›Allerdings‹ blieb es selbst ihm, dem Sohn Gottes, nicht erspart, durch Leiden zu lernen, was es bedeutet, gehorsam zu sein« (Neue Genfer Übersetzung).

106 Vgl. Weber 2003, S. 126 zum Zusammenhang von Psalm 91 und Matthäus 4,6.

107 Verschiedene traditionelle Deutungen der Versuchung Jesu sind bei Luz dargestellt (1985, S. 160–161). Meinem Vorschlag, die drei Versuchungen mit den drei alttestamentlichen Epochen Exodus, Monarchie und Exil in Verbindung zu bringen, bin ich bislang nicht begegnet. Das scheint mir aber von den thematischen und begrifflichen Verknüpfungen her durchaus möglich.

108 Matthäus zieht offensichtlich meistens den Begriff *basileia ton ouranon* (Reich des Himmels oder Himmelreich) dem Begriff *basileia tou theou* (Reich von Gott oder Reich Gottes) vor. Reich Gottes gilt als die ursprüngliche Entsprechung des hebräischen *malkut Jahwe* (Königtum Gottes). Die Formulierung »Himmelreich« kommt sehr wahrscheinlich aus dem Anliegen gemäß jüdischer Praxis, den Gottesnamen nicht direkt auszusprechen. Ich verwende hier durchgehend den Begriff »Reich Gottes«. Zur Begriffserklärung siehe Klappert 2010 und Leuenberger 2012.

109 Das Beispiel verdanke ich Lesslie Newbigin (1988, S. 5).

110 So der englische Originaltitel von *Reich Gottes, Kreuz und Kirche* (Wright 2015).

111 Die folgende Darstellung orientiert sich an Schulz 1964, S. 14–16. Vgl. auch Söding 2016, insbesondere Kapitel 3: »Eine Weichenstellung: Jesus als Lehrer« und Kapitel 5: »Ein Schlüsseltext: Die Bergpredigt«.

112 Herbst 2018. Herbst bezieht sich in seinem Aufsatz auf Heywood 2017.

113 Duden (www.duden.de/rechtschreibung/Busze, besucht 19.12.2017). Vgl. zur Begriffsgeschichte in Theologie und Kirche auch Melzer 1965, Art. »Buße«, S. 50–54.

114 Newbigin 1980, S. 25.

115 Auch hier verweise ich auf Newbigin 1980, S. 25: »The whole nation is facing the wrong way. It is looking for salvation in the wrong direction. It has its heart on the wrong things.«

116 Kapitel- und Verseinteilungen sind natürlich nicht Teil des überlieferten Grundtexts, sie sind später eingefügt worden und irritieren gelegentlich bei der Gliederung der Texte. So ist auch die Struktur der Bergpredigt ein umstrittenes Thema. Es scheint mir sinnvoll und begründbar, Kapitel 5 als eine Einheit zu betrachten. Dass 5,1 ein erzählerischer Neuansatz ist, ist weithin unbestritten. 6,1 ist zwar durch den ermahnenden Stil und den Begriff Gerechtigkeit mit dem Vorherigen verbunden, thematisch setzt die Rede mit den Stichworten Almosen, Gebet und Fasten neu ein.

117 So die *Frankfurter Allgemeine Zeitung* am 29.6.2012 (http://www.faz.net/aktuell/beruf-chance/stadtentwicklung-als-studiengang-arbeiten-an-der-stadt-der-zukunft-11794904.html, besucht am 23.12.2017).

118 Verschiedene Auslegungstraditionen in Luz 1985, S. 202–204; vgl. auch Wright 2011, S. 98.

119 Vgl. die Liste von Zager in den Psalmen und in der Weisheitsliteratur (2002, S. 19–20).

120 Hier und im Folgenden verweise ich auf Weber 2001, insbesondere die Einleitung und den Kommentar zu Psalm 1.

121 Vgl. Weber 2005.

122 Vgl. Weber 2001, S. 50.

123 Bonhoeffer 1971, S. 79–80.

124 Wright betont, dass in den Seligpreisungen, im Gegensatz zu Aristoteles' Verständnis von *eudeimonia*, vom hebräischen »Segen« die Rede ist, der zum »Schalom« führt. Deshalb übersetzt er auch »Segen über die, die …« (2011, S. 96–101).

125 Vgl. zum Beispiel die Diskussion solcher und weiterer Fragen in Luz 1985, S. 198–205; Wengst 2010, S. 32–37.

126 Die Frage, inwieweit Jesus und die Bergpredigt von Tugenden und Charakter sprechen, wird unterschiedlich eingeschätzt. Die Frage, ob und inwieweit Jesus, die Bergpredigt und das Neue Testament überhaupt von Tugenden im griechischen Sinn sprechen, wird ausführlich von Mayordomo diskutiert (2008).

127 Ich stimme an diesem Punkt mit Wright überein, der in den Seligpreisungen Tugenden sieht, welche das Königreich Gottes antizipieren (2011, S. 96–98).

128 Zur Auslegung der Seligpreisungen: Luz 1985, S. 198–218; Wengst 2010, S. 32–56;

129 Comte-Sponville 1996, S. 186–187.

130 Die Diskussion des Begriffs von den Stoikern bis zu Hannah Arendt wird gut und knapp von Comte-Sponville nachgezeichnet (1996, S. 133–149).

131 Wengst 2010, S. 41.

132 Quelle nicht bekannt.

133 Bauder 2010, S. 252; Wengst 2010, S. 43.

134 Zur Übersetzung mit »Gewaltfrei« siehe Wengst 2010, S. 42.

135 Wengst 2010, S. 45.

136 Diese leiten sich explizit von Matthäus 25,31–46 ab. Vgl. Grün 2008.

137 Comte-Sponville 1996, S. 148.

138 Dem Bild der Stadt wird von den Auslegern unterschiedliches Gewicht beigemessen. Luz sieht das Bild der Stadt als untergeordnete Ergänzung zum Bildwort »Licht« und rät davon ab, aus dem Motiv »Stadt auf dem Berg« zu viel machen zu wollen. Insbesondere distanziert er sich von der Idee, einen Zusammenhang zur Gottesstadt Jerusalem (Zion) herzustellen. Mir scheinen Lohfinks Argumente überzeugender, der in der Metapher »Stadt auf dem Berg« eine wesentliche Aussage des Textes erkennt (Lohfink 1988, S. 142–147).

139 Die Begriffe »Abbild«, »Schatten« und »Gleichnis« in Hebräer 8,5; 9,9; 10,1. Die zukünftige Stadt in Hebräer 11,10.16; 12,22–23; 13,14. Der Gedanke der herabkommenden Gottesstadt in Offenbarung 3,12, 22,4.

140 Wengst 2010, S. 59–60.

141 Ebd.

142 Schmid-Grether 1999, S. 48–49. Schmid-Grether deutet denn auch Matthäus 5,13 so, dass die Jünger Jesu hier als Thoralehrer, das heißt, als Verkündiger und Lehrer des Wortes Gottes gesehen werden. Wie im Text ausgeführt, und in Übereinstimmung mit Bonhoeffer kann ich dieser Engführung nicht folgen.

143 Wengst 2010, S. 61.

144 Bonhoeffer 1971, S. 91.

145 Ebd., S. 60.

146 Aus der Fülle der Literatur zum Thema habe ich vor allem folgende konsultiert: Davies 1970; Lapide 1984; Schmid-Grether 1999; Wengst 2010. Zum Verständnis der sog. »Antithesen« vgl. vor allem Wengst 2010, S. 77–82.

147 Zur Verwendung des Prädikats »radikal« im Zusammenhang mit der Bergpredigt vgl. das erhellende Kapitel von Lohfink: »Worin besteht die Radikalität der Bergpredigt?« (1988, S. 65–98).

148 Vgl. die Strukturgrafiken in Ridez 1979, S. 38–39 und Luz 1085, S. 186.

149 Kurz zusammengefasst dargestellt bei Wright 2011, S. 39–42. Ausführlicher und differenzierter in Hauerwas 1985, S. 35–81, und Mayordomo 2008, S. 220–229.

150 Vergleichende Darstellungen in Mayordomo 2008, explizit zur Bergpredigt S. 248–252, und Wright 2011, explizit zur Bergpredigt S. 94–101.

151 Mayordomo 2008, S. 248–249; 251. Mayordomo argumentiert, dass die ganze Bergpredigt eigentlich auf die Realisierung der in den Seligpreisungen definierten Tugenden hinausläuft.

152 Diese Deutung von Kapitel 6 als Ermöglichungsgrund für die in Kapitel 5 geforderte Lebensgestaltung scheint mir grundlegend, wird jedoch von den von mir konsultierten Autoren (Mayordomo, Luz, Ridez, Wengst, Wright, Zager u. a.) nicht betont.

153 Wright 2011, S. 40.

154 So auch Wright 2011, S. 159–172.

155 Wengst 2010, S. 138.

156 Günther 2010.

157 Dazu Martin Buber. Wir werden in Kapitel 6 darauf zu sprechen kommen.

158 Buber spricht von der »Baalisierung« des hebräischen Glaubens (1936, S. 94).

159 Eichler 2010.

160 Umstritten ist, ob das Wort grundsätzlich eine negative Bedeutung hat (so Eichler 2010) oder ob es neutral für Besitz steht (Wengst 2010, S. 174).

161 Vgl. Luz 1985, S. 350; Schmid-Grether 1999, S. 122–123; Wengst 2010, S. 151.

162 Manche Ausleger betonen, dass die Bitten des Unservaters zukunftsorientiert zu verstehen seien. Sie beachten m. E. zu wenig, dass das Unservater als Gebet der Gemeinde letztlich vom Matthäusschluss, das heißt, von der Auferstehung her zu deuten ist.

163 Vgl. dazu Nouwen 2005, S. 66.

164 Luz 1985, S. 350: »*Das Unservater ist jesuanisch*« (kursiv im Original).

165 Texte bei Wengst 2010, S. 150–151.

166 Auch wenn Luz die alte These von Joachim Jeremias nicht teilt, wonach die Abba-Anrede exklusiv jesuanisch sei, sieht er eine auffällige Betonung der »Nähe und der Liebe Gottes« in der Wahl dieses Ausdrucks (1985, S. 340).

167 Huber Frankemölle, zit. in Wengst 2010, S. 152.

168 Buber 2005b, S. 90.

169 Buber 1948.

170 Vgl. Luz 1985, S. 339.

171 Zur »Mesotes-Lehre« von Aristoteles vgl. Mayordomo 2008, S. 225–226.

172 Lambert 2004, S. 20–21.

173 Schweitzer 1967, S. 91–92; 103–107. Auch Luz spricht von »Einlassforderungen«, obwohl er in seiner Auslegung nicht Schweitzer folgt (1985, S. 190). Ich halte das für einen irreführenden Begriff, wie ich gleich zeigen werde.

174 Schweizer 1986, S. 124.

175 Die Auslegungsgeschichte der Bergpredigt ist komplex und kann hier nicht aufgerollt werden. Die Literatur dazu ist schier endlos. Eine kurze Skizze einiger wichtiger Auslegungstypen bei Luz 1985, S. 191–197, und bei Schweizer 1986, S. 124–126. Umfangreicher die Studie von Berner 1985.

176 Einer der wenigen Autoren, welche die Bergpredigt explizit mit Charakterformation in Verbindung bringen, ist Charles H. Talbert (2004). Am Schluss seines Buches findet sich eine Liste der Tugenden, die er in der Bergpredigt sieht (S. 147–148). Auch wenn ich nicht in allen Stücken zu denselben Schlussfolgerungen komme, halte ich diese Studie doch für einzigartig, wenn es darum geht, die Bergpredigt als Charakterformation zu lesen.

177 Wobei diese Titel sich nicht bei allen Auslegern auf das ganze Kapitel 7 beziehen, sondern lediglich auf 7,13–27. Die Mehrheit der Ausleger schlägt nämlich 7,1–12 noch zum Hauptteil der Bergpredigt. Dieser Hauptteil wird aufgrund der Klammer »Gesetz und Propheten« von 5,17–7,12 gesehen (vgl. Wengst 2010, S. 204–205).

178 Bonhoeffer 1971, S. 172.

179 Schwarz & Schwarz 1981, S. 101–137.

180 Deidenbach 1990, S. 98–99; Becker 1981, S. 18–36.

181 Luz 1985, S. 381–382.

182 Wengst 2010, S. 194.

183 Ich wähle hier eine Übersetzung, die das Griechische *thlibo* (eng, einengend, bedrängend) zum Ausdruck bringt. Vgl. Wengst 2010, S. 205–209.

184 Bonhoeffer 1971, S. 173.

185 Delbrêl 2015, S. 78.

186 Buber 2005b, S. 65.

187 Ebd., S. 90.

188 Buber 1948.

189 Rabbiner.

190 »Gegner«; Bezeichnung der Gruppen, die die chassidische Bewegung bekämpfen.

191 »Bewährter«; Bezeichnung der Führer der chassidischen Gemeinden.

192 Vater der Schwiegertochter.

193 In der Sprache der gegenwärtigen pädagogischen Begriffe und Konzepte ist das Thema ausführlich von Künkler 2011 behandelt worden, zu Martin Buber S. 465–476.

194 Alle genannten Texte in Buber 2012.

195 Buber 2012, S. 271–298. Diese Grundprinzipien echter Ich-Du-Begegnung sind auch von neueren Konzepten interpersonaler Kommunikation aufgegriffen worden, zum Beispiel Stewart 1982.

196 »Wer bin ich«, in Bonhoeffer 2006d, S. 176–177.

197 »Stationen auf dem Weg zur Freiheit«, in Bonhoeffer 2006d, S. 187–188.

198 »Von guten Mächten«, in Bonhoeffer 2006d, S. 203–204.

199 Bonhoeffer 1966.

200 »An den Rat der Evangelischen Kirche der altpreussischen Union«, in Bonhoeffer 2006a, S. 40.

201 Rückblickend dargelegt in »Gemeinsames Leben« (Bonhoeffer 2006b., S. 173–211.

202 »Gedanken zum Tauftag von Dietrich Wilhelm Rüdiger Bethge«, in Bonhoeffer 2006d, S. 161. Vgl. dazu auch Mayer & Zimmerling 1997.

203 Aus gesundheitlichen Gründen konnte ich den Vortrag schlussendlich nicht halten.

204 Zur deutschen Wortgeschichte Melzer 1965, S. 202–204.

205 Man lese dazu etwa die vernichtende Kritik von Herbert Schnädelbach: »Der Fluch des Christentums. Die sieben Geburtsfehler einer alt gewordenen Weltreligion. Eine kulturelle Bilanz nach zweitausend Jahren« (Schnädelbach 2000).

206 Die beiden hier nur verkürzt skizzierten Erlösungskonzeptionen sind spätestens seit Gustaf Auléns Schrift *Christus Victor* (1969) unter den Begriffen »Satisfaktionsmodell« und »Vorbildmodell« bekannt.

207 Ein Beispiel ist Knieling 2016.

208 Den Vierklang Halt – Haltungen – Verhalten – Verhältnisse verdanke ich Willi Lambert 2004, S. 20–21.

209 Evangelisches Missionswerk in Deutschland e. V. und Internationales Katholisches Missionswerk 2014.

210 Informationen und Dokumente unter https://missionrespekt.de.

211 So der ökumenische Slogan des 1983 von der VI. Vollversammlung des Ökumenischen Rates der Kirchen (ÖRK) in Vancouver initiierte »Konziliare Prozess«.

212 Bosch 2011, S. 263–285.

213 Peters 1977, S. 181–187.

214 So fragt auch Lohfink 1982. Meine hier vorgetragene Sicht knüpft an vielen Stellen an Lohfinks Ausführungen an. Insbesondere die Tatsache, dass er sich explizit vom Individualismus und Subjektivismus des 19. Jahrhunderts distanziert und eine hebräische Sichtweise von Reich Gottes und Gemeinschaft entfaltet.

215 Heywood 2017, von Michael Herbst (2018) in den deutschen Sprachraum eingeführt.

216 Das wird von Alan Kreider überzeugend anhand frühchristlicher Quellen dargelegt (2016, S. 185–222).

217 Ich beziehe mich auf eine nicht publizierte Version des Dokuments von Miroslav Volf und Matt Croasmun »Theology and the Good Life: A Manifesto.« Das zentrale Statement lautet (S. 12): «If the fundamental illness of theology is that it has forgotten its purpose, the core of its renewal will be in a recovery of that purpose and a reorientation of all of theology, in its various disciplines, around that central purpose. Our proposal, therefore, offers a new focal point—or rather, we are re-articulating the old and abiding focal point—for organizing theological endeavor as a whole: *a theology centered on the question of the good life*«. Eine erweiterte Version dieses Manifests ist jetzt veröffentlicht (Volf & Croasmun 2019).

218 Spears & Loomis 2009.

219 Treffend dargestellt in Sohm 1999, S. 21–28.

220 Delbrêl 2015, S. 74–78.

VERZEICHNIS DER VERWENDETEN BIBELÜBERSETZUNGEN

Das Neue Testament übertragen und erklärt von Hans Bruns. © 1962 Brunnen Verlag, Gießen und Basel (15. Auflage 1982).

Die Bibel nach Martin Luthers Übersetzung, revidiert 2017. © 2016 Deutsche Bibelgesellschaft, Stuttgart.

Einheitsübersetzung der Heiligen Schrift, vollständig durchgesehene und überarbeitete Ausgabe. © 2016 Katholische Bibelanstalt, Stuttgart. Alle Rechte vorbehalten.

Gute Nachricht Bibel, revidierte Fassung, durchgesehene Ausgabe. © 2000 Deutsche Bibelgesellschaft, Stuttgart.

Hoffnung für Alle® (Hope for All). © 1983,1996, 2002, 2009, 2015 by Biblica, Inc.®

Neue evangelistische Übersetzung. © 2018 Karl-Heinz Vanheiden (Textstand 18.07), www.kh-vanheiden.de.

Neue Genfer Übersetzung – Neues Testament und Psalmen. © 2011 Genfer Bibelgesellschaft.

Neues Leben. Die Bibel. © der deutschen Ausgabe 2002/2006/2017 SCM R. Brockhaus in der SCM Verlagsgruppe, Witten.

Revidierte Elberfelder Bibel (Rev. 26). © 1985/1991/2008 SCM R. Brockhaus in der SCM Verlagsgruppe, Witten.

Zürcher Bibel (Ausgabe 2007). © Verlag der Zürcher Bibel beim Theologischen Verlag Zürich.

ZUM AUTOR

Dr. Bernhard Ott, Jahrgang 1952, lebt in Liestal/Schweiz. Er ist verheiratet, Vater von vier erwachsenen Kindern sowie mehrfacher Großvater. Otts sind in einer täuferischen Gemeinde in Basel zuhause.

Bernhard Ott hat Theologie in der Schweiz, in den USA und in England studiert und am *Oxford Centre for Mission Studies* promoviert. Nach vielen Jahren Lehr-und Leitungstätigkeit an verschiedenen theologischen Seminaren sowie Vortrags- und Beratungstätigkeit in über 20 Ländern ist er heute freischaffender Dozent, Referent und Autor.

Außerdem ist er Professor extraordinarius der *University of South Africa*, Professor & Supervisor of Doctoral Research and Dissertations an der *European School of Culture and Theology*/Akademie für Weltmission in Korntal/Stuttgart sowie Vorsitzender des *European Council for Theological Education.*

Seit mehr als 20 Jahren liegt sein Forschungs- und Lehrschwerpunkt im Bereich der theologischen Bildung. In seiner Dissertation geht es um das Thema »Integrating Mission and Theological Education«. Sein daraus hervorgegangenes *Handbuch Theologische Ausbildung* wird weltweit gelesen.

Energie, Kreativität und Weitblick tankt Bernhard Ott am liebsten auf Bergtouren in den Alpen.

Sein Anliegen ist es, Menschen zu fördern, aus der Begegnung mit Gott Tugenden des Reiches Gottes zu entfalten und so zum Aufblühen von Kirche und Gesellschaft beizutragen.

Buchveröffentlichungen von Bernhard Ott:

Beyond Fragmentation. Integration, Mission and Theological Education. Oxford: Regnum 2003.

Der Heilige Geist. Biblisch-theologische und gemeindepraktische Stellungnahme zu Fragen um das Wirken des Geistes Gottes (Bienenberg Studienheft 2/1996), Liestal 1996.

Die Kirche. 7 Gründe, warum ich sie liebe. Schwarzenfeld: Neufeld 2007.

Handbuch Theologische Ausbildung. Grundlagen – Programmentwicklung – Leitungsfragen. Wuppertal: R. Brockhaus 2007 und Schwarzenfeld: Neufeld 2013 (revidierte und erweiterte Neuauflage).

Missionarische Gemeinde werden. Der Weg der Evangelischen Täufergemeinden. Uster: Verlag ETG 1996.

Schalom. Das Projekt Gottes. Weisenheim am Berg: Agape 2007, 2. Auflage.

Wegbegleiter in Krisenzeiten. Impulse von Martin Buber. Cuxhaven: Neufeld 2020.

Wurzeln und Flügel. Schritte zum Wachstum. Birsfelden: arteMedia 2004.

Festschrift zum 65. Geburtstag von Bernhard Ott:

Lukas Amstutz/Hanspeter Jecker (Herausgeber), *Fit für die Welt!? Beiträge zu einer friedenskirchlichen Theologie und Gemeindepraxis.* Schwarzenfeld: Neufeld 2017.

Bruxy Cavey

Jesus. Punkt.

Gute Nachricht für Suchende, Heilige und Sünder

Der unkonventionelle kanadische Autor Bruxy Cavey deckt eine Nachricht auf, die wie keine andere die Welt erschüttert, Frömmigkeit zertrümmert und das Leben Unzähliger auf den Kopf gestellt hat.

»Brian Zahnd ist der Meinung, dass er wirklich niemanden kennt, der unserer Kultur die gute Nachricht von Jesus besser kommuniziert als Bruxy Cavey. Das mag verwundern. Aber nur, bis man das Buch gelesen hat. Als Kirche im Brauhaus *ist es deshalb Pflichtlektüre für uns.«* Lothar Krauss auf dem *Leiterblog*

»Ich glaube, die Botschaft von Jesus wurde noch nie so klar, so ausgewogen und so humorvoll präsentiert, wie Bruxy Cavey es in diesem Buch tut.« Gregory A. Boyd

»Die große Stärke dieses Buches liegt darin, dass es lähmende Religion kurzschließt und uns den wahren Jesus neu vorstellt. Wir lieben es!« Debra und Alan Hirsch

275 Seiten, Paperback, ISBN 978-3-86256-094-3, 2019

Dieses Buch wurde **in Deutschland** hergestellt.

Das **Papier**, das dafür verwendet wurde, ist FSC®-zertifiziert. Als unabhängige, gemeinnützige, nichtstaatliche Organisation hat sich der *Forest Stewardship Council®* (FSC®) die Förderung des verantwortungsvollen und nachhaltigen Umgangs mit den Wäldern der Welt zum Ziel gesetzt.

Außerdem unterstützen wir ein **Waldschutzprojekt** in Brasilien. Auf über 86.000 Hektar schützt das Projekt *Ecomapuá* den Wald an der Amazonasmündung und verbietet kommerzielle Abholzung. Für die 400 ansässigen Familien schafft es alternative Einkommensquellen, zum Beispiel durch den Handel mit der Açaí-Frucht. So fördert das Projekt die Entwicklung in einer der ärmsten Regionen im Nordosten Brasiliens.

Dieses Buch wurde bewusst nicht in Folie eingeschweißt; unser Versandpartner verwendet zudem Papier und nicht Plastik als Füllmaterial.

Stellen Sie sich eine Welt vor, in der jeder willkommen ist!

neufeld-verlag.de